만약 우리가 천국에 산다면
행복할 수 있을까

*이 책은 노르웨이 문학 해외 진흥원(NORLA)의 지원으로 번역되었습니다.
This translation has been published with the financial support of NORLA

Storeulvsyndromt
By Thomas Hylland Eriksen ©
First published by Aschehoug, 2010
Published in agreement with Olso Literary Agency
All rights reserved.

No part of this book may be used or reproduced in any manner whatever without written permission except in the case of brief quotations embodied in critical articles or reviews.

Korean Translation Copyright © 2025 by Ready to Dive Co., Ltd.
Korean edition is published by arrangement with Oslo Literary Agency through BC Agency, Seoul

이 책의 한국어판 저작권은 BC 에이전시를 통한
저작권자와의 독점 계약으로 레디투다이브에 있습니다. 저작권법에 의해
한국 내에서 보호를 받는 저작물이므로 무단전재와 무단복제를 금합니다.

만약 우리가 천국에 산다면 행복할 수 있을까?

토마스 힐란드 에릭센 지음 | 손화수 옮김

Reda

2024년 11월 27일,
노르웨이 전역에는 애도의 물결이 일었다.

노르웨이인들의 자부심이었던,
사회인류학자 토마스 힐란드 에릭센이
오랜 투병 끝에 세상을 떠났기 때문이다.

———

그는 종교적인 사람은 아니었지만,
인류가 함께 배우고 살 수 있는 능력에 대해서는
거의 종교적인 믿음을 가지고 있었습니다.

어떤 사람들은 평등을 사랑합니다.
토마스 에릭센은 '차이'를 사랑했습니다.

— FNI 이사, 이버 B. 노이만의 부고 중

토마스 힐란드 에릭센은
2016년 췌장암 말기를 선고받은 후에도
최선을 다해 한 가지 목표를 탐구했다.

'과연, 인간을 행복하게 만드는 조건이 뭘까?'

시간이 얼마 남지 않았을 때
마음이 급해지는 사람도 있을 것이다.

하지만 그는 반대로 속도를 늦추고
전혀 다른 방식으로 삶을 바라보며
새로운 통찰을 쏟아냈다.

그는 시한부라는 이름의 빌린 시간을 살아가면서도
행복을 깨달아가고 있었다.

세상에서 가장 행복한 나라로
항상 다섯 손가락 안에 꼽히는 노르웨이.

그들의 마음속에는
'고장 난 행복을 고치는 방법'이 존재한다.

고장 난 행복을 고치기 위한
토마스 힐란드 에릭센의 마지막 질문은 이렇다.

"우리가 천국에 산다면 행복할 수 있을까요?"

추천의 말 ───✳︎

행복을 측정할 수 있는
새로운 기준을 제시하는 책

　우리는 흔히 천국을 이상적인 행복의 공간으로 상상합니다. 하지만, 이 책은 정반대의 질문을 던집니다. "만약 우리가 천국에 산다면 정말 행복할 수 있을까?"
　저도 매우 인상 깊게 읽었던 책 《인생의 의미》의 저자이자 노르웨이의 저명한 사회인류학자 토마스 힐란드 에릭센. 그는 췌장암 말기를 선고받은 이후에도 인생의 본질을 탐구하는 데 몰두했습니다.
　'행복이란 무엇인가?'
　'왜 우리는 객관적으로 더 잘살게 되었는데도 여전히 만족하지 못하는가?'
　에릭센 교수는 이 근본적인 질문에 깊이 파고들었고, 그 탐구의 결과로 이 책이 쓰여졌습니다.

이 책은 단순한 행복론을 말하지 않습니다. 비교와 상대성, 기대와 만족, 소비와 삶의 질 같은 현실적이면서도 철학적인 주제를 다루며, 행복이 단순한 물질적 풍요에서 오지 않는다는 사실을 설득력 있게 보여줍니다. 저자는 책에서 흔히 '세계에서 가장 행복한 나라들'이라 불리는 북유럽 복지국가에서조차 삶의 만족도가 크게 나아지지 않았다는 연구 결과를 보여주며 우리는 '정말 더 나아진 삶을 살고 있는가?'라는 묵직한 질문을 던집니다.

책의 마지막에 다다르면 에릭센은 우리에게 행복을 측정할 수 있는 새로운 기준을 제시합니다. 이렇게 단순한 이상향으로서 행복을 이야기하는 것이 아니라 우리가 현실에서 진정으로 만족할 수 있는 삶을 찾도록 도와주는 길잡이가 되어준다는 점이 이 책의 가장 큰 매력이라고 생각합니다.

저자의 마지막 가르침이라는 점에서 서늘하고 안타까운 마음이 들지만, 그런 이유로 이 유작을 더 많은 이들에게 소개하고 싶습니다.

_유성호(법의학자, 서울대학교 의과대학 법의학교실 교수)

서문 ─✳

행복을 찾아 헤매는 당신에게

우리는 참으로 이상한 시대에 살고 있다. 다들 할 말이 많겠지만, 이 시대가 지루하지는 않다는 점은 모두 동의할 것이다. 세상은 너무 큰 기쁨과 너무 큰 슬픔을 빠른 속도로 만들어내고 있다. 앞날에 무슨 일이 생길지 정확히 아는 이는 아무도 없다. 새로운 전쟁이 발발할지, 국제적인 기후 문제가 고개를 들지, 또는 다음 세기에 불의가 판을 칠지 아니면 평화와 복지가 번성할지를 아는 이가 없다. 그 때문에 온갖 시나리오와 예상이 범람한다. 모두 맞는 말을 할 수도 있고 모두 틀린 말을 할 수도 있다. 어떤 일도 일어날 가능성이 있는, 복잡다단한 것이 바로 미래니까.

우리가 참으로 이상한 시대에 살고 있다고 말하고 보니, 문득 이 미래에 대한 불확실성과는 다른 생각 하나가 스친다. **우리는 인류 역사상 어느 때보다 더 풍요로운 삶을 살고**

있으면서도 불평을 그치지 않는다. 최근 한 연구에 의하면 현재 서구 세계에 사는 이들의 삶에 대한 만족도는 50년 전과 다르지 않다고 한다. 또 다른 연구에 의하면 인도, 멕시코, 베트남 등지에 사는 사람들은 상대적으로 훨씬 빈곤한 삶을 살고 있지만, 삶에 대한 만족도는 서구 세계에 사는 이들과 비슷하다고 한다. 따라서 삶에 만족하기 위해서는 욕실 바닥의 열선, 스포츠카, 또는 스마트폰 정도가 아닌 또 다른 것이 더 필요한 걸지도 모른다. 어쩌면 우리가 생각지도 못했던 무언가가 필요한 것일 수도 있다. 이러한 생각은 이 책의 주요 주제를 정하는 데 기본적인 바탕이 되었다. **삶에 만족하며 말 그대로 '잘' 살기 위해서는 무엇이 필요한가? 그리고 우리는 왜 더 만족하며 더 '잘' 살지 못하는가?**

필자는 잘 살기 위해 무엇이 필요한지 오래도록 생각해 보았다. 믿음과 소망, 그리고 사랑이면 충분할까? 아니면 바닷가에 별장이 있고, 1년에 한두 번 정도는 외국 여행을 다녀야 잘 살 수가 있는 것일까? 부유한 이들은 행복할까? 아니면 반대로 더 부유해질 수 없어서 절망하고 있을까? 종교를 믿으면 사람들은 행복해질까, 아니면 더 큰 근심 걱정에 시달리게 될까? 인도 길거리의 수행승은 삶의 의미를 찾았을까, 아니면 끝내는 그 탐구를 포기하고 말았을까? 모든 걸 다 가졌으면서도 만족하지 못 하는 사람들은 어디가 잘못된 것일까? 전통문화 속을 살펴보면 답을 얻을 수 있을까, 아니면 선조들의 잘못된 점만 배우게 될까? 이 책을 쓰기 위해서 자료를 모으던 당시, 내게는 아무런 답도 없었다. 오직 어렴풋한 생각과 논리뿐이었다. 책을 쓰면서도 여러 번 생각을 다시 정리해야만 했고, 그 와중에 어떤 영역에 대해선 내 의견을 수정해야 했던 때도 있었다.

스칸디나비아 지역에서는 행복에 대한 대화를 그리 자주 나누지 않는다. 기독교적인 특질과 반대로 세속적이고 진지한 스칸디나비아인들에게는 행복이란 단어 자체가 너무도 거창하고 야심차게 느껴지기 때문이다. 미국에서는 자주 "Are you happy?"라고 묻는다. 이 말을 스칸디나비아어로 번역할 경우, "당신은 행복합니까?"보다 "잘 지내십니까?"라고 번역이 되는 경우가 많다. 스칸디나비아에서 '행복'은 동화책에서 읽을 수 있는 마지막 줄, "그래서 이들은 오래오래 행복하게 잘 살았답니다."에서나 볼 수 있다. 하지만 왕자와 결혼한 신데렐라는 얼마 안 가 침대에서 방귀를 뿡뿡 뀌는 왕자를 못마땅하게 생각할 것이고, 백설공주는 일곱 난쟁이와 지겹도록 댄스파티를 하는 대신 법률 공부를 하고 싶어 할 것이며, 잠자는 숲속의 미녀는 기독교 국가를 침략한 이교도에 반대하는 데모 행렬에 참여하고 싶어 하루가 멀다 하고 침대에서 훌쩍일지도 모른다.

행복은 어쨌거나 스칸디나비아 사람들의 귀에 거북하게 들리는 단어임엔 틀림없다. 일상과 동떨어진 단어처럼 들릴 때가 많다. 반면 '잘 지낸다'라는 말에서는 이런 거부감을 찾아볼 수가 없다. 사람들은 누구 할 것 없이 잘 지내고 싶어 하고, 또 남들 앞에서 잘 지내고 있다고 스스로 인정해도 별로 민망함을 느끼지 않는다. "당신을 사랑해"라든가 "난 행복해"라는 말을 좀처럼 입에 담지 않는 사람들도 "잘 지내고 있다"라는 말은 아무렇지 않게 할 수 있다. 눈 하나 깜짝 않고 말할뿐더러 상대방에게 사랑에 빠져 있다는 의심을 주지 않고서도 편히 주고받을 수 있는 말이 바로 이 "잘 지내?" 또는 "잘 지낸다"라는 말이다.

이런 행복의 대체 표현은 특히 노르웨이나 스웨덴에서

더욱 두드러지게 자주 쓰이는 말이다. 언젠가 노르웨이에 이민을 온 한 인도 사람이, 아들의 유치원 입학날 유치원 선생님에게 이렇게 물었다고 한다. "아이들이 여기서 뭘 배웁니까?" 유치원 선생님은 어리둥절한 표정으로 한동안 말없이 그의 얼굴을 바라보았다. 곧 생각을 다듬은 그녀는 프로페셔널한 미소를 지으며, 아이들은 유치원에서 뭘 특별히 따로 배우진 않는다고 대답을 해주었다. 가장 중요한 것은 아이들이 만족하며 잘 지낼 수 있도록 보살펴주는 것이라는 말도 덧붙였다. 아이의 아버지는 직장으로 발길을 돌리며 고개를 절레절레 저었다. '도대체 언제쯤이면 이 나라를 완전히 이해할 수 있을까?' 하는 생각과 함께.

bonheur, glück, happiness, geluk, felicidad, felicità, lycka… 모두 행복을 의미하는 단어들이다. 이처럼, 서로 비슷한 뿌리를 지닌 서유럽 언어에서도 행복이라는 단어의 근원은 모두 다르다. 그뿐만 아니라 '행복'이 함축한 실질적 의미도 다르다. 비슷한 문화를 지닌 서유럽 국가에서조차 행복의 개념이 다른데, 더 큰 문화적 차이가 존재하는 북대서양 밖의 나라들은 어떨까? 좋은 삶을 의미하는 공통적 개념은 정말 없는 것일까? 그렇지는 않을 것이다. 산 채로 매장당하는 일, 총을 맞는 일, 법적 절차를 거치지 않고 감옥에 갇히는 일, 사랑하는 사람을 잃는 일, 원하지도 않는데 고픈 배를 움켜쥐고 잠자리에 들어야 하는 일 등을 좋아하는 사람은 없으니까 말이다. 우리는 이러한 인간적 고통을 텔레비전 화면을 통해서 접할 수 있다. 행복과 만족도 마찬가지이다. **그렇다면 행복이 무엇인지 정의할 수 있는 보편적 개념은 어디엔가 존재하는 게 틀림없다. 문제는 그것이 무엇인가일 뿐.**

지난 몇 년, 필자는 행복 또는 만족한 삶에 관한 책을 쓰겠다고 주위 사람들에게 말해왔다. 그럴 때면 사람들은 아주 거창한 주제라며, 정말 그게 가능한 일이냐고 묻기도 했다. 내게는 천국처럼 여겨지는 것도 다른 사람들에겐 그저 그런 평범한 것으로 여겨질 수 있으니까. 작가이자 음악가인 외이빈 호네스$^{Øivind\ Håens}$는 내가 거금을 주고서라도 손에 넣고 싶은 게 다른 사람들에겐 거금을 주고서라도 없애고 싶은 것일 수도 있다고 말했다. 또 다른 이들은 행복에 관한 책을 쓰겠다고 하니, 철학, 심리학, 또는 경제학 등의 참고 서적을 읽어보라고 권유하기도 했다. 하지만 도스토옙스키를 읽어보라고 권하는 사람은 아무도 없었다. 어떤 이들은 다윈을 거론했고, 어떤 이들은 고상한 종교적 가치나 사랑에 대해 언급하기도 했다. 사회인류학과의 동료 중 몇몇은 필자와의 대화에서 행복이나 만족스러운 삶이 주제로 등장할 때마다 무의식적으로 머리를 긁적거리기도 했다.

진실을 말하자면, 20세기 사회과학은 만족스러운 삶이 무엇인지 설명하는 데 너무도 인색했다. 관련 학자들은 세상의 빈곤과 결핍, 권력과 억압 등에 대해 필요 이상으로 걱정하고 연구 조사를 해온 반면, 행복에 대해선 놀라울 정도로 적은 관심을 보여왔다. 최근 몇 년간 이런 추세에 변화가 일기도 했지만, 새로운 '행복 찾기' 유행이 긍정적인 흐름인지 부정적인 흐름인지는 확신할 수가 없다. 적어도 필자는 행복을 실질적 학문의 목표로 삼고 진지한 연구를 해온 학자들을 아직 보지 못했다. 스코틀랜드의 동료, 닐 신은 이 주제를 놓고 광대한 자료를 수집한 적이 있다. 그의 조사에 따르면 사회인류학자들은 지금까지 긍정적인 삶의 질보다는 고대의 광주리 짜는 방법에 대해 더 많은 연구를 해왔다. 건강에 대한 논문도 수천 가지 있긴 했으나, 대부분은 건강보다 질병에 대해 쓴 것으로 나타났다. 그래서 필자는 책에서 처음 의도와는 달리 인류학적 항목을 가능한 한 배제하기로 했다. 대신 다른 흥미로운 내용들이 그 자리를 채우게 되었다.

사람들은 저마다 삶의 질과 행복에 대해서 의견을 내놓는다. 하지만 어느 누구도 똑같은 정의를 내리진 못한다. 예외도 존재하지만, 학자들은 일반적으로 행복에 관련된 주제를 특수화하고 전문화하거나, 또는 아예 실질적인 조사를 하지 않은 것으로 드러났다. 따라서 단언하는데, 진정한 행복이 무엇인지 객관적으로 살펴볼 이유는 존재한다.

이 책의 초고를 읽어본 이들은 더 나은 책을 만들어보라고 여러 제안을 해주었다. 하랄 엥겔스타, 마리안 잇스타, 헨릭 신딩라센, 카리 스피엘드네스, 그리고 아르네 요한 베트레센에게 지면을 빌려 깊은 감사를 전한다.

2008년 1월 오슬로에서
토마스 힐란드 에릭센

차례

서문 행복을 찾아 헤매는 당신에게   10

1
희망 없는 사람들

행복하게 사는 것은 밋밋하고 지루하다   24
우리는 이미 천국에 살고 있다   32
천국에 없는 두 가지   39
우리에게 필요한 것은 새로운 희망   53

2
나 빼고 다 행복해 보이는 이유

비교는 삶을 결정한다   60
전 세계인과 나를 비교한다   73
행복은 성취가 아니라 비교에서 온다   81
고통은 행복의 두 배로 온다   87
같은 경쟁을 하고 있다는 착각   95
완벽한 소비자는 불행하다   103

3
당신이 노력할수록 불행한 이유

17배 더 많은 경험을 하는 세대   114
당신을 행복하게 만드는 선택의 공통점   119
선택이라는 저주   128
요즘 세상에 사라지는 재능   134
당신이 아는 쾌락은 틀렸다   141

4
경쟁이 있어야 행복한 이유

성공을 바라보는 두 가지 관점	150
안정 vs 도전	158
모든 것은 비교적 상대적이다	165

5
물건을 사도 불행한 이유

사람들은 왜 멀쩡한 핸드폰을 바꿀까?	174
유행에 동참하라는 유혹	185
부자들에게 더 필요한 것	191
한계 없이 행복한 일들	200
카르페 디엠은 의미 없다	212

6
만족과 실망의 반복 속에 행복이 있다

느린 시간과 빠른 시간	220
여행의 본질은 실망이다	228
다른 삶을 동경하는 사람들	237
행복은 전두엽에서 결정된다	247
우리의 꿈은 너무 작고 현실적이다	255

7
어떤 목표가 우리를 행복으로 이끄는가

최고가 될 분야를 고르는 기준 264
건강한 야망을 위하여 270
이른 성취, 빠른 하강 277
3피트 신드롬 283
그는 홀로 항해하다 죽었다 288

8
행복에 대한 농담

행복을 셀 수 있다는 착각 298
정답이 없는 문제는 공허하다 307
푸시핀 게임과 시문학 중 어느 것이 더 가치 있는가? 315
'긍정의 힘'으로는 할 수 없는 것들 324
행복학이 만든 수십억 개의 천국 330
행복학 연구는 난센스로 가득하다 337

9
만약 우리가 천국에 산다면 행복할 수 있을까?

행복의 필수조건 : 필요한 존재가 되기 346
부유한 나라의 자살률이 높은 이유 353
바닐라 아이스크림에 바닐라가 없어도 361
신은 진보적 인간과 닮았다 370

10
인생의 의미에 대한 흥미로운 대답

행복은 인생의 긍정적인 부작용이다 378
삶이 완벽할 수 없기에 390

11
고장 난 행복을 고치기 위한 계획

복지와 성장의 다음 단계 400
행복을 위한 완벽한 사회 시스템 409
얼마든지 가능한 일 418

1
희망 없는 사람들

사람들은 극도로 빈곤할 때 희망을 잃어버린다. 그렇다면 극도로 부유할 때도 희망은 사라지는 것 아닐까? 우리의 꿈은 너무도 작고, 개인적이며, 대개 현실적으로 가능한 것들이다.

행복하게 사는 것은 밋밋하고 지루하다

15년 전쯤, 케이블 텔레비전을 고치려고 전기 기사를 집으로 불렀다. 그는 전선과 전기 접속 부문의 전문가였다. 소리엔 아무 이상이 없었지만 화면에 문제가 생겨 서비스를 받아야 했다. 전기 기사는 집 앞에 있는 전봇대 위에 올라가 연결선을 고쳤다. 그는 전에도 해본 일이라며 한 시간도 채 안 되어서 수리 작업을 마쳤다.

나는 그가 집을 나서기 전에 몇 가지 질문을 했다. 화면에 문제가 생긴 직후 나는 인터넷을 뒤져 텔레비전 화면 기능에 대해 읽어보았고, 그 와중에 HDTV(고화질 텔레비전)에 대한 정보도 접할 수 있었다. 텔레비전 수신 장치에 디코더를 연결하면 스무 개 이상의 새로운 채널을 추가할 수 있다는 사실과, 조금 더 돈을 지불하면 훨씬 더 많은 채널을 볼 수 있다는 정보도 얻었다. 그뿐만 아니라 케이블 회사의 HDTV를 사용할 경우 화질이 눈에 띄게 향상되는 것을 경험할 수 있다고 했다. 인터넷에서 HDTV에 대해 의견을 나누는 사람들이 올린 글을 보니, HDTV를 한번 보게 되면 그 이후엔 구식 텔레비전이 답답하게 느껴져 눈길도 가지 않는다고 했다. 이에 대한 나의 열정적이고 무지한 질문에, 전기 기사는 정확하고 간결하게 대답을 해주었다. 그는 앞으로 몇 년만 있으면 HDTV가 대세를 이룰 것이라며, 그건 시간문제라고 했다.

그와 대화를 나누다 보니 노르웨이에 처음으로 컬러텔레비전이 들어왔을 때가 생각났다. 노르웨이엔 컬러텔레비전이 비교적 늦게 소개되었다(이웃 나라인 스웨덴이나 저 멀리 미국과 비교했을 때 늦었다는 말이다). 그리고 1974년 월드컵이 개최될 즈음엔 프로그램 대부분이 컬러로 방영되기 시작했다. 그해 봄, 학생들 사이에선 컬러텔레비전에 대한 장점과 단점을 두고 열띤 토론이 벌어지기도 했다. 그때 누군가 이렇게 말했던 것을 나는 아직도 기억하고 있다. "그래, 컬러텔레비전이 좋긴 하지. 그렇지만 프로그램 자체가 더 나아지는 건 아니야." 당시 이 말이 특별히 통찰력이 있거나 깊은 의미를 내포하고 있다고는 생각하지 않았다. 하긴 그 말을 했던 아이도 특별하게 깊은 사고를 한 후에 내뱉은 건 아니었으리라. 어쩌면 그 아이의 부모들에겐 컬러텔레비전을 장만할 만한 여유가 없었을지도 모른다.

그로부터 1년 정도 시간이 흐른 후 컬러텔레비전은 더 이상 새롭지 않을 정도로 평범한 가전제품이 되어버렸다. 흑백

텔레비전을 보는 것은 과거로 되돌아가는 것과 같았다. 이전에는 흑백 프로그램을 보면서 그것이 흑백이라는 생각조차 없이 너무나 자연스럽게 받아들였었는데 말이다.

그로부터 또 몇 년의 시간이 흐르자, 사람들은 평면TV를 구입하기 시작했다. 구식 4:3 화면이 와이드 스크린으로 대체되던 시기와 거의 동시에 일어난 일이었다. 곧 부피만 컸던 구식 텔레비전은 기술 박물관에서나 볼 수 있게 되어버렸다.

평면TV의 등장도 프로그램의 질을 향상시키진 못했다. 물론 신식 화면을 통해 텔레비전을 보는 것은 꽤 근사했으나, 곧 사람들은 여기에도 익숙해져 버렸다. 그리고 일상은 다시 예전처럼 평범하게 돌아가기 시작했다.

나는 사람들이 HDTV를 본다고 해서 더 행복해지진 않았으리라 생각한다. 오히려 초기엔 짜증 나는 일이 더 많지 않았을까. 예를 들면, 대부분의 프로그램이 여전히 구식 화질로 방영되는 일이 일정 기간 계속될 것이고, 평면 화면, 와이드 스크린, 디지털 시그널 또는 HDTV가 일상화되었다 하더라도 프로그램 자체의 수준이 더 나아질 리는 없으니 말이다.

이런 생각들은 약간의 절망감과 체념을 안겨줄지도 모른다. HDTV조차도 삶의 만족도를 향상시키지 못한다면, 우리는 이 세상의 모든 다른 발전들을 어떻게 받아들여야 한단 말인가. 2차 세계대전 이후 주택 수준이 엄청나게 향상된 것이 우리를 더 행복하게 해주었던가? 그렇다고 할 수는 없을 것이다. 어떤 이들은 갓난아기가 부모와 함께 자는 대신 제 방의 침대에서 홀로 자게 되는 바람에 트라우마를 얻는 경우도 생겼다고 주장한다. 행복에 관해 연구했던 한 미국 심리학자는 이렇게 말했다. 캘리포니아주의 날씨가 미네소타 주보다 훨씬 좋아서, 미네소타에 사는 학생들은 캘리포니아 학생들이 자기들보다 훨씬 행복하다고 믿는다고. 하지만 사실 캘리포니아의 학생들은 미네소타의 학생들보다 결코 더 행복하다고 느끼지 않았다. 매일 접하는 따스하고 햇살 가득한 날씨는 그들에게 특별한 것이 아니었다. 그리고 그들도 중부 지방에 사는 또래 학생들이 그렇듯 사랑과 경제 사정, 또는 다가올 시험 때문에 걱정하는 건 마찬가지였다.

신문에서는 나이지리아와 베트남 국민이 스스로를 매우 행복한 사람들이라 여긴다고 했다. 반면, 세계에서 가장 부유하고 가장 안전한 나라에 사는 사람들은 전철 속에서 우중충한 11월의 날씨를 보며 침울해하고 있다.

뭔가 이상하지 않은가. 정치가들은 20세기는 물론 19세기를 거치는 동안 향상된 물질적 수준이 절대적으로 긍정적이라 주장해 왔다. 한겨울 추위 속에서 고픈 배를 움켜쥐고 잠자리에 들어야만 했던 사람들에겐 이 주장이 옳다. 그러나 오늘날의 우리는 물질적 향상이 행복도를 향상시킨다는 주장을 어떻게 받아들이고 있는가? 우리는 여전히 무언가 부족하다고 입을 모은다. **진실을 말하자면, 우리에게 부족한 것은 물질이 아니다.** 오늘날 그 어떤 명망 있는 정치가도 기존의 정치적 목표와 흐름을 완전히 개선하려 시도하지 않는다. 개선하는 것이 어쩌면 국가와 개인을 위한 최선책이 될 수가 있는데도 말이다. 그건 우리가 삶의 행복이 뭔지 알고 있다고 믿기 때문이거나, 또는 바쁜 삶을 살아오는 동안 삶의 행복이 뭔지 질문을 던져보는 걸 잊었기 때문인지도 모른다.

톨스토이는 이 문제에 대해 꽤 깊이 생각해보았던 것 같다. 《안나 카레니나》의 유명한 서두는 이렇게 시작한다. "모든 행복한 가정의 모습은 비슷하다. 하지만 모든 불행한 가정은 서로 다른 모습으로 불행하다." 그렇다. 어쩌면 그의 말이 맞는지도 모른다. 행복을 손으로 잡을 수 없는 꿈같은 것으로만 표현하는 문학 작품들 속에서 이렇듯 명백하게 행복의 상태를 표현했다는 점에서, 우리는 톨스토이를 다시 한번 돌아보게 된다.

문학 작품은 실체 있는 유령이다. 특히 인생의 덧없음과 무상함을 멜랑콜리한 목소리로 이야기하는 시문학에서는 더욱 그렇다. 우리가 정서의 균형, 영혼의 평화, 타인과 조화로운 관계를 바탕으로 인간의 참모습을 표현한 그런 문학 작품을 읽은 게 도대체 언제였나? 돌이켜보니 내가 읽은 책 중에서 그런 문학 작품들도 있기는 있다. 하지만 그런 책들은 문학적 가치를 인정받지 못하는 경우가 대부분이다. 게다가 교육적 관점을 지나치게 부각하는 이상적 문학의 하나로 치부되기도 한다. 유토피아와 반대되는 가상사회, 즉 디스토피아를 그린 작품 《멋진 신세계》로 유명한 작가 올더스 헉슬리는 말년의 작품 《아이슬란드》에서 자신의 삶을 유토피아와 연결해 긍정적인 모습으로 그려내려 시도하기도 했다. 하지만 이 책은 그 문학적 가치보다는 작가의 정치적 아이디어를 표현한 작품으로 알려졌을 뿐이다.

    좋은 문학 작품은 복합적 의미를 내포하고 있다. 그 작품들은 답을 주기보다는 질문을 던질 따름이다. 그리고 작품 속 주인공 대부분은 이루지 못한 꿈이나 끝없는 도전과 역경, 또는 실망과 절망감을 안고 삶을 끝맺는다. 하지만 이런 책들은 행간에서 희망을 이야기한다. 어쨌든 적어도 문학 작가들은 이미 행복이란 주제에서 관심을 떠나보낸 지 오래다. 노벨 문학상 수상 작가들 대다수가 공통되게 인간 삶의 불행과 비참함을 이야기하고 있다 해도 과언이 아니다. 그리고 단순한 행복을 다룬 작품들은 서점이 아닌 변두리 주유소나

가판대에서 팔리고 있는 것이 현실이기도 하다.

어쨌든 톨스토이가 틀린 말을 한 것은 아니리라. 그렇다면 톨스토이뿐 아니라 수십만 명의 사회 연구가들이 오직 인간 삶의 문제점에만 관심을 보였던 것일까? 보아하니 행복은 참으로 밋밋하고 지루하기까지 한 주제임에 틀림없다. 왜냐하면 갈등과 역경만이 인간 삶의 드라마 속에서 꾸준히 제자리를 지키고 있으니 말이다.

그러나 행복이 문학 속에서 그 가치를 인정받지 못한다는 사실은 그 자체만으로도 흥미로운 것이 될 수 있다. 인간을 불행하게 만드는 모든 것들, 또는 내면의 갈등과 그 어떤 것을 향한 동경이 문학의 진정한 주제라 할 수 있다면, 행복 또한 충분히 문학의 중심 주제가 될 수 있을 것이다. **행복은 현실의 비참함과 고통, 허무한 노력으로 허우적거리는 인간들에게, 언젠가는 도달할 수 있을지도 모르는 어떤 길을 제시해 줄 수 있기 때문이다.** 행복은 고통의 반대편에 서 있으며, 삶에서 행복과 불행은 서로 상충되지만 서로를 보충하는 역할도 한다. 그러니 행복은 불행이 존재하는 모든 곳의 저변에 어떤 형태로든 존재한다고도 볼 수 있지 않을까. 하지만 그 자체로는 관심을 유도하는 것이 너무도 진부하기 때문에 은밀한 형태로 숨어 있는 건 아닐까. 어쨌든, 1800년대 유럽인들이 모두 행복했다면 낭만주의는 생겨나지 않았을 것이다.

어쩌면 잘 산다는 것, 행복하게 산다는 것은 밋밋하고 지루한 일일지도 모른다. 또 바로 그 때문에 우리는 끊임없이 새롭게 불평할 거리를 찾고 있는지도 모른다. 미디어에서는 특히, 유럽 지역의 미디어에서는 우리가 그 어느 때보다도 더 풍요롭게 '잘 살아 있다'라고 강조하기를 잊지 않는다. 어느 정도 너그러운 잣대를 들이댄다면 그건 맞는 말이다. 북유럽의 생활 수준은 2차 세계대전 이후 약 반세기에 이르는 시간 동안 발전에 발전을 거듭해 왔고, 천국을 방불케 하는 사회를 건설했다 해도 과언이 아니다. 그러나 부와 풍요가 점진적으로 증가해 왔음에도 불구하고, 우리가 느끼는 행복감은 이에 비례하지 않았다. 오히려 사람들은 불평을 늘어놓고, 절망하고, 정신적인 고갈을 느끼며 목표 없이 떠도는 불안정한 삶을 살고 있지 않은가.

우리는 이미 천국에 살고 있다

30세기를 바라보고 있는 우리는 객관적으로 모자랄 것 없는 삶을 살고 있다. 불행히도, 여기서 말하는 '우리'란 21세기를 살고 있는 전 세계 인구 중 단 10억에 불과한, 상위 20퍼센트의 부를 누리고 있는 사람들을 가리킨다. 말하자면 국제 중산층인 셈이다. 컴퓨터와 핸드폰을 소유하고, 저녁으로는 뭘 먹을까 궁리하고, 휴가가 다가오면 어디로 여행을 갈까 생각하는 사람들 말이다. **이처럼 많이 소유하고 높은 평균 수명을 가지고 자유로운 선택과 활동을 할 가능성을 누리는 것은 인류 역사상 최초가 아닐까 싶다.** 오늘날 평범한 사람이 누리고 있는 물질적 풍요로움은 150년 전만 하더라도 귀족층만이 누릴 수 있었던 특권이었다.

순종 말과 샹들리에의 수, 그리고 크리스털 잔과 개인 소유 실내악단의 수는 1800년대보다 훨씬 줄어든 것이 사실이다. 하지만 그게 그리 큰 문제가 되지는 않는다. 1800년대 중반, 사회학자들은 거리에 쌓이는 말똥의 양이 당시의 추세로 계속 늘어난다면 1950년 런던의 거리는 말똥으로 빈틈없이 뒤덮이리라고 예상했다. 또한 당시의 비관주의자들은 머지않아 피카딜리서커스 지역을 지나가려면 쌓인 말똥 때문에 장화를 신어야 할 것이라 입을 모으기도 했다. 하지만 그로부터 몇 년 후 런던 시가지에는 지하철이 생겼고, 다시 그로부터 몇십 년이 지나자 말들은 관광객의 눈길을 끄는 상품으로 전락했다. 노르웨이의 로포텐 지역에 서식하던 향유고래가 2000년대에 들어와 관광 상품으로 전락한 것이나 마찬가지의 일이다. 이들 말이나 고래의 외양은 그때나 지금이나 달라진 것이 없음에도, 세월이 지남에 따라 삶의 필수품이 아닌 호기심의 대상으로 변해버린 것이다.

오늘날 국제 중산층[*]에 속하는 우리는 200여 개의 크리스털 잔과 화려하고 비실용적인 샹들리에가 없어도 잘 살아갈 수 있다. 실내악단은 이미 오래전에 값싼 스테레오 기기로 대체되었으나, 오리지널 음향 못지않은 소리를 전해준다.

실제로 현대의 북유럽인들은 모두 국제 중산층에 속한다고 할 수 있다. 이들은 세계 어느 나라의 사람들과 비교해도 뒤지지 않을 정도의 풍요로운 삶을 살고 있다. 우리는 담배 연기라곤 찾아볼 수도 없는, 따스하며 햇볕이 잘 드는 집에

---

[*] 중산층 개념에 공식적으로 정립된 기준은 없다. 다만, 필자는 전 세계 상위 20%를 기준으로 상정해 이야기하고 있다.

서 살고 있다(1946년만 하더라도 방 두 개, 부엌 하나, 욕실 하나가 딸린 집이 유럽 중산 가정의 표준이었다). 또 대부분의 경우 원하는 음식을 먹을 수 있다. 식료품들은 모두 엄정한 검사를 거쳐 안심하고 먹을 수 있으며, 맛도 좋다. 제조 공정법의 개발로 말미암아, 오스트레일리아나 남아프리카 공화국에서 생산되는 종이 팩 포도주도 약 200년 전의 왕족들이 마셨던 포도주보다 훨씬 맛이 좋다. 또한 우리는 1800년대의 귀족들과는 달리 사시사철 바나나와 오렌지를 먹을 수 있다. 이 외에도 그들이 들어보지도 못했던 희귀하고 맛 좋은 과일들을 시도 때도 없이 구입해 먹을 수 있다.

책값도 엄청나게 내렸고, 선택의 범위도 무한하다. 음악가가 잠자리에 든 시간이라도, 우리는 좋아하는 음악을 언제든지 들을 수 있다. 매년 휴가를 즐기며, 외국 어딘가의 안락한 호텔에서 휴가를 즐기는 일도 엄청난 사치는 아니다. 100년 전만 하더라도 일반인들에게 휴가라는 것은 없었다. 50년 전에는 휴가를 받으면 이웃 나라인 덴마크나 스웨덴에 가서 텐트를 치고 며칠 캠핑을 하는 것이 전부였다. 30년 전에는 마요르카 섬이 이국적인 휴양지로 알려져 있었다. 하지만 지금은 어떤가. 그보다 훨씬 먼, 아시아의 끝에 자리하고 있는 태국조차도 비행기만 타면 갈 수 있는 남쪽의 따뜻한 나라 정도로 여겨질 뿐이다(물론 태국 국민은 자국을 남쪽의 따뜻한 나라로 여길지 의문이지만 말이다). 이전의 통계자료에 의하면, 노르웨이 인구 다섯 명 중 네 명이 휴가 기간에 외국을 다녀왔으며, 평균 보름을 외국의 호텔에서 지냈다. 즉, 휴가 중의 외국 여행은 이제 더 이상 상류층만의 특권이라고는 할 수 없는 시대가 왔다.

오늘날 국제 중산층에 속하는 사람들에게는 남는 시간과 여유가 많아졌다. 지난 세기를 거치면서 근로 시간은 계속 일정한 비율로 줄었다. 이 남는 시간을 이용해 많은 이들이 골프를 치거나 합창단 활동을 하는 등 취미 생활을 하고, 타인을 위해 예능 활동을 하거나 정보 등을 공유하며 계몽 사업을 하기도 한다. 대부분의 사람들은 콘서트홀, 극장, 체육 경기장, 공연장 등에서 판매하는 입장권을 무리 없이 구입할 수 있다. 가정에서는 최소 한 대 이상의 텔레비전을 소유하고 있으며, 예능과 뉴스 등을 제한 없이 선택할 수 있다.

교육 수준도 높아졌고, 상해 위험이 큰 직업이나 장기적 피로를 유발하는 일은 줄어들었다. 2차 세계대전 이후, 여성들이 집안일을 하는 시간은 계속 줄어드는 반면 집의 크기는 계속 늘어났다.

현시대 사람들의 평균 수명도 이전 시대보다 훨씬 늘어났다. 구시대의 귀족들은 한창 꽃을 피울 나이에 실연의 아픔이나 폐결핵으로 뜬금없이 죽어 나가곤 했으니까.

1900년대 초 사람들의 평균 수명은 31세였다. 그로부터 100년 후, 평균 수명은 66.8세로 늘어났으며, 많은 부유 국가의 평균 수명은 80세에 도달했다. 이 책을 읽는 독자들의 대부분도 100살이 될 때까지 삶을 즐길 수 있으리라 믿는다. 의약품과 예방 주사, 그리고 더 나은 식습관과 근로 환경의 발전으로 우리는 이전 시대의 사람들보다 훨씬 건강한 삶을 살고 있다. 농업 및 각종 산업계에서 난무하던 비인간적 근로 방식은 적어도 북유럽 지역에서만큼은 인간적으로 개선되었다. 오늘날 국제사회의 중산층에 속하는 사람 중에서 40세를 전후로 신체적 에너지나 능력이 고갈되는 것을 경험하는 이들은 거의 없다. 물론 육상 선수나 권투 선수를 제외하고선 말이다. 오늘날의 사람들은 이전 세대의 사람들과 다른 방식으로 나이를 먹는다고 해도 과언이 아니다. 1928년 미국의 인구 통계학자 루이스 더블린Louis Doublin은 인간의 평균 수명이 64.75세로 늘어날 것이라고 예상했다. 그 당시만 하더라도 미국인의 평균 수명은 57세였으니, 그는 상당히 낙관주의자였던 셈이다(그 자신은 87세까지 살았다).

폴 매카트니가 2006년을 맞아 64세가 되었을 때, 세계 각국의 저널리스트들은 그가 1967년에 작곡한 노래 〈내가 64세가 된다면When I'm Sixty-Four〉의 가사에 다시 관심을 보이기 시작했다(이 곡은 그가 열여섯 살 때 만든 곡이다). 가사 내용은 당시의 64세 노인들의 상황과는 상당히 달랐다.

어쨌든 현세대의 우리는 1967년에 비해 10년은 더 오래 산다. 지금의 64세 사람들은 폴 매카트니의 〈내가 64세가 된다면〉이 발표되었던 시대의 54세 사람들과 비슷한 삶을 살고 있다. 국제 중산층에 속하는 대부분의 64세 사람들은 〈내가 64세가 된다면〉의 가사와는 달리 '시들어'버리지도 않고, '화로 앞에 앉아 스웨터를 짜는' 일을 자주 하지도 않는다.

매카트니의 이 노래 가사 중에는 오늘날의 64세 사람들의 아픈 곳을 정확하게 찌른 부분도 있다. "여전히 나를 필요로 하실 건가요?"라는 한 줄은 우리 사회의 중심 문제를 정곡으로 찌르고 있다. 이어 "여전히 나를 먹여주실 건가요?"라는 말이 나온다. 이 말을 돌려서 해석하면 "내가 여전히 당신을 필요로 하게 될까요?"라고도 생각해 볼 수 있다. 아무튼 이 노래의 가사는 서로에게 의지하는 상황을 표현하고 있다.

누가 음식을 먹여주고 누가 음식을 받아먹는지를 떠나서 생각해보자. 우리에게 필요한 것 중, 음식보다 더 값이 싼 것은 찾아볼 수 없다. 1960년대 노르웨이의 가정에서는 평균 39퍼센트의 수입을 음식 구입에 지출했다. 비록 그 시대에는 가정에 항상 있는 풀 타임 주부들이 대부분이었고, 이들이 손수 음식을 만들거나 하는 방법으로 식료품 지출을 줄이려 갖은 노력을 했음에도 말이다. 물론 이 주부들의 노력을 다른 가족 구성원들이 알고 있었는지는 의문이다. 반면 조사에 의하면 한 가정의 식료품 지출액은 가계 수입의 9퍼센트밖에 되지 않았다. 전업주부의 수도 훨씬 줄어들었으며, 원한다면 언제든지 고기반찬을 상에 올릴 수도 있다.

우리는 소위 천국 같은 삶을 상당 기간 살아왔다. 국제 중산층에 속하는 사람 대부분은 빈곤과 기아 문제를 역사책이나 미디어를 통해서 접할 뿐이다. 만약 사회적 신분과 계층에 뚜렷한 격차가 존재하는 나라에 사는 국민이라면, 직장에 나가는 길 또는 저녁에 술 한잔하러 가는 길에서 빈곤과 기아의 단면을 엿볼 수 있기도 하겠지만 말이다.

천국에 없는 두 가지

이런 천국 같은 삶에는 눈에 띄는 두 가지 특징이 있다. 그 하나는(소위 지상 천국이라 일컬어지는 모든 국가와 사회에 해당하는 것이기도 한데) 바로 이러한 상황이 오래 지속되지 않으리라는 사실을 구성원들이 잘 알고 있다는 것이다. 다른 하나는, 특히 북유럽 복지 국가의 구성원들에게 해당하는 사실로, 전반적이며 객관적인 천국 같은 현실이 구성원 개개인의 만족감과는 상관이 없다는 것이다. 영국과 미국에서 행해진 조사에 의하면, **전반적인 삶의 질이 향상되었다고 해도, 거기에 속하는 개별 구성원의 만족도는 1950년대와 비교해 그리 달라진 것이 없다고 한다.** 1950년대에는 따스한 남쪽 나라로 떠나는 휴가라곤 생각지도 못했고, 휴대폰도 없었으며, 토요일 휴무 제도나 컬러텔레비전도 찾아볼 수 없었다. 또 다른 조사에 따르면, 극도의 빈곤 상태에 있지 않은 한, 삶에 대한 만족도는 수입의 양과는 상관없다고도 했다. 하지만 학자들 사이에서도 여러 가지 다른 의견들이 분분하다. 어떤 이들은 한 나라의 상위 25퍼센트에 속하는 부유층만이, 돈이 전부가 아니라는 데 찬성한다고 했으며, 또 어떤 학자들은 사람들이 안락하고 풍요로운 삶에 어느 정도 만족한다면, 이들에게 더 큰 만족감을 부여하기란 거의 불가능하다고 말하기도 했다.

"우리에겐 없는 것이 없습니다. 그러나 그것이 우리가 가지고 있는 것의 전부이기도 합니다." 이것은 몇 년 전, 풍자 시인이자 포크송 가수이기도 한 올레 파우스$^{Ole\ Paus}$가 한 말이다. 후에 노르웨이 국무총리 중 두 명은 이 말을 새해 연설에 인용하기도 했다. 물론, 이 말이 노르웨이의 정치 노선에 변화를 가져온 것은 아니다. 소비를 줄이고 삶의 물질 수준을 낮추겠다는 슬로건을 내건다면 그건 정치인에게 자폭이나 다름없는 것이니까(슬로건을 살짝 돌려 말한다면 상황은 또 달라질 수도 있을 것이다. 예를 들어, 더 많은 자유와 더 많은 개인 시간의 추구 등).

역사상 그 어느 시대를 뒤져보아도, 현대의 우리만큼 물질적으로 풍부하고 가능성이 많은 사회 속에서 살았던 사람은 없다. 동시에 현대의 우리만큼 시간에 쫓겨 아등바등 살았던 사람들도 역사 속에선 찾아볼 수 없다. 몇 년 전 오슬로 지역 신문에 난, 영향력 있는 한 기업인의 인터뷰 기사를 읽은 적이 있다. 그는 인터뷰에서 회사 외에 자기 삶에 대한 철학적 고찰도 추가로 덧붙였다. 여가 시간에 무엇을 하느냐는 질문에 그는 진흙탕에서 산책하는 걸 매우 좋아한다고 대답하며, 해보면 해볼수록 더 많은 사람에게 진흙탕 산책을 추천하고 싶은 마음이 생긴다고 말했다.

진흙탕 산책이라…. 그다지 흥미진진하게 들리지는 않는다. 높낮이가 있는 산길을 걷는 것도 아니고, 평평하고 단조로운 진흙탕을 걷는 게 뭐가 그리도 좋단 말인가. 장화를 신고 진흙 속에 빠져들지 않으려 정신을 집중해야 하는 것은 물론, 한번 산책을 다녀오면 온몸에 진흙이 묻어 지저분해지는 건 말할 것도 없다. 그리고 걷는 동안엔 다른 일을 할 수도 없다. 진흙탕 속에서 오직 발을 옮기는 일 외에 무엇을 더 할 수 있단 말인가.

그런데 사실, 우중충하고 단조로운 진흙탕 속에서 발을 옮기는 것 자체가 요점이다. 1년에 100일 이상은 출장을 다녀야 하고, 회의장과 공항에서 대부분의 시간을 보내야 하며, 컴퓨터 화면 앞이나 핸드폰을 떠날 수 없는 그 바쁜 기업가가 필요로 했던 것은 바로 단조로움과 정적 속에서의 산책이었다. 어쩌면 실질적인 실용주의자들이라 할 수 있는 노르웨이인들은 자연 속에서 일종의 종교적 경험을 추구하고 있는지도 모른다. 이들은 바쁜 일상에서 벗어나 자연에 들어서고 나면 그제서야 스스로 되돌아볼 수 있는 여유, 또는 그보다 더 고귀하고 말로 표현할 수 없는 어떤 중요한 것을 얻을 수 있다고 생각하는 것 같다.

그는 진흙탕 산책을 그리 자주 하진 못했다. 그가 생을 마칠 무렵 지난날을 되돌아보게 된다면, 그 산책을 더 자주 하지 못했던 것을 후회하게 될지도 모른다. 그는 돈과 권력을 손에 넣기 위해 너무나 바쁘게 살았던 나머지, 자신에게 의미가 될 수 있는 일들을 할 시간이 거의 없었다. 많은 기업인과 사회의 요직을 차지하고 있는 사람들은 지인들을 향해 자주 이렇게 말했다. "지금은 너무 바빠서 여유가 없지만, 곧 나아질 거야. 곧 나아질 거라고!" 정말 그렇게 된다면 얼마나 좋을까. 하지만 그들이 죽을 때까지 그 말을 되풀이하며 살 거라는 건 기정사실이다. 그리고 이 현상은 피라미드를 타고 내려오듯 아래로 재빠르게 번지게 된다. 결국, 모든 이들이 여유 없는 바쁜 삶을 살며 곧 나아질 것이라고 되뇌게 될 것이다. 이 상황이 남의 일 같지 않다고 느끼는 독자들도 많을 것이라 짐작한다.

매일 같이 초과 근무를 하고 과로에 시달리는 사람들에게 해당하는 상황만은 아니다. 의미 있는 일이란 무엇일까 하고 묻는다면, 아마도 모두 가까운 친구나 가족들과 함께 더 많은 시간을 보내는 것이라 대답할 것이다. 또는 자연 속에서 더 많은 경험을 해보는 일, 예술과 문학 작품을 더 많이 접해보는 일, 맛집 여행을 다니고 낚시하고 음악 감상을 하는 일이라 답하는 사람도 적지 않을 것이다. 동시에 이들은 매일매일 빠듯한 시간을 쪼개가며 바쁘게 움직이며 일하고, 해야 할 일을 더 많이 하지 못해 절망감을 느끼며 살고 있다.

2001년의 조사에 의하면, 당시 노르웨이 인구의 9퍼센트만이 미래 사회가 현재보다 더 살기 좋은 사회로 변할 것이라 믿는다고 대답했다. 더 나빠질 것이라고 대답했던 사람들은 44퍼센트나 되었다. 더욱 흥미로운 것은, 현재 사회가 이전보다 훨씬 나빠졌다고 대답했던 사람은 38퍼센트에 달했다는 점이다. 이 숫자들을 어떻게 해석해야 할지는 확신할 수 없다. 하지만 적어도 조사에 응한 사람들의 대답을 바탕으로 했을 때, **전체 사회의 물질적 수준의 향상과 개인의 주관적 만족도는 별개 또는 반비례한다고 해도 틀린 말은 아니라는 것이다.**

이 결과적 수치 속에는 정치적 화약이 잠재하고 있다. 부유국의 사정은 역사 속에서 그 유래를 찾아볼 수 없을 정도이다. 사람들은 각자 소유한 돈을 어디에 어떻게 써야 도움이 되는지도 모르고 있다. 높은 교육 수준과 위생 수준을 유지하고 있으며, 역사 속 다른 시대와 비교해 굳이 이렇다 할 사회적 문제도 없는 상태이다. 가난한 축에 속하는 사람들도 입을 옷과 먹을 음식 때문에 걱정하는 일은 없다. 그런데도 오늘날의 서유럽 사회에는 앞날에 대한 그럴듯한 비전이 없다. 정치가들이 제안하는 것이라곤 오직 더 적은 세금, 더 나은 학교, 병원에서의 좀 더 짧은 대기 시간, 그리고 조금 더 싼 식료품들뿐이다. 이 세상에는 아직도 빈곤 문제가 해결되지 않은 곳이 있고 세계적인 환경 문제는 계속 증가하고 있다는 것을 고려한다면 모두 한배를 타고 있는 셈인데도, 우리는 이토록 지엽적인 일로 머리를 싸매고 있다. 정말 기가 차는 노릇이 아닌가.

어느 날 한 신문의 1면에 나란히 자리한 기사의 제목을 훑어보았다. '극지방의 빙산이 예상보다 빨리 녹아내리고 있다'와 '남유럽 여행이 거의 공짜'. 온실가스 효과에 대해서 읽고 들어본 적이 있는 사람이라면, 걱정과 즐거움이 무개념으로 조합된 이 계산법에 혀를 찰 것이다. 신문 기사가 정말이라면 우리에겐 일단 북극곰이나 공짜 비행기, 둘 중 하나를 골라야만 하는 상황이 올지도 모른다. 10대 아이들이라면 이해와 선택에 전혀 어려움을 느끼지 않을 것이다. 그러니 다음 세대의 후손들이 그 값을 지불하도록 하는 건 어떨까? 적어도 현 상황은 이렇다. 하지만 실질적으로 이를 지적하는 사람들이라곤 환경친화적 도덕가들뿐이다. 이런 사람들은 항상 옳은 일을 하면서도 옳지 않은 방법으로 사람들에게 접근한다. 즉, 이들은 사람들의 욕구에 호소하는 대신, 사람들의 내면에 자리하고 있는 죄의식을 공격한다. 그러나 역사상 사람들의 죄의식이 단 한 번이라도 세상을 변화시킨 적이 있던가?

우유부단하고 비전 없는 공공성이란 얼마나 초라한가. 몇 년 전, 당시 노르웨이의 국무총리는 엄청난 축구광으로 알려져 있었다. 그리고 내가 이 글을 쓰고 있는 현재의 동일 인물은 축구에는 전혀 관심이 없다고 고백하며, 정치가보다는 기업가적인 이미지를 위해 갖은 애를 쓰고 있다. 그렇다면 다음 선거에서는 어떤 사람이 당선될까. 어쩌면 국제적 기후 문제는 정치와는 아무 상관이 없다고 주장하는 사람이 국무총리가 될지도 모른다(그 다음엔? 홀로코스트는 실제로 존재하지 않았다고 주장하는 무슬림 혐오자가 되려나?).

정치계에 비전이 부족하다는 말은 눈앞에 당면한 심각한 문제가 없다는 말로도 해석할 수 있다. 교육을 잘 받은 국민이 건강히 잘살고 있는데, 거창한 정치적 프로젝트가 무엇 때문에 필요할까? 비전과 유토피아적 이상은 1800년대에 속하는 것이었다. 1900년대에는 유토피아 이상형 중 가장 엄격하고 권위적인 모델을 현실화해 보려는 움직임이 있었다. 한마디로 말해서 그 움직임은 실패로 돌아갔다. 마르크스주의자들의 유토피아는 수용소나 감옥을 방불케 했다.

만약, 지금까지 공산주의적 사상을 지닌 사람이 스탈린을 '70퍼센트는 긍정적, 30퍼센트는 부정적'인 사람이라 표현한다면 오늘날의 사람들은 그와 대면하는 것조차 무안하고 수치스럽게 여길 것이다. 나치 사상도 그 당시엔 일종의 유토피아적 사상이었다고 할 수 있다. 하지만 그 또한 21세기적 관점으로 보았을 때 인류의 재앙이라 말할 수 있지 않은가.

유토피아는 어쩌면 작은 규모에서만 존재할지도 모른다. 근대에 들어와 가장 처음 소개되었던 유토피아는 1516년 출간된 토머스 모어의 창의적 에세이 《유토피아》(이 말은 장소에 국한되는 것이 아니다)에서 찾아볼 수 있다. 모어의 유토피아는 기독교와 사회주의를 합친 개념으로, 그 사회의 구성원들은 신앙과 서로를 향한 존중심으로 굳게 결속되어 있고, 신뢰와 의존을 바탕으로 함께 일을 한다. 모어도 기독교 신자였지만, 그가 묘사한 에덴동산의 또 다른 버전인 유토피아에서는 뱀을 찾아볼 수 없다. 모어의 유토피아에도 결국에는 뱀이 등장하지만, 그 뱀은 내부에 존재하고 있던 것이 아니라, 도덕적으로 타락한 외국인의 형태를 하고서 외부에서 들어온 뱀이었다.

모어의 유토피아는 그로부터 약 200년 후, 장 자크 루소가 표현한 인간의 '자연 상태'와, 마르크스와 엥겔스가 저술한 '초기 공산주의' 이론의 바탕이 되었다. 이렇듯 모어의 이상적 사회는 그 당시의 잣대로 보았을 때 상당히 현대적이었던 데 비해, 마르크스와 엥겔스의 이상적 사회는 단순한 기술과 원시적인 노동 분산을 바탕으로 하고 있으며 권력 남용의 가능성이 있었던 사회였다. 사실 전통적 사회의 구성원들이 함께 무리를 이루어 행복하고 평화롭게 살 수 있었던 까닭은 그들에게 특별한 이념이나 사상이 있었기 때문이 아니라, 그들이 지닌 본능적인 지혜와 삶에 대한 통찰 때문이라 할 수 있다. 사회인류학자들 중에는 여기에 긍정적인 태도를 보이는 사람들도 있고 부정적인 태도를 보이는 사람들도 있다.

차치하고, 우리는 화폐 경제가 존재하지 않는 사회 또는 돈이 극도로 적은 역할을 하는 사회가 그 구성원들에게 더 큰 만족감을 부여할 가능성이 있다는 사실을 간과할 수 없다. 지난 수십 년 동안 일상에 지쳐 허덕이는 유럽인들이 정신적 평화와 조화로움, 단순한 삶을 맛보기 위해 히말라야의 한 작은 마을을 이상적 표본으로 여겼다는 사실 역시 무시할 수 없다. 샹그릴라[Shangri-La](지상 낙원)를 향한 동경은 1933년에 발표된 제임스 힐튼의 소설 《잃어버린 지평선》에서도 찾아볼 수 있다. 소설은 히말라야 고지의 한 외진 곳에 비상 착륙을 해야만 했던 한 무리의 영국인들이, 라마들과 함께 불교적 정신을 바탕으로 서로 조화를 이루며 살고 있는 주민들을 발견하는 것으로 시작된다. 그로부터 약 20년 후 칼 바크스[Carl Barks]는 힐튼의 소설을 바탕으로 〈랄랄라[Tralla La]〉라는 만화를 그려 내놓았다. 이야기는 도날드덕의 삼촌이자 억만장자인 스크루지 맥덕이 스트레스로 인한 병을 얻어 의사를 찾는 것으로 시작된다. 의사의 권유에 따라 평온하게 휴식을 취할 수 있는 곳을 찾던 스크루지 맥덕은 '부와 돈이 아무런 의미도 지니지 않는 곳'으로 여행하기를 결심한다. 결국 그가 찾았던 곳은 히말라야 고지의 외진 마을 '랄랄라'였다. 그곳에 사는 사람들은 최소한의 생필품으로 행복한 삶을 영위하고 있었다. 스크루지 맥덕은 그곳에서 한동안 외부 사회와 단절된 삶을 살며 내면의 안정을 찾게 되었다. 그러던 어느 날, 돈이 뭔지도 모르고 살던 그곳 주민들 가운데 홉 싱이라는 자가 스크루지 맥덕의 약병에 달린 금속 뚜껑을 보고선 그것을 자기에게 달라고 한다. 스크루지 맥덕은 별생각 없이 그에게 금속 뚜껑을 건네주었고, 홉은 그것을 열 마리의 양을 받고 팔아버린다. 결국, 그런 금속 뚜껑을 다섯 개나 가지고 있던 스크루지 맥덕은 자신도 모르는 사이에 그곳에서 가장 큰 부자가 되어버린다.

다행히도, 칼 바크스의 만화에 나오는 '랄랄라' 마을은 세속의 욕심에 물들지 않고 조화롭고 행복한 생활을 끝까지 영위하는 것으로 귀결되었지만, 현실 세계에 존재하는 '랄랄라' 마을은 현대적 삶의 유혹을 떨치지 못해 결국은 큰 문제점에 당면하게 될 것이다. 우리는 현대적이고 풍요로운 삶을 외면하지 못한다.

사실 현대사회에서도, 비록 소규모이긴 하지만, 인간적 고통을 배제해 보려는 흥미로운 시도가 없지 않았다. 1800년대 초에는 '개인의 능력과 필요에 따른다'라는 원칙 하에 남녀가 평등하게 일자리를 얻고 수입을 얻을 수 있으며 자연에 대한 책임 의식과 평화주의를 주창하는 시도가 일기도 했다. 이런 형태의 유토피아 실현을 위한 움직임 중 가장 최근의 시도는 바로 히피족들의 출현이라 볼 수 있다. 1960년대 말부터 1970년대 말에 이르는 시기, 히피족들은 수천 개의 작은 집단을 이루어 부와 소비, 경쟁으로 물든 현대사회와 거리를 두고, 자연으로의 회귀와 무정부주의를 주창했다. 이들은 실제로 자립적이고 자급자족적인 삶을 시도해 보기도 했다. (적어도 첫 해 겨울 동안만큼은) 완전한 자급자족이 불가했던 이들은 예술이나 저널리즘, 또는 여러 형태의 수입원을 조합해서 생계를 꾸리기도 했다. 오늘날에도 여러 실용적인 협동 자치 단체 속에서 이들의 자취를 찾아보기는 그리 어렵지 않다. 또, 가지고 있던 것을 모두 팔고 시골 주택을 마련해 도시적 삶에서 벗어나겠다고 결심한 개인과 가정들도 많이 찾아볼 수 있다. 그렇게 하면 비록 수입은 이전보다 더 적어지겠지만 가까운 지인들과 더 많은 시간을 보내고 자아실현을 할 가능성은 커지는 셈이다. 이 경우, 통합적인 사회 개혁을 이루어보려는 야망은 찾아볼 수 없지만 대규모 사회 속에서의 압박감에서는 벗어날 수 있다. 이들은 이 세상의 모든 일들이 오직 부유한 대도시에서만 일어나는 건 아니란 걸 깨달은 것이리라.

초기 소규모 단위의 유토피아는 종이 위에 기록된 결과만 볼 때는 꽤 그럴듯하게 여겨지기도 했다. 그 예는 로버트 오웬Robert Owen의 설계 회사다. 이 예시가 특히 흥미로운 이유는, 그의 기업이 현대적 산업사회 개념과는 반대로 인간 중심의 이념으로 영위되었기 때문이다. 로버트 오웬은 웨일스의 폐품·중고상을 경영하던 아버지 밑에서 독학으로 공부했다. 매우 부지런했던 그는 자수성가하고 부유한 집안의 딸을 아내로 맞아, 29세가 되던 해 스코틀랜드의 뉴 라나크에 있는 장인의 직물 공장을 물려받아 기업가로 성장했다. 오웬은 노동자들의 생활과 노동 환경을 개선하는 데 큰 힘을 기울였다. 청결과 절약을 솔선수범하는 동시에 노동자들에게도 이를 권유했고, 노동자들의 집을 수선해주는가 하면 공짜로 교육받을 수 있도록 도와줬다. 또한 그는 1800년대 노동자들의 필수품으로도 여겨졌던 술을 배급제로 나누어 알코올 섭취량을 제재하기도 했다(여성들과 어린이, 소수의 남성들은 이를 두 손 들어 환영했다). 그는 그 지역의 식료품 가게에서 질 좋은 제품들을 노동자들이 원가로 구입할 수 있도록 조처했으며, 기업 이윤의 일부를 저가격 제품의 형태로 노동자들에게 일정하게 배분하기도 했다. 오웬의 유토피아는 훗날 여러 식료품 체인의 표본이 되었으며, 세계 여러 나라의 대기업 소유자들을 일깨우기도 했다. 프리드리히 엥겔스도 오웬의 영향을 받은 사람 중 하나이다.

오웬의 유토피아와는 반대로, 다른 이들이 주창했던 유토피아 사회는 실현조차 못 해보고 사라져 버린 경우가 많다. 프랑스 사회주의의 주창자로 상세하고 정교한 아이디어로 유명했던 생시몽$^{Saint\text{-}Simon}$ 백작을 예로 들 수 있다. 생시몽은 인간이 원칙적으로 욕심 많고 이기적인 존재라고 믿었으며, 때문에 인간의 기본적 성질을 바꾸기 위해선 필수 불가결하게 사회가 나서야 한다고 주장했다. 즉, 행복하고 만족스러운 삶을 생각하기 이전에 인간은 먼저 근본적인 생각과 태도부터 바꾸어야 한다는 것이었다. 생시몽의 유토피아와 사회민주주의 사이에 비슷한 점이 있다고 생각하는 사람도 있을 것이다. 하지만 그 또한 시대의 산물이었을 뿐이다.

1800년대에 고개를 들었던 유토피아 사상은 특히 미국에서 구체적인 프로젝트로 재출현하기도 했다. 어떤 무리는 기독교의 교리를 급진적으로 해석해 유토피아 사회를 이루려고 했으며, 또 다른 무리는 프랑스 혁명의 슬로건이었던 자유, 평등, 인류애를 내걸고 유토피아를 이루려고 시도하기도 했다. 하지만 형태가 어떻든 간에, 그들의 핵심 목표는 더 많은 사람에게 더 많은 가능성을 부여한다는 원칙을 유지했다. 하지만 각각의 파라다이스에는 적어도 한 마리 이상의 뱀이 존재하기 마련이다. 뱀은 외부로부터의 영향, 또는 권력 남용이라는 형태로 파라다이스에 침투한다. 또한 파라다이스의 삶은, 언제나 앞날의 예측이 가능하고 숨이 멎을 정도로 지루하기 마련이다.

대부분의 유토피아 프로젝트는 귀족적이고 현실과는 동떨어진 전체주의적 사상 또는 반문화적 사상 위에서 실행되었다. 시골 한구석의 버스 운전기사나 교대 근무를 하는 경비원 등 작은 한 개인을 고려하는 프로젝트는 없었다.

사람들이 안정된 삶을 선호하며 자신의 소유물을 선뜻 내놓으려 하지 않기 때문에, 대폭적인 사회 개혁을 이루기 위해선 일반적으로 강제적 압력 또는 극단적인 절망감 조성이 필요했다. 더욱이 그 양이 어떻든 간에 모든 사람이 동일한 소득을 얻고 누구나 빠짐없이 투표권을 얻는다 하더라도 삶의 질이 개선되는 것이 아니라는 것을 사람들은 잘 알고 있었으니 말이다.

우리에게 필요한 것은 새로운 희망

오늘날 대부분의 사람들은 소비를 줄이자는 의견에 동의한다. 하지만 어떻게 해야 소비를 줄일 수 있는지 정확하게 아는 사람은 아무도 없다. 사회적 소비를 줄이겠다고 선거운동을 하는 국회의원을 뽑아줄 사람도 없다. 그런 국회의원 지망자가 있을지도 의문이다.

또한 우리는 돈과 권력, 명예가 우리를 행복하게 만들어주지 못한다는 데 동의한다. 그런데도 돈과 권력, 명예가 판을 치는 직장 생활 또는 거시적 경제에서 우리는 스스로 벗어날 생각을 차마 못 하고 있다. 국제 중산층은 더불어 살아나가야 한다고 입을 모은다. 하지만 동시에 이들은 스스로 속한 사회 속에서 주류와 다른 생각을 하고 다른 행동을 하는 이들을 향해 거부감을 보이는 데 주저하지 않는다. 우리가 속한 문화는 이렇듯 생각할 거리를 적지 않게 던져준다. 어쩌면 우리는 모든 것을 소유하고 있으나 그것이 전부일 뿐이라는 말이 진실일지도 모른다.

어쩌면 탄탄한 구성과 부와 평화로 무장된 사회 속에서

사는 것은 의외로 행복에는 도움되지 않을지도 모른다. 행복하게 살기 위해선 또 다른 무엇이 필요한 것은 아닐까? 그렇다면 물질 수준의 증가는 아무런 의미도 지니고 있지 않단 말인가? 로버트 오웬의 공장에서 일하던 노동자들은 동시대 영국의 다른 공장에서 일하던 노동자들보다 훨씬 좋은 환경에서 일했을 것이다. 그들은 넉넉한 수입과 더 나은 주택 환경, 더 많은 여가와 더 나은 건강을 유지했다. 또한 스스로 삶을 스스로 결정할 수 있는 현실적인 선택권도 가지고 있었다.

우리에게 부족한 것은 도대체 무엇일까? 우선 한마디로 간단하게 대답할 수 있는 말을 찾아보자. **우리에겐 새로운 희망이 부족하다.** 국제 중산층에 속하는 사람들은 죽음 뒤의 삶에 대해 여러 가지 생각과 개념을 지니고 있다. 빈곤과 결핍이라는 단어는 우리의 삶에서 자취를 감춘 지 오래되었고, 우리가 살아 있는 한 다시 고개를 들 것으로는 보이지 않는다. 가고 싶은 곳이 있다면 야생 짐승이나 해적 또는 부랑자들의 습격을 받지 않고서도 안전하게 이동할 수 있으며, 병에 걸리면 으레 다시 건강해질 것이라 믿는다. 인류의 역사 속에서는 생존을 위한 싸움이 늘 그 중심적 역할을 해왔다. 하지만 이제는 생존하기 위한 싸움이 더 이상 중요한 위치를 차지하지 않는다. 생존의 여로는 흠잡을 데 없는 자동운항장치로 움직인 지 오래다.

여기서 '빅 배드 울프 패러독스'The Paradox of the Big Bad Wolf'를 떠올려보자. 욕심 많고 항상 배가 고픈 늑대는 평생 단 하나의 프로젝트에만 집착해왔다. 그 프로젝트란 바로, 같은 숲속에 몇 킬로미터 떨어지지 않은 곳에 살고 있는 분홍색의 살찐 아기 돼지 세 마리를 잡아 요리해서 먹는 것이었다. 그래서 늑대는 매일 아침 일찍 일어나 스파르타식 아침(값싼 오트밀로 자주 때운다)을 먹고 아기 돼지를 사냥할 계획을 세웠다. 변장해서 다른 모습으로 위장하기도 하고(늑대는 지팡이를 짚고 걷는 백발의 노부인으로 변장하는 데 선수였다), 꽤 복잡한 함정을 만든 후 나무 뒤에 숨어서 돼지들이 그 위를 지나가기만을 끈기 있게 기다리기도 했다. 하지만 대부분, 돼지들은 항상 늑대보다 한 수 위였고, 교묘하게 늑대의 술수를 피했다. 그러다 어느 날 우연한 기회에 늑대는 세 마리 돼지를 한꺼번에 잡을 수 있었다. 돼지들을 한데 묶고 커다란 냄비 안에 넣은 다음, 물이 뜨거워지기 시작하자 늑대는 당근 등 채소들을 냄비 속에 넣었다. 군침을 삼키던 늑대에게 아들 늑대가 다가와 이렇게 물었다. "그런데 아버지, 내일은 뭘 하실 생각이신가요?"

늑대는 아들의 질문에 잠시 멍해졌다. 도대체 내일은 뭘 하면 좋을까? 잠시 생각에 잠겼던 늑대는 얼른 돼지들을 풀어주었다. 잠시 후 가슴을 치며 후회하긴 했지만 이미 때는 늦어버렸다.

원래 자기 성찰을 못 하는 늑대였지만, 그때만큼은 돼지를 잡아서 죽이고 요리해 먹는다는 자신의 프로젝트를 다시 한번 생각해보게 될 것이다. 자신의 시야 내 또는 가능성의 지평선 내에 존재하던 돼지들이 사라진다면, 그가 아침에 일찍 눈을 떠야 할 이유도 사라지게 되는 셈이었다.

우리는 이 늑대와 다르지 않다. 작가 에를렌 로는 자신이 속한 세대가 국가를 지어 올린 이전 세대와, 현재 세대는 다르다고 했다. 국제 중산층에 속하는 사람들은 대부분 2차 세계대전 이후에 태어난 사람들이다. 이들은 이미 지어져 있는 현대적 구조의 집에 들어가 산다. 그 집 안에서 할 일이란 오직 창틀에 벗겨진 페인트를 다시 칠하고, 버블 욕조를 설치하고, 안락의자와 케이블 텔레비전을 설치하는 것밖에 없다. 우리에게도 사냥할 돼지들이 필요한 건 아닐까.

우리가 살고 있는 지상의 파라다이스 내에서, 뱀은 '희망 부재'라는 형태로 존재한다. 사람들은 극도로 빈곤할 때 희망을 잃어버린다. 그렇다면 극도로 부유할 때도 희망은 사라지는 것 아닐까? 우리의 꿈은 너무도 작고, 개인적이며, 대개 현실적으로 가능한 것들이다. 장기적으로 볼 때 결코 좋다고만은 할 수 없다. 우중충한 11월의 저녁 시간, 거실에 우두커니 앉아 옥색의 라군이 펼쳐져 있는 열대의 산호섬에서 휴가를 보낼 꿈을 꾼다고 치자. 이 꿈은 다음 해에도 충분히 이룰 수 있다. 이렇듯 오늘 우리가 꿈꾸는 일들은 너무도 작고, 너무도 현실적이다.

건강하게 오래 사는 것도 물론 좋은 일이다. 하지만 우리는 그것만으로 만족하지 않는다. 원한다면 디킨스를 읽고 멘델스존을 감상하는 것이 도움이 될지도 모른다. 한 달에 한두 번쯤 등심 스테이크를 먹는 것도 좋을 것이다. 하지만 이런 것들이 행복에 도움이 되진 않는다. 우리는 주린 배를 안고 잠자리에 들지 않아도 되는 그런 사회에 살고 있으니까.

얼마의 시간이 흐른 후면, 우리는 이런 넉넉하고 평온한 상태를 당연하게 받아들이고, 감사하는 마음도 잊어버릴 것이다. 행복한 삶은 어쩌면 이런 풍요와는 거리가 멀지도 모른다. 나는 행복한 삶이 어떨 것인지 정의를 내리지 못하고 있다. 하지만 그 대답은 앞에 설명한 돼지와 관련이 있다고 확신한다.

2
나 빼고 다
행복해 보이는 이유

어떻게 살고 있는가 하는 문제의 답은 비교 대상에 따라 달라지기 마련이다. 또 자신을 누구와 비교하는가에 따라 삶이 결정되기도 한다. 그건 우리 자신이 결정하는 문제이다. 하지만 동시에 우리가 스스로 결정하지 못하는 주변의 상황과 사람들에 의해서도 달라질 수 있다.

우리는 정말 스스로의 삶에 주인 역할을 하고 있는가? 아니면 우리는 시스템의 희생자일 뿐인가?

비교는 삶을 결정한다

몬티 파이튼(영국의 희극 집단)의 고전 스케치 중 〈네 명의 요크셔 사람들〉이라는 작품이 있다. 남유럽으로 휴가 여행을 간 네 명의 남자가 과거에 얼마나 어렵게 살았는지를 각자 토로하는 코미디인데, 이들의 대화를 잠시 살펴보면 다음과 같다.

A: 샤토 드 샤셀라 한 잔보다 더 좋은 건 없어. 그렇지 않아, 조시아?

B: 맞아, 네 말이 맞아, 오바디아.

C: 30년 전만 하더라도 우리가 지금 여기 이렇게 앉아서 샤토 드 샤셀라를 마실 줄은 생각도 못 했지.

D: 그 당시엔 차 한 잔만 마실 수 있어도 감지덕지했잖아.

A: 다 식어 빠진 차 한 잔.

B: 설탕이나 우유도 안 넣은 차 말이야.

C: 응, 그래. 그냥 차 한 잔.

A: 그것도 금이 간 찻잔에 담긴 차 말이지.

D: 세상에나…우린 찻잔이라곤 구경도 못 하고 자랐어. 우린 차를 마실 때 신문지를 둘둘 말아 찻잔으로 썼다고.

B: 우리도 그랬어. 그것도 없어서 젖은 행주를 사용할 때도 있었지.

A: 하지만 그땐 가난해도 참 행복했는데….

(중략)

D: 맞아, 그땐 가진 게 없어도 참 행복했지. 우린 천장에 구멍이 커다랗게 나 있는 다 쓰러져가는 집에서 살았거든.

A: 집? 집에서 살 수 있었다면 넌 부자였구나. 우린 한 방에서 스물여섯 명이 함께 잤어. 가구도 없고, 방바닥의 반은 푹 꺼져버린 그런 방에서 말이야. 구석에 한데 뭉쳐 잠을 잘 때면 항상 조심해야 했지. 몸부림을 치다가 구멍에 빠져버릴까 싶어서 말이야.

B: 방에서 잠을 잘 수 있었다니 운이 좋았군. 우린 복도에서 자야만 했어.

C: 복도에서라도 잠을 잘 수 있었다니 좋았겠다. 복도만 해도 궁궐 같은 느낌이었을 거야. 우린 쓰레기 더미 위에 있던 정화 탱크에서 잤어. 아침이면 누가 썩

은 생선을 던져 넣는 소리에 잠을 깨곤 했지.

D: 내가 말한 집은 길거리에 난 구멍에 방수포를 덮어 놓은 거였어. 우리에겐 그게 집이었지.

B: 우리도 길거리의 구멍에서 살았는데 거기서 쫓겨나는 바람에 호수 속으로 이사를 갔지.

C: 호수 속에서라도 살 수 있었다니 운이 좋았나보구나. 우린 150명이 함께 길 한가운데 자리한 신발 상자 안에서 살았어.

A: 종이 상자였어?

C: 응.

A: 너희는 운이 좋았네. 우린 물탱크에 든 종이 봉지 안에서 석 달이나 살았어.

네 사람은 곧 주제를 바꾸어 저마다 어렸을 때 얼마나 일을 열심히 해야 했는지를 두고 대화를 나누기 시작했다. 예를 들어, 이들 중 하나는 매일 한밤중에 일어나 가족과 함께 살던 신발 상자에서 나와 길거리를 혀로 핥아서 청소했으며, 동시에 공장에서 24시간 일해야만 했다고 말했다.

어떤 식으로든 상대방을 이겨보기 위해 절망적으로 애를 쓰던 이들의 대화는 다음 말로 끝을 보았다.

D: 그래? 나는 잠자리에 들기 30분 전에 일어나서 황산을 한 잔 마시고 공장에 가서 29시간을 연달아 일했어. 거기서 일하기 위해서 내가 사장에게 돈을 주어야만 했지. 일을 마치고 집에 돌아왔더니 어머니 아버지가 우릴 죽이고 땅에 묻은 후에 무덤 주위를 돌며 할렐루야를 외치면서 춤을 췄다니까.

A: 굉장했군. 그런데 말이야 더 나쁜 건, 만약 우리가 이런 이야기들을 요즘 애들에게 해준다고 해도 아무도 믿지 않을 거란 말이지!

이 유쾌하고 터무니없는 대화는 전쟁 당시에 관해 이야기하는 전 세대 유럽인들의 대화에서 아이디어를 얻었을 것이 틀림없다. 생선 오일로 구운 양배추 전, 손수 뜨개질해서 만든 꺼칠꺼칠한 성탄절 선물, 그리고 바나나라곤 구경도 못했다는 그들의 이야기는 오늘을 살고 있는 젊은 세대들에게 현실에 만족하고 감사하라는 교훈을 담고 있다. 그들은 어렵게 살았던 자신들과 비교해 부족한 것 없이 사는 현대의 청소년들에게 불평할 것이 뭐가 있느냐고 묻는다.

사람들은 모두 누군가와 비교하며 살고 있다. 비교 대상에 견주어 자신의 위치를 재어보기 위함이다. 이런 비교 행위는 사회 속에서 우리의 위치, 우리의 정체성을 결정하는 좌표로 작용한다. 겨울이 없다면 여름도 없고 밤이 없다면 낮도 없으며, 빈곤이 없다면 부도 없는 셈이다. 도덕적 비교 행위는 대체적으로 비교 대상보다 우위에 있다는 것을 확인하기 위해서이다. 문화적 비교 행위도 이런 도덕적 비교 행위와 비슷하지만, 상대 문화를 치켜 세워주며 이를 배움의 목표로 삼는 경향도 있다. 즉, 상대 문화의 음악과 시에 귀를 기울이고, 서로 특유의 음식을 맛보고 서로의 빈자리를 보충해가며 주고받는 것이 문화적 비교 행위에 속한다. 하지만 이 책에서 말하는 비교 행위는 이런 문화적 비교 행위와는 거리가 멀다. 더 정확히 말하자면, 사돈이 땅을 사면 배가 아픈 그런 비교 행위이다.

우리의 모습은 비교 대상에 따라 달라지기 마련이다. 남자와 여자, 도시와 시골, 노인과 아이. 아이들과 비교하면 우리는 자연히 나이 많은 사람 축에 속한다. 이렇듯 우리는 세상의 온갖 사람들, 물건들, 상황들과 우리를 비교하고, 이렇게 함으로써 복합적인 정체성을 부여받게 된다. 그뿐만 아니라 성공에 대한 관점조차도 이런 비교 대상에 속한다. 짐작건대, 어떤 사람이 주변인들보다 훨씬 빠른 속도로 승진하거나 성공을 맛보게 된다면 그의 오랜 우정은 백이면 백 파괴되기 십상이다. 어떤 사람이 꾸준히 한자리에 서 있는데 그 주변인들이 빠른 속도로 삶의 구렁텅이에 빠지는 경우도 마찬가지다. 어려움에 닥쳤을 때 진정한 친구가 누구인지 알게 된다는 말도 있지 않은가. 시간이 없어 바쁘게 지내거나 커리어에 필요 이상으로 집중할 때, 또는 자신의 이기심을 채울 때면 사람들은 그동안 쌓아온 친구들 간의 우정과 결속을 잃어버리기 마련이다. 이런 사람들은 대부분 그다지 유쾌하지 못한 결말을 맞는다. 어쩌면 이들은 음악평론가인 찰스 샤 머레이Charles Shaar Murray가 한 유명한 록 음악가에게 한 말을 새겨들을 필요가 있을지도 모른다. "삶의 오르막길에서 만나는 사람들에게 정성을 다하라. 훗날 내리막길을 내려올 때 만나게 될 사람들도 바로 그들이니까." 일련의 사회학 연구에 의하면, **사람들은 항상 사회적으로 자신과 비슷한 처지에 있는 사람들을 본능적으로 찾아 나선다고 한다.** 다민족 국가인 모리셔스Mauritius에서는 같은 인종적 뿌리를 가지고 있는 사람들끼리 더 가깝게 뭉친다. 이렇듯 어떤 비교 행위에서는 인종적 동질성이 개인의 소득보다 더 중요하게 작용하기도 한다. 그러나 대부분은 인종적 동질성이 이 비교 행위에서 그리 중요하게 여겨지지 않는다. 특히, 사회의 가장 밑바닥에 자리하고 있는 사람들이나 사회의 가장 꼭대기에 자리하고 있는 사람들에게는 더욱 그러하다. 이것은 모리셔스에서도 마찬가지였다. 극도의 빈곤층에겐 상대방이 힌두교를 믿든 가톨릭을 믿든 상관이 없다. 그리고 사회의 최고 부유층은 종교를 막론하고 새해 파티에 함께 참석한다(이러한 흐름은 이상적 코즈모폴리턴의 한 부분이라고도 할 수 있는데, 개인 소득의 차이와는 관계없이 문화 엘리트를 양산하는 역할을 하기도 한다).

인간이 사회 속에서 자신과 비슷한 사람들을 찾아 나서는 것은 그들로부터 인정을 받고 소속감을 얻기 위한 본능이 아닐까. **그런데 인간들은 자신과 비슷한 무리가 아닌, 비슷해지고 싶은 무리를 찾아 나서기도 한다.** 이런 비교 행위는 더 높은 사회적 지위를 차지하고 싶은 욕망 때문에 생기며, 동급에 속한 주변인들을 도덕적으로 자주 짓밟는 행위로 귀결되기도 한다. 이런 사람들은 자신보다 더 높은 처지에 있는 사람들을 자신의 수준으로 끌어내리려는 시도는 하지 않는다. 이것은 노예제 폐지 전후로 인종차별적 식민지 사회에서 고개를 들었던 혼혈족의 딜레마에서도 볼 수 있다. 이 딜레마의 주인공 중 하나는 대농장 소유자와 노예 여성 사이에서 태어난, 소위 '물라토'라고 불렸던 아이들이다. 그들의 뿌리에는 흑인과 백인의 피가 섞여 있었고, 인종적 관점에서도 정확한 경계선을 긋기가 힘들었다. 그들이 속했던 사회는, 유럽인의 피를 대부분 물려받았어도 아프리카인의 피를 조금이라도 갖고 있으면 흑인으로 규정되는 현대 미국 사회의 상황과는 다르다. 유색인종 가운데 고등 교육을 받은 교양 있는 사람들도 많았지만, 이들은 백인으로 인정받지 못했다. 이들은 흑인으로 남기도 거부했다. 흑인으로 남게 된다면 행동의 반경이 좁아질 확률이 높았기 때문이었다. 이들이 절망한 까닭은 자신들의 삶을 비교 행위에 바탕을 두고 살았기 때문이었다. 충족 불가능한 욕구로 인한 내면적 고통을, 순 흑인이나 순 백인들에 비해 인종적으로 확실치 않은 경계에 뿌리를 둔 혼혈족들에게서 많이 볼 수 있는 것은 바로 그 때문일 것이다.

광고업체들은 자신보다 더 높은 지위나 상황에 있는 이들과 비교해 욕구 불만을 지닌 이들을 미끼로 삼아왔다. 이들은 새로운 상품을 마케팅할 때마다 그런 전략을 사용했다. 컴퓨터 제조업체에서는 또래 청소년들보다 더 '멋있고 쿨하게 보이는' 학생을 한 명 선택해 공짜 컴퓨터를 제공하는 캠페인도 자주 마련한다. 이 경우, 보통의 청소년은 같은 컴퓨터를 구입해서라도 '멋있고 쿨한' 무리의 대열에 끼고 싶어 한다. 유행을 창조하는 광고업체들은 소위 유명 인사를 닮고 싶어 하는 일반 사람들의 욕구를 전략으로 사용한다.

우리 가족도 여름이 되면 바닷가에서 자주 시간을 보낸다. 몇 년 전, 해안에 작은 보트를 정박해 놓고 있던 우리 앞에 거대한 요트 한 대가 보란 듯이 천천히 지나갔다. 당시 각각 다섯 살, 일곱 살이었던 아이들은 그 거대한 요트에서 눈을 떼지 못했다. 야외용 탁자와 의자가 구비된 테라스, 헤엄

칠 때 사용하는 작은 사다리, 플렉시 글라스 앞에 달린 와이퍼, 그리고 요트의 천장에서 천천히 돌고 있는 환풍기. "오, 아빠, 아빠! 우리도 저런 배 사면 안 돼요?" 나는 헛기침을 한 후, 저런 배는 매우 비실용적이라고 말을 해주었다. 얕은 곳에서는 방향을 돌리거나 정박하지도 못하고, 손잡이와 유리창에 반짝반짝하게 광을 내기 위해 엄청난 시간을 들여야 하는 것은 물론이며, 요트 안을 깨끗하게 정리하는 것도 만만찮은 일이라고 설명했다. "요트를 닦고 정리하는 데 그토록 많은 시간을 들여야 한다는 걸 생각해보렴! 그건 그렇고, 저 요트 안에 있는 사람들이 우리보다 더 즐겁고 유쾌한 시간을 보낸다고 장담할 수도 없잖아? 틀림없이 우리보다 즐겁게 휴가를 보내진 못할 거야. 왜냐하면 요트가 어디에 긁힐까 봐 시도 때도 없이 걱정해야 하고, 기름은 충분한지, 또 전구에 불은 켜져 있는지, 화장실은 제대로 작동하는지 등등 수백 가지 걱정거리로 머리가 아플 게 분명하니까. 더구나 헤엄을 치고 싶을 때 수온이 적당한지 알아보려면 들락날락하면서 수온을 측정해 봐야 하니까 배 안에 가만히 앉아 있을 수도 없잖아?" 아이들은 내 말의 요점을 즉각 알아들은 것 같았다. 그래서 나는 저런 요트를 사려면 수천만 원이 든다는 말은 할 필요도 없었다.

그로부터 몇 달 후, 나는 사라예보를 방문했다. 느지막한 오후, 계곡 아래쪽에 자리한 작은 마을 길을 산책해 보려 호텔을 나섰다. 하지만 1월의 사라예보 거리는 거센 바람과 살을 에는 듯한 한기, 그리고 신발 안에 서서히 차 올라오는 진눈깨비로 산책에는 적합하지 않았다. 시내 중심의 남쪽으로 발을 옮기던 나는 날이 어두워지자, 호텔 쪽으로 발을 돌렸다. 그 순간, 길가에 자리한 자그마한 벽돌집의 불 밝혀진 창에 눈길이 머물렀다. 언뜻 보기에도 부유한 집 같진 않았다. 낡은 지붕과 허름한 벽돌담. 하지만 눈송이가 쌓이는 정원의 꽃밭은 손질이 잘 되어 있었다. 창 너머 보이는 작은 거실 벽에는 두 개의 풍경화가 걸려 있었고, 탁자와 소파 앞에는 텔레비전이 켜져 있었다. 소파에는 노부인이 앉아 뜨개질하고, 그 옆의 안락의자에는 남자 노인이 갈색의 양주 한 잔을 앞에 놓고 앉아 있었다. 가구들, 벽에 걸린 그림들, 텔레비전, 그리고 뜨개질 도구와 양주병, 그들의 옷은 모두 너무나 값싸 보였다. 20년 전쯤 학교 운동장에서 열렸던 벼룩시장의 물건처럼 보였으니까. 그러나 거실 탁자 위에는 자수를 놓은 예쁜 탁자보가 자리하고 있었고, 구석에 자리한 작은 탁자 위에는 꽃이 꽂힌 꽃병도 놓여 있었다.

다시 발길을 돌려 호텔로 돌아오던 내게(거기 우두커니 서서 거실 안을 오래도록 뚫어지게 바라본 건 아니다) 가장 먼저 스쳤던 생각은, 그들에겐 메리노 울 카펫과 평면TV 또는 고급 양주

같은 건 없었지만, 그들보다 약 여섯 배의 높은 연금으로 풍요롭게 노년을 즐기는 북유럽의 어느 나라 노부부와 비교했을 때 결코 더 나쁘거나 더 나은 생활을 한다고 한마디로 장담할 수는 없을 것이라는 생각이었다. 그들에게 중요한 점은 소득이나 돈과 관련된 것이 아닌 다른 문제가 아니었을까. 예를 들면, 독립해 살고 있는 자녀들이 얼마나 자주 그들을 방문하는지, 또는 세르비아 민족주의자들과 벌인 전쟁에서 지인들을 잃었는지의 여부, 부부가 화목한 생활을 영위하는지의 여부, 텔레비전 프로그램이 재미있는지 또는 자장가 역할을 하는지의 여부 등이 그들의 만족감을 결정하진 않을까. 어쩌면 그들은 마침내 전쟁이 끝났다는 데 안심하고 행복해하고 있는지도 모른다. 또는 전쟁에서 가까운 친구나 친척이 목숨을 잃어서 슬퍼하고 있는지도, 가장 가까운 이웃이 적군의 편에 있었기에 가슴 아파하고 있는지도 모른다. 아니, 어쩌면 그들은 더 많은 채널이 방송되고 더 질 좋은 양주를 파는 독일에서 태어나지 않았다는 사실에 불평하고 있는지도 모른다. 도대체 내가 그들의 행복에 대해 뭘 알고 있단 말인가.

어떻게 살고 있는가 하는 문제의 답은 비교 대상에 따라 달라지기 마련이다. 또 자신을 누구와 비교하는가에 따라 삶이 결정되기도 한다. 그건 우리 자신이 결정하는 문제이다.

하지만 동시에 우리가 스스로 결정하지 못하는 주변의 상황과 사람들에 의해서도 달라질 수 있다. 문화인류학자인 클리포드 게르츠Clifford Gertz는 "인간은 스스로 엮어 짠 의미의 그물 속에서 사는 동물이다"라고 시적으로 표현했다. 그의 말에 비평가인 밥 숄트Bob Scholte는 "스스로 의미의 그물을 짜는 인간은 극히 소수이며, 대부분은 타인이 엮어 짠 그물 속에 억류되어 살고 있다"라고 반박했다. **우리는 정말 스스로의 삶에 주인 역할을 하고 있는가? 아니면 우리는 시스템의 희생자일 뿐인가?** 이것은 사회철학의 가장 큰 문제라고도 할 수 있으며, 어느 사람도 궁극적인 대답을 줄 수 없는 질문이라고 할 수 있다. 사실을 말하자면, 두 가지 모두 맞는 말이다. 인간은 자립적인 동물이며, 동시에 사회적 도덕적 시스템에 얽매여 사는 동물이다.

미국의 심리학자들이 환자들에게 자주 하는 말이 있다. 그것은 바로 긍정적이며 현실적인 생각을 가지라는 것이다. 우리는 이 말에 코웃음을 칠 수밖에 없다. 낯설고 외진 황야나 극지방에서 사는 사람들, 실업과 이혼을 동시에 경험한 사람들, 시험에서 떨어진 사람들, 또는 세상에서 가장 무의미한 일을 하고 있는 사람들에 대해서 도대체 그들이 뭘 알고 있기에 그런 조언을 한단 말인가? 빈민가에서 살고 있는 사람들과 하루 끼니를 해결하는 데에도 어려움을 겪는 시골 농부들에게 그들이 할 수 있는 조언은 과연 무엇인가? 우리는 모두 주변 여건이 만들어내는 환경의 희생자일 뿐이다. 그런데도 우리는, 이들 심리학자가 현실과 완전히 동떨어진 말을 하는 건 아니라는 데 동의한다. 배가 부르고 어느 정도 주변 여건이 안정되면, 그다음은 우리 스스로의 태도에 따라 삶이 달라질 수도 있는 게 사실이니까.

전 세계인과 나를 비교한다

다시 처음으로 돌아가서, 인간의 비교 행위가 삶의 만족감과 어떤 관계가 있는지 살펴보자. 베네딕트 안데르손[Benedict Anderson]은 자신의 저서 《비교의 유령[Specter of Comparisons]》에서, 가난한 식민지 사람들이 대도시의 생활을 처음 접했을 때 받았던 충격에 대해서 설명한다. 식민지 생활을 한다고 해서 물질적으로 더 열악한 삶을 살았던 건 아니지만, 비교의 대상이 확대되기 시작하자 이들은 자신들이 속한 상황이 비교적 열악하다는 것을 깨닫기 시작했다. 이미 1960년대에, 인도네시아의 대통령인 수카르노는 제 3세계 사람들의 기대감이 유발하는 전쟁 같은 상황에 대해 언급했다. 주민들은 서방 국가의 풍요로움에 대해 보고 듣기 시작했고, 그곳을 방문한 적이 있는 사람들은 자신들이 얼마나 빈곤한 생활을 해왔는지를 깨닫게 되었다. 캄풍[Kampung](인도네시아 토착민의 공동 주거 형태-옮긴이) 내에서만 국한되어 있던 눈과 귀들이 바다 건너 서방 세계의 풍요로움을 접하게 되면서 생긴 일이었다.

개발 연구가들은 이러한 현상을 '비교 상실'이라 정의했다. 인간은 외부와의 관계와 상황이 변함에 따라 내면적 상실을 경험하게 된다. 자신이 속한 상황이 전혀 변하지 않았다 하더라도, 이웃의 상황이 개선될 경우 자신의 상황과 만족감은 상대적으로 하락한다는 것이다. 사람들은 이런 현상을 직관적으로 이해한다. 마르크스와 엥겔스도 이미 이것을 알고 있었다. 그들은 《공산당 선언》에서, 어떤 이가 소유한 작은 집 한 채는 이웃 공터에 저택이 지어짐과 동시에 헛간으로 변한다고 말했다. 이러한 관점은 비교 상실의 원리를 압축적으로 표현하고 있다. 다른 점이 있다면 전 세계가 하나의 글로벌 지역으로 변했고, 인도네시아 노동자들이 부러워하는 가상의 이웃 저택은 텍사스 또는 스톡홀름에 위치하고 있다는 것이다.

북유럽 국가에 살고 있는 이들은 북아메리카인 삶의 수준에 대해 비교 상실을 느낄 이유가 없다. 이들은 북아메리카인들의 삶과 비교해 물질적으로 비슷하거나 우위의 삶을 살고 있기 때문이다. 북유럽인들이 만나기만 하면 날씨에 대한 불평을 늘어놓는 이유는, 따로 불평거리를 찾지 못하기 때문이 아닐까. 북유럽 국가들은 북극에 가까이 위치하기 때문에 당연히 춥다. 하지만 멕시코 만류와 따스한 바람 덕분에 조금의 행운만 더한다면 꽤 여름다운 여름을 지낼 수 있는 게 사실이다. 그런데도 사람들은 가게에서, 직장에서, 저녁 식사 자리에서 날씨에 대해 불평을 늘어놓는다. 미디어에서도 마찬가지이다. 매년 기상 관측에서 올해 여름은 정상적인 여름 기후를 즐길 수 있을 것이라 입을 모으지만, 사람들의 불평은 끊이지 않는다. 그렇다면 그 이유는 과연 무엇일까. 휴가 때마다 더운 남쪽 나라로 여행하는 이웃들을 보며 무의식중에 지중해의 여름 또는 태국의 겨울을 노르웨이의 여름과 비교하기 때문은 아닐까. 이 경우, 고기압과 저기압이 자주 마주치는 특이한 북유럽의 여름이 그리 좋아 보이지 않는 건 당연한 일이다.

앞서 언급한 베네딕트 안데르손의 《비교의 유령》은, 필리핀의 국가적 영웅이자 작가인 호세 리잘José Rizal의 소설 중 한 장면을 자신의 책 제목으로 이용했다. 리잘의 소설 속 주인공은 마닐라에 자리한 한 식물원의 아름다움에 매료된 채 성장기를 보냈다. 우연한 기회에 조국을 떠나 유럽 여행할 기회를 얻은 그는 난생처음으로 마닐라의 그 식물원이 얼마나 작고 보잘것없는지를 깨닫게 되었다. 그는 유럽의 유명한 식물원을 모두 둘러본 후 새로운 비교 대상의 바탕을 얻게 되었고, 결국 식물원뿐만이 아니라 필리핀과 관련된 모든 것을 새로운 관점으로 보게 되었다.

기대감의 국제화는 식민지 시대부터 시작해서 점점 더 빠른 속도로 커졌다. 그리고 이 기대감의 국제화는 객관적 빈곤을 자로 잴 수 없는 곳에서 주관적인 빈곤을 창출하게 되었다. 텔레비전에 나오는 사람들, 이웃의 입으로 알게 된 사람들, 또는 여기저기서 만나는 관광객들을 모두 하나같이 자신보다 훨씬 더 나은 삶으로 인식한다. 그들의 잔디가 내 집의 잔디보다 훨씬 푸르게 보이는 현상을 경험하게 된 것이라고나 할까. 한편, 캄풍이나 아프리카의 빈곤 도시에서 온 사람들이 실제로 울타리를 넘어 푸른 잔디밭에 도착했을 때, 그 푸른 잔디밭이 자신과는 아무 상관도 없다는 것을 깨닫게 되는 경우가 있다. 이때 이들은 **기대감의 위기를** 경험한다. 예를 들어, 미국에 불법 입국한 노동자들이 하루 열두 시간 이상을 일하고도 쥐꼬리만 한 임금을 받는다고 했을 때, 이들의 비교 대상은 이미 조국에 남아 있는 가난한 친구나 친지가 아니라, 풍요로운 사회 속에서 합법적으로 일을 하는 미국 내의 다른 노동자들로 변하기 마련이다.

폴리네시아 섬이나 아프리카의 도시 빈민 지역에 사는 사람들은 국제적 비교 행위로 인해 자신들의 자원이 얼마나 빈약하고 또 자기들이 얼마나 고립된 생활을 하고 있는지 매일 떠올리게 된다. 나는 이 국제적 비교 행위를 생각하면 어느 은하계의 법 체제가 떠오른다. 고전 문학 작가의 반열에 충분히 낄 자격이 있는 커트 보니것은 자신의 공상과학 소설에서, 전 우주적 재판을 통해 죄인에게 내릴 수 있는 가장 무거운 형벌에 대해 언급한 적이 있다. 《타이탄의 미녀The Sirens of Titan》라는 책에선 법을 어긴 사람은 구식 공중전화 부스만한 상자 안에서 형을 살아야 했다. 상자 안의 죄인은 전 우주적인 가치 속에서 자기 삶이 어느 정도의 의미를 지니고 있는지 경험하게 된다. 형을 다 살고 상자를 떠난 사람들은 백이면 백, 모두 삶의 의지를 잃어버리기 마련이었다. 절망과 무의미함의 먼지를 뒤집어쓴 셈이었다. 이들은 정신적으로 밑바닥인 상태에서 헤어나지 못하며, 남은 생을 절망의 구렁텅이에서 살았다. 하지만 상자 형벌을 경험한 사람 중에서도 이러한 절망을 헤쳐 나온 사람이 단 한 명 있긴 있었다. 형을 마친 그는 만면에 미소를 띠고 상자를 나왔고, 그 후 전 우주의 독재자로 군림했다.

사회주의자였던 커트 보니것의 이 책은 아메리칸 드림을 꿈꾸며 사는 사람들을 향한 것이 아니었던가(능력만 있다면 누구든 미국 대통령이 될 수 있다는 그런 꿈 말이다). 하지만 나는 개인적으로 그의 소설이 비교 상실에 대한 책이라고 생각한다.

국제화는 여러 면에서 대중화와 단순화를 일으켜 거의 모든 것을 축소하기 마련이다. 축구를 예로 들어보자. 노르웨이에서 축구에 소질을 지닌 선수가 등장했다고 치면, 미디어에서는 유럽의 저명한 리그를 들먹이기 시작할 것이다. 자국 축구 리그에서 좋은 성적을 낸다는 것은 국제 축구 리그의 2진 또는 3진에서 좋은 성적을 낸다는 말과 다름이 없다. 축구에 관심이 있는 사람이라면 모두 이 말에 동의할 것이다. 불과 한 세대 전만 하더라도 노르웨이 내에 알려진 외국 리그는 영국 축구 리그 단 하나밖에 없었다. 영국 프리미어 리그가 국제적인 돈 버는 기계로 전락하기 전에는, 노르웨이 텔레비전에서 매주 토요일 오후마다 프리미어 축구경기를 볼 수 있었다(다른 나라에서와 마찬가지로, 남자들이 서로 결속을 유지하는 바탕으로 작용하기도 했다). 그리고 축구 선수 케빈 키건$^{Kevin\ Keegan}$, 데니스 로$^{Denis\ Law}$, 조지 베스트$^{George\ Best}$가 누군지 다들 잘 알고 있었다. 동시에 자국 축구 선수들과 영국 스타 선수들을 비교한다는 것은 있을 수도 없는 일이었다. 1981년 노르웨이가 영국을 2대 1로 이겼을 때, 라디오 리포터조차도 그건 신이 도운 승리라고 말했을 뿐이었다.

국제화는 축구 경기장에도 빠른 속도로 침투했다. 1990년, 아스널의 스타팅 멤버 중에서 영국인이 아닌 선수는 단 한 명밖에 없었다. 확률로 따지면 10퍼센트도 안 되는 것이었다. 그리고 선수들 대부분은 아스널의 본거지인 런던 북쪽의 하이베리 지역 출신이었다. 2007년과 2008년 시즌에는 전 아스널팀을 통틀어 단 두 명의 영국인밖에 찾아볼 수 없었고, 이들은 스타팅 멤버에도 포함되지 않았다. 당시 아스널에서 스타로 활약하고 있던 선수들은 토고, 네덜란드, 벨라루스

공화국, 카탈루냐 출신들이었다. 거대 유럽 리그의 대부분, 특히 영국 리그는 완전히 다국적 리그로 변해버렸다. 유럽컵의 의미와 범위는 더 커졌기에, 참가국들의 성적에 따라 각국의 축구 리그에 순서를 매기는 일도 더 쉬워졌다. 노르웨이에서 최고의 성적을 거둔 팀이 유럽컵 예선전의 그룹 경기에서 고전을 면치 못한다는 사실은 노르웨이의 축구가 어디쯤 자리하고 있는지 살펴볼 수 있는 잣대가 되기도 한다. 이젠 클라우세넹겐(노르웨이의 작은 지역 축구팀-옮긴이)과 맨체스터 유나이티드 사이의 이동도 자유로워졌다. 가능한 모든 비교 행위가 이루어지는 완벽한 시스템이 축구의 세계에서 창출된 것이다. 때문에 자국 리그에서 두각을 나타내는 선수가 있다면 미디어는 즉각 관심을 보인다. "저 선수, 더 큰 리그에서 활약하는 게 좋을 텐데…." 동시에 노르웨이의 1진 리그에 속하는 팀들은 세계 축구 클럽의 새싹들이 모여 있는 유치원 또는 국제적으로 활약했던 노장 선수들의 양로원 정도로 취급을 받게 되었다.

이것은 노르웨이만의 상황이 아니다. 세계 축구계에서 주목받는 리그는 다섯 개밖에 없다. 영국, 이탈리아, 스페인, 독일, 프랑스 리그가 전부다. 라틴아메리카의 클럽팀은 경제적 어려움에도 불구하고 열성적인 지역 후원으로 여전히 그 입지를 유지하고 있지만, 대부분의 아프리카 팀은 자국 군중들이 텔레비전에서 방영하는 유럽의 톱 리그 경기에 관심을 돌리면서 고전을 면치 못하고 있다. 물론 이들도 수준의 차이를 두 눈으로 직접 확인할 수 있으며, 가끔은 자국 선수들이 첼시나 바르셀로나에서 활약하는 모습도 볼 수 있다(세계의 톱 축구 클럽들이 선수 확보에 엄청난 투자를 한다는 것도 다들 잘 알고 있을 것이다. 예컨대 맨체스터 유나이티드에서 2005년 한국의 축구 선수 박지성을 팀원으로 끌어들였을 때, 투자가의 입장이었던 맨체스터 유나이티드는 과연 무슨 생각을 했던 것일까? 이유를 차치하고서라도, 그 후 맨체스터 유나이티드는 박지성으로 인해 동아시아에서 가장 인기 있는 축구팀이 되었고, 그 지역에서 엄청난 이윤을 남겼던 것도 사실이다).

행복은 성취가 아니라 비교에서 온다

사람들은 보편적으로 잘 알고 지내는 사람들을 비교 대상으로 삼는다. 세계적인 뮤지션 필 콜린스$^{Phil\ Collins}$가 평면 TV를 구입했다면 우리는 아무렇지 않게 넘겨버린다. 하지만 이웃이 평면TV를 구입하면, 나도 그것을 구매하고 싶다는 욕구가 생기는 것이다(부정적 비교도 존재한다. 예를 들어 조지 부시 주니어가 아이패드를 구입하고서 그 설명서를 조금도 이해 못하는 것처럼 보였을 때, 아이패드 판매율은 살짝 낮아지는 경향을 보인다).

우리가 비교 대상으로 삼는 이들 중에는 직장 동료도 포함된다. 영국의 국회 거리라고 할 수 있는 화이트홀 지역에 사는 주민들을 대상으로 한 설문조사에서, 사회학자 마이클 마멋$^{Michael\ Marmot}$은 상당히 놀랄 만한 결과를 얻어냈다. 바로 지위가 높은 사람들이 지위가 낮은 사람들에 비해 눈에 띄게 오래 산다는 점이었다. 이들의 흡연과 음주량, 그리고 운동 시간은 크게 다르지 않았다. 크게 다른 점이 있다면 바로 지위였다. 높은 지위에 있는 사람들은 남들보다 더 높은 지위에 있다는 바로 그 사실만으로 더 나은 건강을 유지할 수 있었다는 것이다.

의학자 레델마이어^{Redelmeier}와 싱^{Singh}이 행한 또 다른 조사에서도 이와 비슷한 관점을 포착할 수 있다. 이에 따르면, 오스카상을 받은 적이 있는 배우들은 이 상에 노미네이트만 되었던 배우들보다 평균적으로 4년이나 더 오래 산다는 결과를 얻을 수 있었다(일반적으로 노미네이트된 배우들보다 실제로 상을 받은 배우들이 평균적으로 나이가 좀 더 많다는 사실은 고려되지 않았다). 미국인들이 말하는 성취감, 사회에서 두각을 드러내고 있다는 개인적인 감각은 삶의 질에 긍정적인 영향을 주며, 건강에도 영향을 미친다. 다른 말로 하자면, 당근을 먹고, 조깅하고, 매일 여덟 시간의 수면을 규칙적으로 취한다고 해서 더 오래 살지는 못한다는 것이다. 이렇게 해서 오래 살아보겠다고 한다면 조깅하면서 '만세!'를 수차례 외치며 즐겁게 뛰어야 하지 않을까. 하긴, 조깅을 하면 정확히 조깅에 소비한 그 시간만큼만 오래 산다는 말도 있다.

이러한 비교 관점은 가끔 일정량의 알코올을 섭취하는 사람들이 철저한 금주가보다 오래 산다는 말과도 관계가 있다. 그러나 할렘의 주민들이 방글라데시 국민보다 평균 소득은 몇 배나 더 높지만, 평균 수명은 훨씬 짧은 것도 사실이다. 그 이유는 이들의 비교 대상이 국제적인 개체가 아니라 뉴욕시의 주민들이기 때문은 아닐까. 사회적 신분과 성공에 집착하는 사회 속에서, 할렘 주민들은 사회의 가장 밑바닥에 있는 자신의 모습을 보지 않을 수 없다. 1996년, 미국 흑인들의 연평균 소득은 2만 6000달러였고 평균 수명은 66세였다. 그런데 코스타리카에 사는 흑인들의 연평균 소득은 6400달러였고 평균 수명은 75세였다.

이 원리는 신분 격차가 여전히 존재하는 오슬로에서도 적용된다. 사게네 지역 주민들의 평균 수명은 68.4세인 반면, 소위 부자 동네라고 알려진 서쪽의 베스트레아커 주민들의 평균 수명은 80.5세였다. 같은 도시 내라도 부유 지역과 빈곤 지역에 사는 주민들의 평균 수명은 12년이라는 차이를 보인다. 이 차이는 스웨덴과 모로코를 비교한 수치에서도 볼 수 있다. 베스트레아커 주민에 비해 사게네 주민들의 소득이 낮은 것은 사실이나, 미국 흑인들의 소득과 비교한다면 사게네 주민의 평균 소득은 무려 두 배 가까이나 되며, 코스타리카 국민과 비교한다면 여덟 배나 더 많다.

중요한 것은, 얼마나 버느냐 또는 얼마나 성취할 수 있느냐를 나타내는 절대적 숫자가 아니라, '우리'가 포함된 지엽적 사회 속에서 '우리'가 점찍은 비교 대상에 견주어 자신이 얼마나 더 많이 벌고, 얼마나 더 많이 성취할 수 있느냐 하는 것이다. 작은 연못 속에서 큰 물고기 행세를 하는 것은 그리 나쁘지 않다. 하지만 그 큰 물고기도 더 큰 호수나 바다로 나

가게 된다면 관점이 달라진다. 미국 심리학자들이 학생들을 상대로 평균 소득이 5만 달러인 사회에서 4만 달러를 벌고 싶은지, 아니면 평균 소득이 2만 달러인 사회에서 3만 달러를 벌고 싶은지 설문조사를 한 적이 있다. 학생의 대다수는 질문의 요점을 파악하고(심리학을 전공하는 학생들이었으니 말이다) 3만 달러의 소득을 선호한다고 대답했다. 아우슈비츠 내에서 프루스트Proust의 소설과 노트 한 권을 손에 넣을 수 있었던 이들도 행복하게 시간을 보낼 수 있었다고 했다. 물론 조금 다른 이야기이긴 하지만 말이다.

경제적 관점에서의 행복을 연구했던 리처드 이스털린Richard Easterlin은 평균보다 소득이 더 많은 이들이 일반적으로 행복한 삶을 산다고 말했다. 그런데 그 사회에 속한 모든 이들의 소득이 일괄적으로 증가한다고 하더라도, 그 구성원들의 삶에 대한 만족감은 증가하지 않는다는 결과도 얻었다. 이 경우 모든 이들이 비교 대상을 잃어버리기 때문이다. 1973년부터 2000년에 이르는 시기, 미국의 실질적 평균 소득은 15퍼센트가 증가했다. 하지만 최상류층의 소득은 같은 시기 120퍼센트나 증가했다. 따라서, 비교적인 관점에서 보았을 때 이 시기 대부분의 사람이 느끼는 상대적인 행복감은 감소한 것으로 해석할 수 있다.

일본에서는 이미 1950년대부터 주관적 삶의 만족도에

대한 조사가 행해졌다. 1958년부터 1991년에 이르는 시기, 일본인들의 평균 소득은 여섯 배나 증가했다. 1990년대 초기에는 모든 일본 가정에서 컬러텔레비전, 전화, 자동차를 소유했다. 그럼에도, 조사에 따르면, 이들의 삶에 대한 만족감은 1950년대 말에 비해 조금도 달라지지 않았다고 한다.

사실 우리는 이 모든 것들을 잘 알고 있다. 다만, 겉으로는 모른 척하고 있는 게 아닐까. 오래된 도날드 덕 만화의 한 장면을 보면, 우연히 복권의 열두 자리 숫자를 모두 맞힌 도날드 덕이 기뻐 어쩔 줄 몰라 하는 모습이 나온다. 텔레비전에서 복권 숫자가 발표되는 광경을 지켜보던 도날드 덕의 뒤편에서 꼬마 사촌들이 환호하고, 팝콘은 사방팔방으로 흩어진다. 도날드 덕은 얼른 애인 돌리에게 달려가 이 기쁜 소식을 전하려 한다. 그런데 알고 보니 도날드 덕의 친척이자 게으르기로 유명한 거스 구즈도 열두 자리 복권에 동시에 당첨되었다. 도날드 덕 패밀리의 역사적인 사건은 곧 잊혔고, 당첨금을 홀로 독차지할 수 없다는 사실에 도날드 덕은 김이 빠져버린다.

사회인류학자인 아르네 마틴 클레우센Arne Martin Klausen은 자신의 회고록에서 앞선 이야기와는 조금 다른 일화를 소개했다. 그는 헤뢰이야Hereya의 중산층 가정에서 자란 소년 시절, 고등학교 교사가 꿈이었다. 그는 꿈을 이루진 못했지만 사회인류학 교수가 되었고, 오슬로 국립대학의 학과장직도 여러 해 역임했다. 이렇게 처음엔 작은 목표를 정해놓고 성취한 후, 조금씩 더 야심 찬 목표로 변경해 간다면 어느 정도 지속적인 만족감을 얻을 수 있지 않을까?

그래, 그럴지도 모른다. 하지만 아직도 대답을 얻지 못한 질문들이 있다. 만약 삶의 만족감이 비교 대상에 따라 달라진다면, 절대적인 빈곤은 존재하지 않는 것일까? 동일한 사회에서 돈과 권력, 명성, 지위 말고, **궁극적으로 인간의 행복을 결정할 수 있는 또 다른 요인은 정말 존재하지 않는 것일까?**

고통은 행복의 두 배로 온다

이중 첫 번째 질문, 비교의 대상을 바꾸면 절대적 빈곤은 존재하지 않는가에 대한 대답은 이미 근본적으로 살펴보았다고 할 수 있다. 국내 총생산과 개인의 주관적인 삶의 만족감 사이의 관계를 그래프를 사용해 나타내보자. 이 그래프는 큰 경사를 보이며 증가하다가, 어느 정도 시간이 지나면 평평하게 변한다. 이것이 설명하는 바는 이렇다. 빈곤 상황에 있는 사람들의 삶의 만족도는 초기 소득이 증가할 시기에 소득에 비례해 증가한다. 하지만 어느 한 점에 이르렀을 때, 이들의 삶의 만족도를 결정하는 것은 소득이 아니라 다른 무엇이라는 사실을 알 수 있다.

사회에서 삶의 만족도를 이야기할 때, 사람들은 자주 일정한 분배를 거론한다. 소득 분배의 격차가 크면 클수록, 사회 구성원들의 삶의 만족도가 전반적으로 떨어진다는 것이다(이러한 관점의 배경에는 가난한 프랑스인이 부유한 미국인보다 훨씬 오래 산다는 흥미로운 사실도 포함되어 있다. 프랑스 사람들의 흡연율이 미국인들의 그것보다 훨씬 높고 헬스 스튜디오를 방문하는 수는 훨씬 적은데도 말이다. 어쩌면 그 원인은 프랑스인들이 마시는 포도주일지도 모른다. 아니면 프랑스의 복지 상황이 미국보다 앞서 있기 때문은 아닐까). 어쨌든 소득의 일정한 분배는 근본적인 대답이 될 수 없다. 개인 연평균 소득이 높은 일본인들의 삶은 스트레스로 가득하다. 그리고 아일랜드의 속담 중에는 이미 소유하고 있는 것들에 감사하라는 말도 있다. "감사하며 사세요"라는 말은 아일랜드 사람들이 작은 어려움에 부닥친 지인을 만날 때 주고받는 말이다. 다행히도, 아일랜드의 경제는 최근 많이 개선되었다. 이러한 요소들은 소득의 일정한 분배와는 직접적인 관련이 없다.

많은 이들이 부유할수록 행복하게 산다는 말을 하지만, 나는 이 말에 적극적으로 찬성할 수가 없다. 대도시에서도 부유한 이와 가난한 이의 차이는 엄청나게 크다. 부유한 이들은 자신들만의 세계에서 살고 있다고 해도 과언이 아니다. 굳게 닫힌 대문, 심지어는 뾰족뾰족한 철조망을 담 위에 쳐놓고, 집 앞 진입로에는 무장한 경비원을 세워놓기도 한다. 이들은 매일 아침, 아이를 돌보기 위해 고용한 사람이 스쿨버스에 아이를 잘 데려다주는지, 또는 유니폼을 입은 사립학교 경비원들이 아이를 버스에 무사히 태워주는지, 창을 통해 마음 졸이며 지켜본다. 납치와 절도 등을 당할까 봐 쇼핑센터 내에서도 가능한 한 오래 머물지 않는다. 남아프리카공화국의 요하네스버그 같은 도시에서는 신호등에 빨간불이 켜져도 차를 세우기가 두렵다. 길가 덤불 속에 숨어 있던 차 절도범들이 그 틈을 타서 습격해 올지도 모르기 때문이다. 이들은 집안일을 맡기기 위해 고용한 사람들도 믿지 못하고(뭔가 훔쳐 갈지도 모르니까), 창밖의 꽃밭에서 장난을 치는 고양이 소리에도 깜짝 놀라 밤잠을 깨고, 집안 곳곳의 문과 창을 잠그기 위해 매일 10분 이상이나 소비해야 한다. 이런 대도시에 사는 부유층들은 가난한 자들을 두려워하며 살고, 가난한 자들은 부유한 이들을 향한 울분과 질투심에서 벗어나지 못한다.

한 번은 남아프리카공화국의 한 학자와 대화를 나눈 적이 있다. 그는 부유층도 아니고 빈곤층도 아닌 소위 중산층에 해당하는 사람이었다. 그 또한 작고 허름한 방갈로에서 살며, 대문에 안전장치를 달아야만 했다고 고백했다. 게다가 밤이면 밤마다 사이렌을 울리며 순찰 도는 경찰차 때문에 밤잠을 설치기가 일쑤라고 덧붙였다. 사회적 신분과 빈부의 격차가 극도로 큰 남아프리카 공화국에선 이런 중산층에 해당하는 사람들을 잘 찾아볼 수가 없다.

절대적 빈곤은 존재한다. 그리고 이 절대적 빈곤은 그 무엇에 비교하더라도 결코 아름답다고는 할 수 없다. 비교의 원리에 따른다면, 부유한 나라에도 가난은 충분히 존재한다.

부유한 북유럽 국가에 살고 있는 가난한 자들은 삶을 즐기기 위해 쓸 돈이 없고 이웃들이 당연히 소유하고 있는 물건을 살 만한 경제적 여유가 없기 때문에 스스로를 가난하다고 여기고 있다. 물론 이들의 비교 대상은 캘커타에 사는 빈민들이 아니라 같은 동네, 같은 도시에 사는 이웃들이다. 그들에게 가난에서 벗어날 수 있는 실질적 희망조차 없다면, 그들은 절망에 빠져 괴로울 것이다. 그들이 삶의 만족감을 얻기 위해서는 같은 사회에서 살고 있는 대부분의 다른 구성원들과 비교해 더 많은 것을 필요로 하기 때문이다.

가난한 자들의 고통은 부유한 복지 국가 내에서 더 눈에 띄게 마련이다. 어느 사회에나 존재하는 하위 3분의 1에 해당하는 빈곤층의 불행은, 상위 3분의 1에 해당하는 부유층의 행복보다 훨씬 두드러진다. 아브너 오퍼$^{Avner\ Offer}$는 "고통의 느낌은 만족감의 두 배로 느껴진다"라고 말했다. 그는 무려 40여 개국의 국민을 대상으로 주관적인 삶의 만족도를 조사했던 학자다. 그의 결론은 전 세계의 심리학자, 경제학자, 그리고 사회학자들의 연구로 증명이 되기도 했다. 가난한 자들의 고통은 부유한 자들의 만족감보다 훨씬 크게 작용하며, 악화하는 상황에서 느끼는 고통은 개선되는 상황 속에서 느끼는 즐거움보다 훨씬 크게 느껴지기 마련이다. 절대적 빈곤에 처한 사람들은 배고픔 때문에 목숨을 잃기도 한다. 이러한 상황에 처한 사람들은 이웃보다 가진 것이 없어 가난하다는 생각은 하지 않는다. 즉, 이들은 비교 대상이 무엇이든 간에, 또 어떤 문화권에서 살고 있든 간에, 자기들이 정말 가난하기 때문에 가난하다는 현실을 인식할 수밖에 없는 것이다.

대답을 얻지 못한 또 다른 질문을 살펴보자. 사회의 신분과 격차를 결정하는 공통되고 일반적인 요소는 존재하는가? 모든 사람이 추구하는 공통의 선은 없는가? 언뜻, 비교의 저주는 인간 존재에 어두운 그림자를 드리우고 있는 듯 여겨진다. 그렇다면 질투심과 씁쓸한 괴로움은 인간에게 보편적인 감각으로 자리하게 될 것인가. 결코 기분 좋은 이야기는 아니다. **하지만 여기서 살짝 방향을 돌려 생각해볼 수도 있지 않을까.**

적지 않은 사람들이, 질투심은 개발과 성장의 원천이 될 수도 있다고 입을 모은다. 부정적인 느낌을 조금만 돌려 생각한다면, 이 질투심은 경쟁의식 또는 경쟁 본능으로 작용할 수도 있다. 경쟁 상대를 지나쳐 한발 앞서갈 때, 그 순간의 희열을 느껴본 사람은 많을 것이다. 성공을 향한 오르막길을 오른다는 것은 참으로 기분 좋은 일이다. 어두운 면을 본다면, 오르는 이가 있다면 동시에 내려가는 이도 있다는 것이다. 어쩌면 이것은 피할 수 없는 일인지도 모른다. 만약 우리가 스스로를 타인과 비교하지 않는다면, 무언가를 더 해보고자 하는 열망은 사라질지도 모른다. 이런 현상은 기업뿐만이 아니라 문화예술계에서도 마찬가지이다. 경쟁이란 것이 경제 및 산업계 내에서는 필수 불가결한 것이라고 하지만, 미술계나 문학계에서도 경쟁은 존재한다. 여기에 반박할 사람은 없으리라.

인간을 이해하기 위해 다윈의 이론을 이용하는 사람들은, 인간이 이룩한 문화와 문명의 겉면 뒤에 변치 않는 본능이 자리하고 있다고 믿는다. 그들이 말하는 인간은(다윈의 설교적 텍스트에서도 나타나 있듯) 거의 항상 남성이며, 인간은 단순한 필요를 바탕으로 존재한다. 바로 섹스와 권력이다. 신新다윈주의를 주창하는 학자들은 부러움으로 가득 찬 주변의 눈초리를 당연하게 받아내며 보란 듯이 선택하는 우월한 남성에 대해 유치할 정도의 관심을 보였다. 신다윈주의자들에게 삶의 의미란 종자를 번식시키는 일, 즉 후세를 생산하는 일이다. 이미 잘 알고 있듯, 권력을 가진 남성들은 그렇지 않은 남성들보다 더 많은 여인으로부터 자식을 볼 수 있는 기회를 가지고 있다. 따라서 남성들이 섹스와 여성을 얻기 위한 수단으로 권력을 좇는 것은 당연하다.

인간 존재의 의미를 다윈주의로 해석하는 사람들은 남성과 여성이 삶에 있어 기본적으로 서로 다른 야망을 가지고 있다고 말한다. 어떤 다윈주의자들은 이 사항을 정치가들이 기본적으로 고려해야 할 문제라고 주장하기도 한다. 그래야 남성과 여성의 서로 다른 관심사를 배려하는 정치를 할 수 있다는 것이다. 여성들은 안정을 추구하는 반면, 남성들은 (특히 우월적 남성들은) 위험을 무릅쓴 도전에 더 관심을 보인다. 남성들은 여자들의 젊음과 아름다움에 마음을 빼앗기고, 여성들은 남자의 권력과 권위에 매력을 느낀다.

하지만 신다윈주의자들의 결론은 너무 단순화되었다. 우리 인간들은 복잡한 정서를 지닌 존재이며, 따라서 스스로 원하는 것이 무엇인지 모를 때도 종종 있다. 다윈주의자들이 말한 것처럼, 남자의 경우 위험한 일에 도전하여 경탄과 존경을 얻고, 여자를 얻는다. 또 여자의 경우에는 안정된 관계 및 자식들을 향한 애정을 쏟을 수 있는 삶을 얻을 수 있다. 인간의 유전자는 우리의 행동과 사고에 참고 사항을 지시할 수는 있지만, 사실 솔직히 따져보면 지금까지 그 어떤 문화권에서도 이 인간종의 유전자가 지시하는 본능을 무작정 따른 예는 없다. 인간의 유전자는 그보다 더 복잡하게 프로그래밍 되어 있으니까.

더 어처구니없는 사실은 다윈주의자들 중 리더 격이라고도 할 수 있는 리처드 도킨스가 종교는 비이성인 것이라고 한마디로 잘라 말했다는 것이다. 그뿐만 아니라 그는 부모들이 자식들에게 종교적 신앙을 갖지 않도록 엄격히 제한해야 할 것이라고 덧붙였다. 사실 그도 이 세상에는 유일신 또는 다신을 믿는 사람들로 가득하다는 것을 잘 알고 있다. 그리고 신앙이라는 것은 인간들의 삶에 의미와 방향을 주는 도구라는 것도 잘 알고 있다. 하지만 도킨스는 인간을 마치 컴퓨터와 원숭이를 섞어놓은 것 같은 개체로 표현하고 있다. 그는 종교에 반대해 쓴 기록에서, 만약 가능하다면 자신은 종교와는 관계가 없는 새로운 세상의 새로운 인류로 다시 태어나고 싶다고도 했다. 그리고 자신의 유명한 저서 《이기적 유전자》에서 표현한 자기복제자 이론에 많은 이들이 반발하는 데에 큰 실망감을 표하기도 했다.

신다윈주의자들의 주장에는 일관성이 결여되어 있다. 미국에서 학회에 참석 중이던 도킨스는 휴식 시간을 이용해 저명한 다윈주의 인류학자인 어빈 드보어liven DeVore와 잠시 대화를 나누었다. 드보어는 자기가 책을 쓸 때 가장 큰 동기로 작용했던 것이 다름 아닌 '여자를 얻기 위한' 것이라고 말했다. 그러자 도킨스는 황당한 표정을 지으며 바로 등을 돌려 그 자리를 떠났다. 하지만 현실적으로 드보어의 논리는 생식과 자손 번식이 세상을 움직이는 유일한 힘이라고 주장하는 다윈주의자들의 논리와 일치했다. 도킨스는 그 자리에서 혐오와 반감으로 반응할 것이 아니라, 동료의 추론에 찬사를 보냈어야 한다.

같은 경쟁을 하고 있다는 착각

사람들은 각자 서로 다른 목표에 도달하기 위해 애를 쓰고 있다. 그 때문에 타인과의 비교하고 싶은 마음이 들 때면 서로 다른 잣대와 범위가 적용되는 것이 아닐까. 최근 몇 년 동안 행복을 주제로 출간된 책들 중 반 이상이, 비슷한 환경이나 비슷한 사람들을 비교 대상으로 정하라고 우리에게 조언하고 있다(도대체 이런 책의 작가들은 독자들의 수준을 뭘로 아는 걸까?). 조언이 진부한 것은 차치하더라도, 크게 잘못된 점 두 가지가 있다는 것을 짚고 넘어가야겠다.

우선, 이들 작가들이 주는 조언은 비교 대상 및 환경을 우리 스스로가 정한다는 것을 기정사실화하고 있다. 그렇다면, 사회구조와 집단 압력, 미디어와 광고의 영향은 존재하지 않는다는 말인가? 두번째 오류는, 놀랍게도 심리학자들과 경제학자들이 당연하다고 여기는 것으로, 대부분의 사람들이 같은 목표를 달성하기 위해 애를 쓴다는 가정이다. 만약 어떤 축구 선수가 더 큰 클럽으로 영입되지 않았을 때, 그가 자신의 고향 또는 친구들을 버려두고 차마 홀로 떠날 수가 없다고 한다거나 극도의 경쟁적 환경에서 어떻게 적응해야 할지 확신할 수 없다고 말한다면, 사람들은 그가 이미 축구를 포기한 것으로 여길 것이 분명하다. 축구 선수들에겐 세계 최고의 선수가 되겠다는 단 하나의 목표만이 있을 뿐이니까. 축구 선수는 축구 선수일 뿐. 또한 그가 낚시를 좋아한다거나, 친구들과 함께 맥주를 마시는 걸 좋아한다거나, 또는 간호사로 일하는 애인이 직장 일을 포기하기 싫어 이사하기를 원하지 않는다는 따위의 말들은 한다는 건 상상도 할 수가 없다. 이런 일차원적인 세계에서는 오직 단 하나의 비교 행위만 존재할 뿐인 것이다. 이런 세상을 믿는 사람들은 경제학자와 심리학자들밖에 없다. 어쩌면 몇몇 정치가들도 포함할 수 있을지 모르겠다.

모든 인간들이 동일한 목표를 이루려고 노력한다는 것은 있을 수 없는 일이다. 한정된 양의 상품을 두고 전 세계 인구가 동시에 경쟁해서 그것을 손에 넣으려 하는 일은 없다. 만약 그런 일이 생긴다면 이 세상에서 평화라곤 찾아볼 수 없을 것이다. 간혹 같은 상품을 두고 엄청난 수의 경쟁자가 생기는 일도 발생하는데, 이 경우에는 경쟁자의 무리 속에서 평균적인 수준을 지향함으로써 경쟁의 농도를 낮추려는 정책도 생겨난다. 그 한 예가 바로 이케아^{IKEA} 현상이다.

엘리트들은 목표에 가까이 다가갔을 때, 자신들이 사용

했던 사다리를 치워버린다. 뒷사람들이 자신의 위치에 쉽게 도달할 수 없도록 갭을 만들어두는 것이다. 스웨덴의 가구 체인점인 이케아가 디자이너 가구들의 복제품을 값싸게 판매하기 시작하자, 일반 대중도 문화계 엘리트들의 취향과 전혀 다르지 않게 자신의 집을 꾸밀 수 있게 되었다. 고상한 디자이너 가구를 구입하기 위해 은행 융자를 받거나 디자인·인테리어 수업을 받지 않고서도 말이다. 하지만 이런 추세를 두 손 들고 환영하지 않은 사람들도 있었다. 그런 사람들은 이케아 현상이 속임수에 불과하다고 입을 모으곤 했다. 이들은 북클럽 현상도 좋아하지 않았다. 북클럽이 활성화되면서부터, 사람들은 직장을 그만두지 않고서도 매달 집으로 배달되는 고급 문학 서적을 읽을 수 있는 전문적 독자직을 겸임할 수 있게 되었다.

삶의 만족도를 놓고 본다면, 이러한 물질적 균등화는 긍정적으로 여겨진다. 이케아와 북클럽은 가구와 책을 좋아하는 모든 일반 대중에게 시장경제가 선사하는 선물이다. 즉, 사람들은 반평생 정도의 긴 시간을 소비하지 않고서도 유사 전문가가 될 수 있다. 이 세상에는 피땀 흘려 성취할 만한 가치가 참으로 많다. 또한 우리가 비교 대상으로 삼을 만한 사람들도 수없이 많다. 이 책을 읽고 있는 사람들 중에서, 엄청나게 비싼 스피드 보트를 구입해 시끌벅적하고 공해를 유발하는 스피드 경주에 참가하고 싶다는 욕망을 지닌 사람은 거의 없을 것이다. 하지만 대부분의 독자들은 우렁찬 엔진 소리를 내며 번개처럼 빠른 속도로 달리는 스피드 보트를 지켜보는 것이 재미있다고 생각할 것이다. 동시에 나는 국무총리의 권력에 질투심을 가지고 있는 독자들도 거의 없을 것이라 짐작한다. 허구한 날 무언가를 원하는 사람들의 요청에 시달리고, 전국에 걸쳐 일어나는 모든 일들의 책임을 져야 하는 그 자리를 도대체 누가 부러워한단 말인가. 어쨌든 우리가 알고 있는 현대의 국무총리들은 섹스와 여성들(또는 남성들)을 손에 넣기 위해 자신의 권력을 이용할 수도 없다. 그러니 그 권력을 가지고 뭘 할 수 있단 말인가. 국무총리의 권력은 오직 죄책감과 미디어의 공세, 불면의 밤을 수반할 뿐인데.

우리가 속한 사회에서 권력과 돈 그리고 섹스가 최상의 가치라는 말은 허튼소리로밖에 여겨지지 않는다. 인간은 언뜻 그렇지 않은 것처럼 여겨지기도 하지만, '궁극'에 이르면 생체적 또는 본능적 행위를 하기 마련이다. 어떤 다원주의자들은 직접적인 원인과 궁극적인 원인 사이에는 큰 차이가 있다고 주장한다. 이렇게 말하니 굉장히 전문적이고 과학적으로 들리지만, 사실 이들의 주장은 문제를 외면하기 위한 말장난에 불과하다. 이들의 주장에 맞추어 내가 책을 쓰는 행위를 한번 설명해보자. 내가 지금 책을 쓰는 단기적이자 직접적인 이유는, 내가 어떤 주제에 흥미를 지니고 있기 때문이고, 내 생각을 책의 형태로 만들어내 독자들과 함께 사고하고 대화하기 위해서이다. 하지만 책을 발간하는 궁극적인 이유는, 책으로 인해 새로운 형태의 관심을 받기 위해서이고 (적어도 우리가 사회적 도덕성이 존재하지 않는 세계에 사는 자연적, 본연적 인간이라는 가정 하에서 말이다) 그렇게 함으로써 궁극적으로는 여자와 섹스를 손쉽게 할 수 있으리라는 것이다. 진심으로 말하는데, 이보다 더 터무니없는 해석은 찾아볼 수 없다.

만약 당신이 재즈 음악가라면, 당신은 매일 돈더미에서 헤엄을 치는 상상 따위는 하지 않을 것이다. 당신의 꿈은 바로 마법처럼 환상적인 한순간을 창조하기 위해 당신의 음악을 이해하는 누군가와 함께 연주하는 것이고, 그 순간의 예술 속에서 영원함과 숭고한 인식을 현실화하는 것이 아닐까. 이런 당신에게 돈은 중요하지 않다. 돈은 단지 필요악일 뿐이며, 진실로 의미 있는 일을 하기 위한 수단에 불과하다. 만약 당신이 교사라면, 당신이 지난날 교육학을 전공한 건 돈이나 권력을 얻기 위해서가 아닐 것이다. 당신에게 중요한 의미를 지니는 것은, 바로 동료들로부터의 인정과 아이들을 위한 교육이다.

재즈음악가든 교사든, 이들의 직업은 결코 체념과 포기를 의미하지 않는다. 두 사람 모두 다른 길을 선택할 수도 있었을 것이다. 그리고 이들에게도 비교 대상은 있을 것이다. 이들은 비교 대상보다 더 나았으면 나았지 더 나빠지고 싶다고 생각하지 않을 것이다. **하지만 이들의 목표는 돈, 권력 또는 섹스가 아닌 다른 그 무엇을 성취하는 것이다.** 이들도 목표를 성취하기 위해 온갖 노력을 기울였으며, 다른 사람들과 마찬가지로 목표가 시야에서 사라지면 절망하고 좌절하기 마련이다. 또 다른 새로운 목표를 찾지 않는 이상 말이다. 예컨대 도시 내에서 가장 아름다운 장미 정원을 가꾼다든지 하는 목표 말이다.

오늘날 미디어의 문화 토론장에서는 서로 다른 척도를 바탕으로 한 말도 안 되는 비교 행위가 자주 이루어지고 있다. 그중 가장 두드러지는 것은 바로 문학 부분이다. 문학계에서는 서로 다른 장르의 작품을 쓰는 작가들 간에는 거의 접촉을 하지 않는 편이다. 이들이 창조해내는 문학 작품들을 직접적으로 비교하는 것이 불가능하기 때문이다. 그 하나가 시 문학이다. 대부분의 시집은 잘 팔리지도 않고 읽는 사람들이 거의 없기 때문에 도서관의 대출 기록도 저조하다. 그런데도 문학에 대해서 뭘 좀 안다는 사람들은 문학 장르 중에서 문학적 가치가 가장 높은 것이 바로 시문학이라고 입을 모은다. 소설 작품들은 사람들의 존중과 사랑을 받고, 미디어에 후기나 비평이 실리기도 한다. 가끔은 신문이나 잡지의 여러 면에 등장한 작가들의 인터뷰 기사도 볼 수 있다. 하지만 소설을 써서 먹고살기는 힘들다. 상업적으로 성공한 책들을 보면 대부분 순수 문학이 아니라 추리소설 쪽이다(추리소설의 대가 헨닝 만켈Henning Mankell은 자신의 소설 《티백Teabag》에서 악몽적 시나리오를 선보이기도 했다. 공교롭게도 《티백》은 추리소설에 속하지 않는다. 이 책의 주인공은 작가와 마찬가지로 추리소설을 쓰는 사람이었는데, 어느 날 갑자기 그의 지인들이 모두 추리소설을 쓰기 시작하는 것을 보고 당황하기 시작한다. 심지어는 주인공의 95세 된 어머니까지도 추리소설을 쓰고 있는 게 아닌가! 이쯤 되면 우리는 그가 무슨 이야기를 하고 있는지 이해할 수 있다). 미디어에서는 추리소설 작가들과 작품에 대한 선전을 시도 때도 없이 하고, 작가들은 송로버섯이 든 스파게티와 샴페인으로 아침 식사를 할 만큼의 수입을 얻을 수도 있다.

미디어의 문학 토론장에서 시인과 추리소설 작가를 대면시켜 토론을 유도할 경우, 이들의 비교 범위와 한계는 문학적인 관점에서는 측정이 불가능하다. 단지 미디어적 시각에서만 비교가 이루어질 수 있을 뿐이다. 시집 한 권과 추리소설 한 권이 똑같이 '책'이라는 이름으로 불리고 가격도 똑같다는 이유로 동일하게 보는 사람들이 있을지도 모른다. 미디어의 전형적인 문화 토론은 바로 이러한 관점을 바탕으로 생겨난 것이다. 어떤 출판사에서는 잘 팔리는 책만 출간하려

한다. 아무도 사는 사람이 없는데 뭐하러 책을 내느냐는 입장이다. 반면 작가 협회에서는 상업적 소설만 쓰는 작가들을 회원으로 받아들이지 않는다. 이들의 책에서 예술적, 문학적 가치를 찾아볼 수 없다는 것이 그 이유다.

어쩌면 우리는 뭐가 '더 낫다' 또는 '더 나쁘다' 라고 비교하기 전에 '비교가 불가하다'라고 더 자주 말해야 할지도 모른다. 노르웨이에서 가장 판매율이 높은 책을 쓴 작가는 작가 협회에 회원으로 등록할 필요가 없다. 이미 책 판매 수입이 몇백만 크로네를 상회하기 때문에, 협회의 지원과 후원은 물론 정부 지원금 없이도 충분히 여유로운 삶을 살 수 있기 때문이다. 그러나 판매율이 저조한 책을 쓴 작가는 생계를 꾸리기 위해 정부 지원금을 신청해야 한다. 어쩌면 이러한 작가들은 몇백만 크로네의 수입을 필요로 하지 않을지도 모른다. 이들은 예술을 위해 살지, 예술을 바탕으로 돈을 벌려는 사람들이 아니기 때문이다. 각각 전자와 후자에 해당하는 작가들은 같은 문학계에 있긴 하지만 서로 다른 장르에 속해 있기 때문에 집적 만나 대화를 나누거나 토론을 할 필요성을 느끼지 못한다. 적어도 종이접기나 정원 가꾸기 등의 공통된 취미가 없는 이상 말이다.

완벽한 소비자는 불행하다

사회철학가 위르겐 하버마스는 1980년대 초 필요치 않은 곳에까지 시장 원리가 침투했기 때문에, 사람들은 모든 것에 경제적 이윤과 손실을 따지게 되었다고 지적했다. 그로부터 약 20년 전, 하버마스의 선배이자 프랑크푸르트학파에 속한 학자 헤르베르트 마르쿠제는 《일차원적인 인간》이라는 책을 발표했다. 이 책에서 그는 사람들이 단 하나의 유일한 개체, 즉 시장 원리에 따라 삶을 영위한다고 말했다. 그에 따르면 일차원적인 인간의 관점에선 세상의 모든 것이 비교 가능하다고 했는데, 그건 돈으로 모든 것의 가치를 따질 수 있기 때문이라고 설명했다. 그렇다면 담배 한 갑과 브레히트의 시집(독일어 포켓 버전)은 똑같이 67크로네이기 때문에 동일한 가치를 지니고 있다는 말이 된다. 정말 이런 관점을 지니고 있는 사람이 있다면, 우리는 그를 무식하고 희망이 없는 사람이라고밖에 볼 수 없다. 경제적 이윤을 얻을 수 없는 물건이라면 정말 아무런 가치가 없다고 말해도 되는 것일까?(이것은 돈이 상대방의 성적 관심을 얻기 위한 수단이라고 말하는 신

다원주의자들의 일차원적 관점과도 비슷하다.)

　하버마스와 마르쿠제는 무언가 본질적인 것을 깨달았던 것이 틀림없다. 하지만 이들은 인간 전반에 미치는 사회의 구조적 권력에 대해 과장한 면이 있다. 대부분의 사람들은 경제적 이윤이 전부라는 대세에 반발을 한다. 삶에서 가장 가치 있는 것이 무엇이라 생각하느냐고 물었을 때 돈이나 권력이라고 대답하는 이는 거의 없을 것이다. 대안으로 내놓는 대답들을 살펴보아도 그것이 단지 수줍음이나 겸양 때문에 하는 말은 아니라는 것을 잘 알 수 있다. 1991년 노르웨이의 헤드마르크 지역을 중심으로 한 조사에 따르면, 이곳 사람들 대다수는 자연 친화적인 삶, 가족과 친구들과 더 가까이 지낼 수 있는 삶이 가장 가치 있는 삶이라고 대답했다. 소비의 증가가 삶의 만족도를 증가시키는 수단이라고 대답한 사람은 거의 없었다. 그러나 삶의 만족감이나 복지의 원천이 소비가 아니라고 단언할 수는 없다.

　소비 사회에 대한 도덕적 저술에서는 소비와 낭비, 비교 대상의 유사성과 차이점을 구별하지 못하는 경우가 많다. 내가 아는 아이들 중에서는 버거킹에 가서 햄버거를 한 번 사먹는 것만으로도 진심으로 기뻐하고 즐거워하는 아이들이 많다. 그도 그럴 것이 버거킹에 가는 일이 한 달에 한 번 정도밖에 없으니까. 어떤 물건을 구입한 후에 진심으로 좋아하고 기뻐하는 사람들도 많다. 세라노 햄과 잘 숙성된 파르메산 치즈를 구입할 수 있어 좋아하는 사람들도 있고, 겨울 외투를 새로 살 수 있어서 기뻐하는 사람들도 있다. 만약, 유머라고는 전혀 찾아볼 수 없는 한 도덕군자가 내게 자전거를 탈 때는 절대 이어폰으로 음악을 듣지 말라고 당부한다면, 나는 아마도 심하게 반발을 할 것 같다. 사회학자인 질 리포베츠키Gilles Lipovetsky는 소비 사회를 비판하는 이들은 위선자에 불과하다고 주장했다. 그는 "소비가 행복과 동일하다고는 할 수 없지만, 소비가 실질적 만족감을 주는 원천이 될 수 있는 건 분명하다"라고 말했다. 리포베츠키에 의하면 인간이 불행해하고 절망감을 느끼게 되는 근본적인 이유는 소비 그 자체가 아니라, 소비 순환에서 발생하는 문제점이라고 했다. 그는 질이 낮고 값싼 물건이 과잉 소비를 발생시키고, 만족감도 저하시킨다고 말했다. 이 경우 소비를 통한 진실한 만족감은 점점 낮아지기 마련이다.

정치학자인 벤트 소푸스 트라뇌이Bent Sofus Tranøy도 자신의 저서에서 이와 비슷한 견해를 표출했다. 그는 소비를 통해 만족감과 소속감(유명 상표를 구입하는 사람들 간에 찾아볼 수 있는 동질성)을 얻는 행위를 비판하진 않았다. 그가 비판한 것은 바로 필요치 않은 곳에서도 점점 그 적용 범위를 넓혀가는 시장경제의 원리였다. 그는 "완벽한 소비자는 불행한 삶을 살 수밖에 없다"라고 말했다. 그는 여기서 일반적 소비자가 아닌 '완벽한' 소비자를 언급했다. 완벽한 소비자는 경제적 이윤과 손실을 바탕으로 모든 것의 가치를 결정하는 경향이 있기 때문이다.

주변에서 가하는 심리적 압박 또한 우리의 행복을 결정하는 요인이 된다. 하지만 이 압력은 광고나 미디어에서만 오는 것이 아니라 우리가 접촉하는 이웃이나 지인으로부터도 올 수 있다. 그런데 우리의 일상생활 범위는 대체적으로 비슷한 환경에 있는 사람들 내로 한정되어 있기 때문에 그들에게서 매일같이 받는 압력은 거의 없거나 그다지 크지 않다. 그렇다면 이 효과의 부정적 공식도 한번 짚고 넘어가는 것이 좋다. 이러한 환경 내에선 개인적인 성공이 더욱 눈에 띄게 되지만, 동시에 개인적 불행 또는 재앙도 눈에 띄게 노출되기 마련이다. 가장 일반적인 공식을 들자면 '저 사람이 못하는 일이라면, 내가 못한다 한들 부끄러운 일은 아니다'라는 것이 아닐까.

진실은 자주 진부하게 느껴지기 마련이다. 삶에는 높낮이가 있는 것이 정상이다. 한편으로는 서로 비교해가며 상대방보다 더 나아지려고 노력한다. 또 다른 한편으로는 상대방의 상황이 악화되는 것을 보며 스스로를 위로하기도 한다. 성공과 상승은 마치 용수철과 같고, 실패와 하락은 마치

콘크리트 바닥에 떨어지는 것과 같은 느낌일 것이다. 승자의 입장에 있는 한, 경쟁은 자아 및 삶에 대한 자극과 격려 요소로 작용한다. 하지만 패자의 입장에 서게 된다면, 우리는 무언가 다른 것, 예를 들어 동정과 위로를 필요로 하게 된다.

우리가 속한 사회는 개인적 사회이다. 우리는 이런 형태의 세상에서 개인적인 능력을 발휘하며 살게 된다. 다시 말해 우리의 능력은 개인적이지, 인종이나 가문, 또는 특정한 단체의 능력이 아니다. 우리는 이러한 특정 단체나 가문 또는 인종의 한정된 범위 내에 속해 있는 개인이 특출하게 자립적이고 뛰어난 능력을 보여 두각을 나타낼 때 감탄을 하고 찬사를 보낸다. 그것은 이들이 집단이라는 고리와 무리 내의 회의적 시선을 뛰어넘어 개인 정체성의 해방과 자유를 손에 넣었기 때문이다. 노르웨이 왕가 내에서도 이러한 꿈틀거림은 볼 수 있다. 노르웨이의 왕자는 자신의 진보적인 정치적 견해를 공개적으로 표현하는 바람에 공화주의자들의 신뢰를 잃기도 했다. 또한 노르웨이의 공주는 왕족이 아니라 한 개인으로서의 야심을 공개하며, 이를 현실화시키기도 했다.

그러고 보면, 과거 봉건제도의 잔재도 완전히 사라질 때가 멀지 않은 것 같기도 하다. 사회적 관계에서 서로를 호칭할 때도 성을 빼고 이름만 부르는 것이 관례가 되어버렸다(아직 국왕에 대해서는 극존칭을 쓰긴 한다). 신분과 지위를 구분하는 과거의 탄탄한 벽은 사라졌고, 직장에서 넥타이를 매야 한다는 관례도 이미 먼 과거사가 되고 말았다. 우리는 모두 같은 경기장에서 뛰는 선수들인 것이다. 하지만 아직도 서로 다른 근거를 바탕으로 상대방이나 무리에게서 인정과 존중을 받는 일은 얼마든지 가능하다. 세상이 일차원적으로 변하지는 않았다는 말이다. 동료 시인들에게서 크나큰 존중을 받는 시인보다 더 자존심이 강한 사람은 없을 것이다. 가난한 철학자는 죽과 오랜 지혜로 자식을 키우면서도, 자식들이 등을 꼿꼿하게 펴고 세상에 나아갈 수 있기를 바란다. 하지만 이런 일은 개인으로서 하는 일이지, 결코 가난한 철학자의 굴레 속에 속한 무리의 입장에서 하는 일은 아니다.

그러나 인도 같은 나라에서는 아직도 사회에 탄탄한 벽들이 존재한다. 이들의 카스트제도는 서로 다른 신분에 속한 사람들의 직접적인 접촉을 막는 주요 원인이 된다. 따라서 이들이 유산처럼 이어져 내려온 신분 제도를 벗어나 서로 비교 행위를 하는 일은 쉽지 않다. 수드라는 같은 수드라 사람들을 상대로 비교를 한다. 더 정확히 말하자면 한 수드라 가정은 다른 수드라 가정을 비교 대상으로 삼는다. 수드라에 속하는 이들은 브라만에 속하는 이들과는 접촉을 할 수 없고, 크샤트리아 계급에 속하는 이들과 같은 신전에서 제물을 바칠 수도 없다. 수드라는 가난하지만 다른 수드라보다 더 가난하지는 않다. 사회 시스템에 대해 비판적인 질문을 하는 수드라도 드물다.

이런 예는 고전적인 카스트제도의 개념을 일반화한 것이다. 좀 더 깊이 살펴보면, 카스트제도 내에서도 눈에 띌 만한 움직임을 발견할 수 있다. 카스트 계급 중에서 어떤 계급은 신분 상승을 이루었고, 또 다른 계급은 하락을 경험하기도 했다. 이 중에서 소위 순수하지 못한 개인, 즉 서로 다른 카스트 계급 사이에서 탄생한 혼혈인들은 '재생', 다시 말해 종교적 의식을 통한 정결함을 추구하기도 했다. 1800년대 이후부터 현대에 이르기까지의 인도의 모습은 변화하고 있다. 이 시기에는 카스트제도를 유지하려는 봉건 세력과 이 제도를 통째로 무너뜨리려는 급진 세력, 그리고 이 두 세력의 중간에 위치한 온건 개혁 세력들이 동시에 목소리를 높이는 바람에 상당히 혼란스러웠다. 결과적으로 소규모 이동(카스트 신분에 그대로 남아 있으면서도 벼락부자가 된 가정들), 집단적 이동(정결 의식을 통해 집단적 계급 이동을 시도), 최하위 카스트 계급을 일정 수의 공공기관에 취직시킬 수 있는 배당제, 카스트제도의 규칙들을 실질적으로 불허하는 여러 법칙들 등이 나타나게 되었다. 결국, 오늘날의 인도에서는 비교 대상의 범위가 과거보다 많이 광범위해졌다. 수드라 계급에 속한다고 하더라도 다른 계급에 속하는 이들의 생활을 살펴볼 수 있는 기회가 생겼으며, 서로 다른 계급에 속했던 학교 동창들의 삶도 텔레비전을 통해서가 아니라 직접 엿볼 기회가 생긴 것이다.

과연 귀족 혈통에 속해 그저 그런 삶을 유지하는 것이, 평민으로서 재능과 능력을 발휘하고 만족스럽게 사는 것보다 더 낫다고 할 수 있을까? 능력 있는 평민은 어떤 한계점까지만 두고 본다면 매우 만족한 삶을 살 것이다. 어쩌면 그는 자신이 귀족들 못지않게 훌륭하고 고상한 사람이라는 생각으로 자신만만하게 살지도 모른다. 그러나 그의 주머니에 들어 있는 돈은 귀족들의 금은보화와 비교했을 때 조족지혈에 불과할 것이다. 지루하고 불행한 삶을 사는 귀족들은 본능적으로 보수를 지향하며, 이들은 설사 두각을 나타내는 평민이 있다 하더라도 평민은 평민이라며 얕잡아보기 마련이다. 하지만 역사는 이런 식으로 자위하는 귀족들의 편은 아니었다.

비교 대상의 범위에 변화가 온 것이 바로 개혁의 근본적 원인이다. 프랑스의 속담 중에 "Plus ça change, plus c'est la mêmechose(변화가 많이 생기면 생길수록 원래 상태로 돌아갈 확률이 크다)"라는 말이 있다. 아마도 프랑스혁명 직후에 생겨난 말이 아닐까 한다. 귀족들이 신분을 박탈당하고 상류층 남녀가 단두대에서 사라지고 난 후, 새로운 시대의 장이 열렸고, 동시에 평민들도 권력의 장에 모습을 드러낼 기회를 얻게 되었다. 어느 정도 이 시기가 지속되자, 다시 계급주의가 고개를 들기 시작했다. 이번에는 과거 어느 때보다 더욱 무자비하고 직접적이었다. 하위 계층은 더 이상 국왕은 신이 내린 자리라는 것을 믿지 않게 되었고, 스스로의 운명을 개척할 수 있는 힘은 바로 그들 자신의 손에 있다는 것을 깨달았다. 사회가 인간을 만들어낸 것이 아니라 인간이 사회를 만들었으며, 평민이나 하위 계층 사람들에게도 귀족이나 왕족과 똑같은 붉은 피가 흐른다는 것을 알게 된 것이다. 모든 것은 바뀔 수 있었다. **이들이 새롭게 등장한 엘리트 집단을 비교 대상으로 삼는 것이 가능해지자, 자신의 삶에 만족하는 사람들은 더 적어졌다.**

프랑스혁명 직후, 영국에서는 보수 세력이 이상적이라는 관점이 생겨났다. 영국 상류 보수층들은, 이웃 나라의 혁명과 그 뒤를 이은 평민의 불만 팽배가 결국은 어떤 사회적 결과를 가져왔는지 두 눈으로 직접 보고 생각할 거리를 얻었다.

3

당신이 노력할수록 불행한 이유

오늘날의 사회는 우리에게 가능한 한 빨리 움직이라고, 정해진 시간 내에 최대한 많은 것을 성취하라고 말하는 듯하다. 결국 우리는 아무것도 이루지 못했다는 불만에 휩싸이게 되는데, 그 이유는 항상 무언가 더 급히 이루어내야 할 것들이 여기저기서 고개를 들기 때문이고 거기서 자유로울 수가 없기 때문이다.

17배 더 많은 경험을 하는 세대

주변에서 무슨 일이 벌어지고 있는지 전부 받아들이고 알기 위해, 우리는 새벽같이 일어나야 한다. 이 사회는 가능성과 의무와 기대로 가득 차 있다. 사람들은 정보가 난무하는 오늘날의 사회에서 뒤처지지 않기 위해 애를 쓰고 있다. 문자메시지, 채팅 사이트, 텔레비전 프로그램, 이메일, 영화, 잡지, 체육, 여행, 교육, 구직 가능성, 어쩌면 생길지도 모르는 애인, 콘서트…. 오늘날 부유한 국가의 국민은 20년 전보다 훨씬 더 많은 가능성에 노출되어 있다. 반면, 집안의 재산을 축내며 빈둥거리게 될 가능성도 있다. 진정으로 의미 있는 것들은 대부분 오랜 시간을 들여 천천히 이루어낸 것들이다. **하지만 오늘날의 사회는 우리에게 가능한 한 빨리 움직이라고, 정해진 시간 내에 최대한 많은 것을 성취하라고 말하는 듯하다.** 결국 우리는 아무것도 이루지 못했다는 불만에 휩싸이게 되는데, 그 이유는 항상 무언가 더 급히 이루어내야 할 것들이 여기저기서 고개를 들기 때문이고 거기서 자유로울 수가 없기 때문이다.

언젠가 텔레비전에서, 무려 6년에 걸쳐 세계 곳곳을 여행한 어떤 남자가 나오는 프로그램을 본 적이 있다. 그는 말 그대로 세계 곳곳에 발을 들이지 않은 곳이 없을 정도였다. 그런데 가장 인상 깊었던 곳은 어디였느냐고 저널리스트가 묻자, 그는 아무 대답도 하지 못했다. 아무것도 기억하지 못했기 때문이다. 기억들이 서로 겹치고 섞여버린 탓에, 각각의 장소에서 얻었을 특별한 기억이나 경험을 구별해낼 수 없었다.

1800년대 중반 노르웨이 텔레마르크 북부 지방에 살던 한 농부의 예를 보자. 그는 여행이라고는 단 한 차례, 마차를 타고 크리스티아니아(현재의 오슬로 지역-옮긴이)에 다녀온 것이 전부였다. 한 달 정도 크리스티아니아에 머문 후 집으로 돌아온 그는 여행지에서 보고 경험한 모든 것들을 선명히 기억하고 있었다. 또한 시간이 넉넉했기 때문에 경험을 바탕으로 새롭고 깊은 사고를 할 수도 있었다. 당시 고향에 남아 있던 이들 중에는 크리스티아니아에 가본 사람이 아무도 없었다. 그래서 그는 겨울이 오자 장작불 앞에 모여 앉은 이웃과 친지들에게 여행지에서의 경험담을 몇 시간 동안이지만 이야기해 줄 수 있었다. 그 이야기를 그는 평생에 걸쳐 반복해서 들려주곤 했다.

앞의 두 예시에서 누가 더 많은 경험을 했다고 말할 수 있을까? 나는 언젠가 오늘날의 서유럽 사람들은 자신들의 증조부 세대보다 열일곱 배나 더 많은 경험을 한다는 글을 읽었다. 이것은 물론 수치를 우선시 하는 계량적 사회연구가가 내린 결론이다. 오늘날 국제 중산층에 속한 사람들이 이전 세대의 사람들보다 훨씬 더 많은 경험을 한다는 것은 반박의 여지가 없는 사실이다. 삶에 지루함을 느끼는 사람들도 거의 없다. 우리는 여행을 하고, 책을 읽고, 음악을 듣고, 여러 가지를 본다. 이전 세대 사람들보다 더 다양한 음식을 더 많이 먹는 것도 사실이다. 텔레마르크의 농부는 평생 단 한 번 농장 일에서 벗어나 여행했던 곳에서 경험과 사고를 소화할 수 있는 충분한 여유를 얻을 수 있었다. 반면 세계 전역을 돌아다녔던 남자는 이곳에서 저곳으로 이동하기에 바빠 그 어떤 것도 제대로 경험할 여유를 얻지 못했다.

또 다른 예를 한번 들어보자. 우연히 펼친 신문에서 "쇼핑은 극도의 만족감을 준다"라는 기사 제목을 본 적이 있다. 이것은 일련의 학자들이 얻어낸 결론이기도 하다. 이들의 말에도 일리는 있다. 적어도 몇몇 사람들에 한해서는 말이다. **문제는 이 극도의 만족감이 결코 오래 지속되지 않는다는 것이다.** 어떤 것을 새로 구입한 후, 사람들은 곧 또 다른 것을 구입해야 한다. 쇼핑은 오늘날의 전형적인 사회인들, 즉 잠시도 가만히 있지 못하는 사람들의 정서를 대변한다. 나

역시 내게 필요하지도 않은 물건을 구입하며 기뻐할 때가 있다.

동시에 우리는, 소비 행위가 지속적인 가치를 대리 만족한다는 것도 잘 알고 있다. 우리에게 더 깊고 더 오랜 만족감을 줄 수 있는 것들은 대부분 공짜이거나 돈을 거의 들이지 않고 얻을 수 있다. 그것들을 얻기 위해서는 돈이 아닌 오랜 시간과 경험, 또는 열정이 필요하다. 소비 행위는 많은 사람들에게 만족감을 줄 수 있지만, 좋은 삶 자체를 가져다주진 않는다. 더욱이 소비 사회와 환경 문제는 항상 서로 깊이 연관돼 있다는 것은 이미 잘 알려진 사실이다.

오늘날 대부분의 일들은 쏜살같이 우리를 스쳐간다. 1년 전의 상품과 패션은 이미 구식으로 취급된다. 텔레비전의 뉴스는 너무도 빨리 진행되어서, 뉴스가 끝난 후 한 시간이 지나면 대부분의 사람들은 뉴스 내용의 반 이상을 잊어버리곤 한다. 토크쇼, 시트콤, 드라마들은 번개처럼 빠른 속력으로 뒤를 이어 방송되며, 음식도 너무나 빨리 만들어져서 결국엔 소금과 설탕 맛밖에 나지 않을 정도다. 패키지 상품을 이용하면 주말에 남유럽 해변도 다녀올 수 있다. 사람들은 핸드폰을 이용해 약속을 정한다. 이들은 앞으로의 일을 차근차근 계획할 필요도 없다. 하지만 동시에 이들의 삶을 차지한 대부분의 일들은 이미 계획이 되어 있는 일이며, 우연과 융통성의 가능성은 줄어든 것도 사실이다.

　시간은 제대로 숨을 쉴 여유도 없이 여러 가지 일들로 빽빽하게 채워져 있다. 질은 양으로 대체된 지 오래다. 100여 년 전만 하더라도 사람들은 편지 한 장을 쓰기 위해 오전 시간 전부를 투자하곤 했다. 편지를 받는 사람들은 이것을 오래도록 간직했고, 그중 많은 편지는 문학적 가치가 높아서 후대에 엄청난 가치를 지닌 보물로 여겨지기도 한다. 오늘날에는 대부분의 의사소통이 전자적 방법을 통해 이루어진다. 바쁜 오전 시간이면, 많게는 40~50개의 이메일도 보낼 수 있다. 따라서 우리는 100여 년 전의 사람들 보다 40~50배는 더 바쁘게 산다고 해도 틀린 말은 아니다. 하지만 어느 쪽이 하고 싶은 말을 더 많이 할 수 있는지, 생각해보았는가?

　이것이 바로 소비사회의 문제점이다. 누가 누가 더 빨리, 더 높이 쌓아, 더 신속하게 창고에서 내어 가는 것만 생각하다 보니, 결국은 우리가 쌓고 있는 것이 무엇인지 잊어버릴 때가 많다.

당신을 행복하게 만드는 선택의 공통점

나의 어릴 적 친구 하나는, 똑같은 리바이스 청바지 세 벌과 줄무늬 티셔츠 열 벌, 그리고 얇은 회색 브이넥 스웨터 세 벌을 갖고 있다. 그는 매일 같은 옷을 입고 출근을 한다. 사람들은 그에게 왜 같은 옷을 고집하는지 물어보았다. 그의 동료와 지인들 중에선 이틀 이상 같은 옷을 입고 다니는 이가 거의 없다. 그는 매일 어떤 옷을 입을까 선택하는 시간에 다른 일에 신경을 더 쓸 수 있어 좋다며, 더 이상 자세한 대답은 하지 않기로 했다고 말했다. 이런저런 토론으로 길게 이어지는 걸 피하기 위해서였을 것이다. 내 기억에 의하면, 그는 자파^{Zappa}와 바르톡^{Bàrtok}의 음악을 즐겨 들었고, 카뮈와 도스토옙스키도 좋아했다. 뿐만 아니라 가끔 우리와 함께 저녁에 술 한잔도 마셨다. 현재 목수로 일하는 그는 자신의 이탈리아산 자전거를 정성스레 돌보며 뇌수술 전문가만큼 정교하게 수선도 하곤 한다. 그러고 보면, 이 세상의 더 많은 사람들이 이 친구처럼 살지 않는게 오히려 더 이상하다는 생각도 든다.

1800년대 중반의 서유럽 사람들에게는 어떤 선택의 자유가 있었는지 짚고 넘어가보자. 그 당시 사람들은 대다수가 농부나 어부, 또는 산업계에 종사하는 노동자였다. 적어도 한 집에 그런 사람이 최소 한 명은 있었다.

나는 그들이 매일 아침 어떤 옷을 입을까 선택하는 데 많은 시간을 들이지 않았다고 장담한다. 그들은 매일 어떤 채널에서 아침 뉴스를 볼지 고민하지 않아도 되었다. 덕분에 가족 간에 자주 볼 수 있는 소소한 말다툼을 쉽게 피할 수 있었으리라. 잠에서 덜 깬 아이들은 등교 전에 빵을 먹을지 콘플레이크를 먹을지 또는 요구르트나 사과를 먹을지 결정하지 않아도 되었다. 어른들도 마찬가지였다. 커피는 마셨겠지만, 그 커피가 네스카페인지 에스프레소인지 아니면 디카페인 커피인지 결정할 필요는 없었다. 아침 식사 후에도 상표와 관계없이 욕실에 있는 치약과 데오드란트를 사용했을 것이 틀림없다.

집을 나섰을 때도, 직장에 대중교통을 이용할지, 자가용을 이용할지 결정하느라 머뭇거리지 않아도 되었을 것이고, 가는 길에 잠시 멈추어 서서 커피 한 잔을 사 마실지, 간식을 하나 살지 또는 그냥 가게 앞을 지나칠지 선택하지 않아도 되었을 것이다. 버스 정류장이나 시내에서 광고에 마음을 빼앗겨 산만해질 이유도 없었을 테고, 어떤 음악을 들을지 혹은 차라리 음악을 안 들을지를 고민할 이유도 없었을 것이다. 저녁 식사로 무얼 먹을지 골치 아플 일도, 저녁때 무엇을 할지 고민할 일도 없었을 것이며, 급한 이메일이 있는지 확인하기 위해 퇴근을 한 후에도 컴퓨터를 켜는 일은 없었을 것이다.

배우자와 자식과 커리어처럼 더 크고 중요한 문제들에 대해서 오늘날의 우리와 비교해보면, 1800년대 사람들의 선택의 폭은 그다지 넓지 않았다. 대부분은 자연스럽게 물 흐르듯 이루어지지 않았을까. 예를 들어, 당시 사람들에게는 이혼이란 건 생각조차 할 수 없는 일이었다. 물론 배우자가 먼저 세상을 떠나는 일도 있었고 젊은 열정으로 연인과 함께 도피를 하는 일도 있었다. 적어도 제인 오스틴의 소설을 보면, 당시 어려운 선택을 내려야 할 곳에는 항상 사랑이 주요한 원인 제공을 하고 있었다.

그렇다면 그 당시 사람들은 세월이 흐르면 흐르는 대로 모든 것을 자연스럽게 받아들이는 대신, 진실로 삶에 의미를 부여해 주는 다른 무언가에 관심을 두었던 것일까? 그건 아닐 것이다. 1800년대서 유럽 사회에 살았던 사람들 대부분은, 지구상의 다른 곳의 사람들과 마찬가지로 고달프고 피곤하게 살았다. **하지만 더 큰 선택의 자유를 얻었다 해서 삶이 나아졌다는 말은 어디에서도 찾아볼 수 없다.** 적어도 선택의 외적 문제, 또는 당사자의 사고나 태도가 바뀌지 않은 한 말이다.

로버트 레인Robert Lane은 예일대 출신의 정치학자로, 평생의 대부분을 복지 정책에 대해 연구한 사람이다. 그는 은퇴 후 자신의 연구 결과를 책으로 출간했는데, 이 책에서는 왜 현대 사회 구성원의 대부분이 더 행복해질 수 없는가에 대한 내용을 다루고 있다. 핵심은 매우 간단하고 명백하다. 즉, 사람들 간의 동지애와 친근함은 계층과 신분이라는 외부적 요소보다 훨씬 중요하다는 것이다. 우리 사회는 필요 이상으로 돈과 신분의 상징, 그리고 권력 등에 집착하고 있는데, 이런 것들은 행복의 요소와는 거리가 멀다.

대부분의 사람들은 그의 결론에 동의할 것이라고 믿는다. 하지만 자신의 삶이나 이웃의 삶을 돌아볼 경우, 또는 유명한 일간지나 잡지에서 폭포처럼 쏟아내는 구인광고, 선전, 세상에 대한 개념 등을 접할 경우, 또는 미래의 우선적 정책에 대해 말하는 정치가들의 연설을 듣게 될 경우, 우리의 생각은 조금 달라질지도 모른다. 특히, 소득이 증가해도 사람들의 행복은 커지지 않는다는(최저 소득수준을 넘어선 중산층을 겨냥한 말이다) 여러 문서들을 보다보면, 레인과 같은 사람들이 풀어야 할 숙제가 있다는 것도 쉽게 느낄 수 있다. 음식과 옷을 구할 돈도 없고 아이들을 학교에 보내지도 못할 처지에 있다면 소득이 증가할 때 만족감도 이에 비례해서 함께 증가할 것이다. 하지만 레인이 내렸던 결론은 이런 사람들이 아니라, 국제 중산층을 바탕으로 한 것이다.

삶의 질과 만족도에 대해 책을 썼던 대부분의 작가들과 마찬가지로, 레인도 우파인지 좌파인지 한마디로 단정 짓기가 쉽지 않다. 우선, 그는 공산주의 사상을 지니고 있는 학자이다. 그는 가족과 소규모 사회의 결속을 안정과 소속감, 만족감의 원천으로 보았다. 빠른 속도로 증가하는 개인주의적이고 자기만족적인 경향을 비판하며, 구성원들끼리 서로 보듬고 감싸주는 결속된 사회가 필요하다고 주장했다. 그의 이런 관점을 유럽 정치계에 들여온다고 했을 때, 좌파적 견해 또는 우파적 견해라고 명백하게 단정하기는 어렵다. 하지만 그의 말이 어느 정도 그럴듯하게 들리는 건 사실이다. 노르웨이의 사회민주주의 노선을 대표하는 그로 할렘 브룬틀란Gro Harlem Brundtlando이 국무총리로 당선되었을 때, 그녀는 길거리에서 무슨 일이 벌어지고 있는지 매일 창을 통해 내려다보는 평범한 이웃 여자에게 찬사를 보내기도 했다. 그녀는 가난한 자들을 위한 공식적인 정부 지원이 제자리를 찾은 사회에서, 그 다음에 필요한 것은 바로 구성원들을 더욱 가까이 엮어주는 친근함과 결속감이라는 것을 잘 알고 있었다. 고전적인 사회민주주의 정책을 수용한 영국의 신新노동당 정책도 이와 비슷하다. 가난한 자들과 불행한 자들을 향한 이성적 배려와, 지역사회와 개인 단위의 가정에 선한 가치를 부여한다는 것이 바로 그들의 정책이다.

여기서, 주관적인 삶의 만족도에서 항상 놀라울 정도로 상위권을 차지하는 방글라데시를 예로 든다면 그 이유를 설명할 수 있을까? 방글라데시에는 가난한 자들과 부유한 자들 간의 차이가 비교적 적은 편이다. 적어도 대부분의 지역사회에서는 그렇다. 방글라데시의 가정은 거의 대부분이 대가족으로 이루어져 있으며, 그 구성원들은 매우 가까운 관계를 유지하고 있다. 따라서 기쁜 일이나 슬픈일이 생겼을 때, 이들에게는 항상 이를 함께 나눌 가족들이 옆에 있는 셈이다. 국민 대부분은 종교를 믿으며, 동시에 극단적인 권위나 독재 정치, 또는 극단적 근본주의에 입각한 정치와는 거리가 먼 나라에서 살아왔다. 그렇다고 해서 지금 가난을 찬양하는 것은 아니다. 하지만 가정마다 별장을 지니고 있고, 자동차는 물론 온갖 전기전자 제품들을 소유한 북유럽 국가 국민의 소득보다 실제적으로 몇 배는 낮은 소득 수준을 유지하고 있는 방글라데시 국민이 진실로 스스로 행복하다고 여기는 사실, 이 점을 우리는 다시 한 번 생각해보아야 하지 않을까. 도대체 우리가 잊고 있는 것은 무엇인가.

배리 슈바르츠 Barry Schwartz 가 쓴 꽤 유익하고 재미있는 책을 읽은 적이 있다. 《선택의 패러독스》라는 이 책에서는 선택의 자유가 증가할수록 사람들은 더 큰 절망감에 사로잡히게 된다고 말한다. 이 책을 읽는 동안, 나는 방글라데시를 떠올리지 않을 수 없었다. 그는 북아메리카 지역 사람들이 시간이 흐름에 따라 더 큰 선택의 자유를 누리게 됨과 동시에, 이들이 느끼는 전반적인 만족감은 줄어들었다고 했다. 선택의 가능성이 무수할 경우 사람들은 결정력의 마비를 경험하게 되거나, 가장 먼저 눈에 띄는 대안을 선택하게 된다. 또는, 선택을 내리기까지 엄청난 시간을 소비하고, 결과적으로 자신의 결정을 신뢰하지 못하게 되는 경우도 발생한다.

결론적으로, 적당한 시간 내에 적절한 선택의 자유를 경험하게 될 때 사람들은 만족감을 얻는다. 가게에 치약의 종류가 단 하나밖에 없을 때, 우리는 그 치약을 구입하면서 만족감을 얻는다. 적어도 누군가 우리 귀에 대고 세상 밖에는 더 많은 종류의 더 나은 치약을 파는 나라도 있다고 귓속말을 하지 않을 경우엔 말이다. 하지만 두세 개의 치약을 선택할 수 있는 자유가 있다면 우리는 더 만족하지 않을까. 서부 아프리카의 사헬 지역에 있는 한 레스토랑에는 메뉴에 단 두 가지 음식밖에 보이지 않는다. 야생동물고기와 곱창이 그것이다. 야생동물고기는 말 그대로 영양이나 고슴도치 또는 여러 가지 동물의 몸통을 요리한 것으로, 서유럽의 음식 문화권에서 생각조차 할 수 없을 정도로 역겨운 음식도 포함이 된다. 이런 메뉴를 제외하고선, 대부분의 사람들은 아예 선택의 자유가 없는 것보다는 조금의 자유가 있는 것이 훨씬 낫다고 생각할 것이다.

그런데 소득이 증가하고 대도시로 나가 산다고 했을 때, 우리는 갑자기 헤아릴 수도 없을 만큼의 서로 다른 치약들을 가게에서 만나게 된다. 소비 사회에 등장하는 또 다른 선택의 자유는 바로 투표로 이어지기도 한다. "더 많은 정당이 생겨날수록 더 나은 민주주의 사회가 이루어진다"가 표어로 등장하는 사회에서, 우리는 많게는 한 지역에서 무려 400여 명이나 선거에 출마하는 기괴한 현상까지 접할 때가 있다. 차치하고, 한 슈퍼마켓에서 진열대를 꽉 채우고 있는 서로 다른 치약들과 그 비슷한 상품들을 볼 때, 우리는 여기서 나만의 치약을 찾아내야만 한다. 하지만 마침내 선택의 결정을 내렸다 할지라도, 발길을 돌리는 순간 그 옆에 있던 치약이 더 낫지 않을까 하는 생각이 스친다. 소비자로서 내린 스스로의 선택에 왠지 모를 불만이 스멀스멀 고개를 들 때, 그 선택은 완벽한 것이라 할 수 없을 것이다. 전통적으로 대다수의 남성들은 옷차림에 관한 한 속수무책인 경우가 많다. 이런 부류의 남성들은 가끔 세상에 두 가지 대안만 존재한다면 얼마나 좋을까 하고 상상해보기도 할 것이다. 옷가게에 가서 푸른색이나 갈색 중 하나만 고를 수 있다면 얼마나 좋을까. 집에 갈색 옷이 있다면 선택은 더 쉬워진다. 더 이상 왈가왈부할 필요가 없을 테니까.

꽤 오래된 만화 시리즈 〈MAD〉에서 이러한 선택의 자유에 대해 묘사한 적이 있다. 한 남자가 담배 한 갑을 사기 위해 가게에 들렀다.

남자: 담배 한 갑 주세요.
점원: 필터가 있는 것으로 드릴까요, 없는 것으로 드릴까요?
남자: 필터 있는 것으로 주세요.
점원: 멘솔이 함유된 것으로 드릴까요, 그렇지 않은 것으로 드릴까요?
남자: 어…없는 것으로 주세요.
점원: 마일드를 원하세요, 아니면 일반 담배를 원하세요?
남자: 어…마일드로 주세요.
점원: 하드 포장을 원하세요, 일반 포장을 원하세요?
남자: 됐어요. 그냥 껌 한 통 주세요.

선택이라는 저주

선택의 자유가 우리에게 행복을 가져다준다는 생각은 일견 합리적으로 들린다. 여기서 우리는 철학자 아르네 요한 베틀레센Arne Johan Vetlesen이 제의하듯, 선택의 자유 대신 선택의 강제성에 대해서도 한번 생각해볼 필요가 있다. 정부의 공공 서비스 기관이 경쟁 입찰을 통해 사적 기관으로 넘어가는 추세에서, 국민은 소비자가 되어버리고, 실질적으로는 그다지 흥미롭지 않은 선택을 해야 할 경우도 발생한다. 전기공급 업체, 통신 회사, 학교와 병원 등을 선택할 때 잘못된 결정을 내릴 수도 있을 것이다. 이때 그 결과를 받아들여야 하는 것은 우리의 의무이고, 결정에 문제가 생겼다고 해도 그걸 책임져야 할 사람은 바로 우리 자신이다. 전에는 이러한 사항들을 선택할 필요가 없었다. 국민의 가정에 전기와 전화를 합리적이고 타당한 가격으로 제공하는 것은 국가와 사회의 의무였다. 유토피아적이라고 생각지 않는가? 글쎄. 내가 성장했던 1970년대의 노르웨이가 그러했다.

삶의 모든 면에서 선택의 자유를 최대한 누릴 수 있는 것이 무조건 더 나은 삶을 가져다주리라고 생각하는 사람은 없을 것이다. 만약 친구가 어려움에 처했다면, 선택의 여지 없이 우리는 그 친구를 발 벗고 도와주어야만 한다. 적어도 매번 못 본 척 등 돌릴 수는 없다. 결혼은 이론적으로 싱글의 처지에서 경험할 수 있을지도 모르는 수많은 성경험의 가능성에서 배제된다는 말이나 마찬가지다. 뿐만 아니라 본인과는 다른 의견을 지닌 배우자와 함께 삶의 크고 작은 도전과 문제를 해결해 나가야 한다.

역사를 통틀어 현대사회에서만큼 선택의 자유가 컸던 때는 없었다. 그런데도 삶의 만족도를 조사하는 한 연구에 의하면, 오늘날 미국과 영국의 국민은 1950~60년대의 사람들과 비교했을 때 만족도가 낮은 것으로 드러났다. 몇몇 지표에 의하면 만족감 저하는 급격히 이루어진 것으로 나타났다. 1980년대에 약물 오용이 크게 증가했다는 사실은 수많은 예 중의 하나에 불과하다. 향정신의약품인 프로작은 사람들의 기분을 좋게 만들어 주는 역할을 한다. 반면, 심리 이상으로 간주되는 ADHD나 우울증은 급격하게 증가했고, 동시에 사람들의 평균 수명과 선택의 자유도 함께 증가했다.

사람들은 작고 무의미한 선택을 쉴 새 없이 해나가는 동안 혼동과 우유부단함, 무정체성과 좌절감 등을 겪기 마련이다. 선택해야 한다는 의무감은 점점 커지고, 결국 이는 개인의 정체성에도 침투를 해서 혼란을 준다. 내가 누구인지도 확신할 수 없는 상태에서, 내일은 내가 아닌 다른 사람으로 살아갈지 모른다고 생각하게 될 수도 있다. 그렇게 된다면 마침내 우리는 스스로를 믿을 수 없는 지경까지 이를지도 모른다. 어쨌든, 우리는 더 많은 선택의 가능성을 접할수록, 더 많은 일들을 경험하지 못할 잠재적 가능성에 부딪히게 된다. 선택의 자유가 크면 클수록, 선택하지 못했던 것들의 양과 범위도 커지기 때문이다.

우리는 남녀를 막론하고 혼자 사는 사람들이 외로움을 더 많이 타고, 심지어는 더 불행해한다는 것을 잘 알고 있다. 연인이 생기면 이들은 이전과는 완전히 다른 사람으로 변한다. 당당함과 자신감을 자연스럽게 표출하고, 주변 사람에게 더 매력적으로 보이기도 한다. 하지만 이들은 얼마 가지 않아 다시 절망하게 된다. 헌신을 약속한 연인으로 인해, 혼자 살며 얻을 수 있었던 다른 여러 가지 가능성을 잃어버리게 되었다는 것을 직시하기 때문이다. 부모가 정해준 혼처를 두말없이 받아들여야 하거나 이혼이 매우 예외적인 일로 간주되는 그런 사회에서는 앞서 언급한 절망감을 부분적으로 피할 수는 있을 것이다(물론 이 경우 또 다른 문제가 발생하겠지만 말이다). 만약 이 세상에 단 한 종류의 자동차만 존재하고, 그 자동차를 구입하기 위해 10년 동안 기다렸다면, 마침내 그 차를 손에 넣었을 때의 기쁨이란 말로 다할 수 없을 것이다. 하지만 현실은 어떠한가. 자동차를 구입한 사람들은 다른 차를 선택할 수도 있었을 텐데 하는 찜찜함을 한동안 버리지 못한다.

배리 슈바르츠는 강요된 선택에 대해 주목할 만한 예를 언급했다. 그가 도시 외곽의 한적한 곳에서 살 때는 가게에서 어떤 비디오를 대여해 와도 그의 친구들은 만족했다. 그들은 대여점에 구비된 영화 비디오 종류가 그리 많지 않다는 것을 잘 알고 있었기 때문이었다. 하지만 그가 필라델피아로 이사를 가고 나니, 그 지역의 대여점에는 엄청나게 많은 종류의 비디오들이 구비되어 있었고, 그가 어떤 비디오를 빌려도 친구들은 만족하지 않았다. 심지어는 어렵게 찾아낸 유럽의 모호한 예술 영화조차도 성에 차지 않았다. 어떤 영화를 빌리든 간에 항상 더 나은 영화를 빌릴 수도 있었을 텐데 하는 심리가 그 바탕에 있었기 때문이리라.

이러한 강요된 선택은 결국 행위의 마비를 가져온다. 노르웨이의 작은 마을에서 콘서트나 강연회가 열리면, 거기는 항상 사람들로 꽉 찬다. 하지만 같은 콘서트나 강연회가 수도 오슬로에서 열릴 때면, 그곳을 찾는 군중이 얼마나 될지 장담을 할 수 없다. 텅 빌 때도 가끔 있으니까. 오슬로 시민들은 매일 저녁 도시 여기저기서 열리는 행사들에 익숙해져 있다. 이들이 선택할 수 있는 대안들은 끝이 없다. 따라서 이 것저것 재어보다가 결국 아무런 행사에도 참여하지 못하고 집에 있는 경우가 많다. 오슬로에서 행사가 열릴 때면 참석자 수는 때에 따라 8명에서 500명까지 매우 다양하다. 하지만 아렌달 같은 소도시에서 행사가 열린다고 하면 참석자 수는 항상 100여 명 선으로 예상할 수 있는 것이다. 더 나은 선택적 대안에 더 자주 노출될수록, 결국은 아무런 결정을 내리지 못하게 될 확률도 크다.

어쩌면 우울증의 증가와 프로작 같은 약물들의 일반적 중독은 앞에 언급한 현상과 관계가 있을지도 모른다. 소비 행위의 일시적 매력이 사라지면 우리가 느꼈던 순간적 만족감도 함께 사라진다. 더욱이 필요도 없는 물건을 구입했을 때나, 어떤 물건을 구입한 직후 같은 종류의 더 나은 물건을 발견했을 때는 더 그렇다. **선택의 자유는 순간적 만족감을 주지만, 장기적으로 보았을 때 우리에게 만족감을 주는 것은 사랑, 종교, 그리고 우정 같은 것들뿐이다.** 만약 이런 것들이 손 닿지 않는 곳에 있다면 삶의 진정한 만족감을 느끼기가 쉽지 않을 것이다.

한편, 선택의 자유는 환상에 불과한 것으로 여겨지기도 한다. 경제적 여건이 불충분할 경우, 가게에서나 여행지 소개 카탈로그를 볼 때 자유로운 선택을 내리기가 힘들다. 또

그저 그런 지루한 일을 직업으로 삼고 있는 사람들이나, 직장에서 요구하는 특별한 역할이 없는 사람들은 좀 더 마음에 드는 도전적인 일거리를 찾기가 쉽지 않다. 많은 사람들은 정작 중요한 선택을 내릴 수 있는 권리는 사라져 버렸다고 생각한다. 이를테면 컴퓨터의 색깔은 스스로 결정할 수 있지만 총체적인 정보사회에서 벗어나기란 거의 불가능하다. 또한 핸드폰의 벨소리는 직접 결정할 수 있지만, 핸드폰 없이 생활하는 것은 불가능하다고 여긴다. 즉, 대부분의 사람들에게 선택이라는 문제는 배보다 배꼽이 더 큰 경우로 인지된다.

요즘 세상에 사라지는 재능

몇 년 전, 다그 요한 헤우게루드 Dag Johan Haugerud는 선택의 강요 또는 제한적 횡포에 좌절과 절망을 분출하는 사람들의 이야기를 직접 쓰고 영화로 만들었다. 영화 속 남자 주인공은 학생 같기도 하고 예술가 같기도 한 신경질적인 젊은 청년으로 얀 군나르 로이제 Jan Gunnar Røise가 맡았던 것으로 기억한다. 그는 항상 타인의 선택에 자신은 희생양이 될 뿐이라는 생각으로 살고 있다. 그의 상대역을 맡은 헨리에테 스틴스트루프 Henriette Steenstrup는 28세의 나이에도 장차 무엇을 하며 살아야 할지 아무 생각도 없는 여인이다. 대학에서 사회학을 공부했지만 도서관에서 일을 하고 있고, 애인도 자식도 없다.

그녀는 우연히 벼룩시장에서 일본식 종이접기 책을 구입한다. 집에 돌아와 책을 보며 종이를 접어보고는, 자기가 종이접기에 타고난 재능이 있다는 걸 알게 된다. 얼마 지나지 않아 그녀는 책에서 가장 어렵다는 학과 용의 모형도 단번에 접어낼 수 있었다. 그날 저녁, 그녀는 매우 만족하고 행복한 마음으로 잠자리에 든다.

며칠 후, 그녀는 이런 자신의 경험을 친구 비르기테 라르센(Birgitte Larsen)에게 이야기한다. 항상 어떤 일이든 프로젝트로 만들어야 직성이 풀리는 이 친구는 그녀에게 종이접기에 대한 소규모 영화를 제작하라고 부추기며, 원한다면 자신도 얼마든지 도와 주겠다고 약속한다. 그러나 영화 제작은 수포로 돌아가고 대신 그녀는 종이접기에 대한 책을 쓰기로 결심한다. 글을 쓰기 위해 할부로 컴퓨터까지 구입하지만, 결국 한 줄도 제대로 쓰지 못하고 포기해버린다. 그녀는 종이접기에 타고난 재능을 가지고 있었으나 불행히도 자신의 재능을 재능으로 보아주지도 않는 그런 사회에서 살고 있었던 것이다.

나는 이 영화가 우리 사회를 직접적으로 고발하고 있다고 생각했다. **즉 우리가 살고 있는 사회는 선택의 자유를 지향하지만 실질적으로는 선택의 가능성을 제한하고 있으며, 사실상 사회적으로 용인되는 선택의 자유는 매우 한정되어 있다.** 중요한 결정을 내려야 할 때 스스로 선택 할 수 없는 경우가 있는가 하면, 중요한 선택을 내렸지만 주변 사회에서 그것을 격하하는 바람에 제대로 된 결과를 맛볼 수 없는 경우도 있다.

이상하게도 이러한 관점은, 행복을 주제로 한 미국의 주요 서적들에서는 거의 찾아볼 수가 없다. 성공하지 못한 이들은 선택의 자유를 누릴 수도 없거니와, 자신의 배경 때문에 큰돈을 벌 수 없고, 권력이나 명성도 손에 넣기가 힘들다. 이들은 현대의 이상적 사회에서 살고 있는 한, 자신의 불행을 그 누구의 책임으로도 돌릴 수 없다고 말한다. 이것이 바로 유럽식 아메리칸드림이었던가. 누구나 대통령이 될 수 있다는 말은 그 저변에 또 다른 의미도 포함하고 있다. 즉, 당신이 대통령이 되지 못했다는 사실은 어느 누구도 아닌 바로 당신에게 문제가 있다는 뜻이며, 결국 당신은 사회의 패자라는 말밖에 되지 않는다.

오슬로에서는 1980년대 초기까지만 해도 수천 명의 노동자들이 일자리를 지킬 수 있었다. 내 지인 한 명은 비슬렛Bislett의 맥주 공장에서 양조 탱크를 정화하는 일을 하고 있었다. 그를 만나러 그곳에 몇 번 들른 적이 있다. 공장 앞마당에선 부산하게 움직이며 일하는 사람들로 가득했고, 지게차들은 트럭과 트럭 사이로 맥주 실은 상자들을 날랐으며, 회수된 빈 병들은 한데 모여 정리되었다. 이런 일을 하던 노동자들은 대부분 건장한 체격을 지니고 있었고, 입가에는 마치 장식처럼 항상 담배 한 개비가 매달려 있었다. 그들의 점퍼 주머니에는 맥주 한 병쯤은 들어 있지 않았을까. 어쨌든 그들이 했던 일은 사회적으로 매우 유용했다. 그뿐만 아니라 그들은 매우 자립적이었으며, 주변인들로부터 각자의 방식으로 존중을 받기도 했다. 오늘날, 그 자리에 있던 맥주 공장은 사라지고 없다. 공장 건물은 세미나실과 사무실, 대학 식당으로 변해버렸다. 건물 안에선 호리호리하고 진지한 남녀들이 다문화적 이해 또는 간호학에 대한 강의를 진행하고 있다.

이러한 변화는 임금 수준이 개인의 가치를 결정하는 사회 속에서 승자와 패자를 양산한다. 노르웨이 전체 노동인구 중에서 실직자로 공식 등록되지 않은 실직자들은 수십만 명이다. 이들 대부분은 지난 시대, 즉 육체노동자들을 업신여기지 않았던 당시엔 활발하게 일했던 사람일 것이다. 오슬로에서는 지난 10여 년 사이 수천 명의 육체노동자들이 자취를 감추었다. 반면, 정보 부문 업계에서는 그와 비슷한 수의 일자리가 새롭게 생겨났다. 능력 있는 육체노동자가 모두 능력 있는 정보 컨설턴트로 변할 수는 없는 법이다. 따라서 이 말은, 이전에는 사회에서 진정으로 그 필요와 가치를 인정받았던 노동자들이 현재는 국가 연금으로 생계를 꾸려가고 있다는 말로 해석할 수밖에 없다.

국제 중산층의 부는 해를 거듭할수록 더 많이 축적되어, 이제는 수천 명의 실직자들을 먹여 살릴 수 있을 정도가 되었다. 그들에게 일자리를 구해주는 것보다는 차라리 생계를 뒷바라지하는 편이 비용이 훨씬 적게 드는 상황이 되어버린 것이다. 전 유럽이 음식 생산까지 산업화해 버린 데다 공산품들은 대부분 중국에서 만들어지고, 집을 짓고 수리하는 일은 저임금 동유럽 노동자들의 차지가 되어버린 탓에, 노르웨이 국민은 설 자리를 찾지 못하고 있다.

노르웨이의 경우, 적성에 맞지 않는 일을 하고 있거나 직장에서 자신의 재능을 필요로 하지 않는다는 생각이 들면, 자리를 박차고 나와 국가연금으로 생계를 꾸려나갈 수 있다. 그러면 적어도 음식과 옷, 몸 누일 집 한 채는 문제없이 마련할 수 있을 것이고, 운이 좋을 경우 조금의 용돈도 챙길 수 있을 것이다. 하지만 국가에서는 이들에게 기쁨과 만족감을 줄 도전적인 일자리를 제공하진 못하고 있다. 그렇다면 이들은 자신이 어디에도 쓸모없다는 생각과 함께 가난에서도 벗어나지 못할 것이다. 아무리 세계 최고의 복지국가라 하더라도 연금만으로는 넉넉한 생활을 할 수 없기 때문이다.

1966년에는 약 36퍼센트의 미국인들이 자신이 무슨 말을 하건 사회에 영향을 미치지 못한다고 생각했다. 그로부터 20년이 지난 후, 같은 생각을 하는 미국인들은 60퍼센트로 늘어났다.

영화 속의 종이접기 여인은, 이 나라에 살고 있는 수천 명의 사람들과 마찬가지로, 사회에서 인정해 주지 않는 재능을 지닌 사람이었다. 지난 시대에는 구두 수선공, 재봉사, 신문팔이, 뱃사공 등 오늘날 잘 모르는 사람들도 있을 직업인들이 수도 없이 많았다. 자기 직업에 자존심과 긍지를 지니고 있던 사람들이었다. 게다가 그 시대에는 비록 이렇다 할 직업이 없어도 전체 사회의 생태계를 유지하는데 자신만의 중요한 역할을 하는 사람들이 많았다.

항상 남의 집 잔디가 더 푸르러 보인다고 했다. 우리에게 주어진 선택할 수 있는 대안이 많으면 많을수록, 선택하지 못하고 지나쳐버리는 것도 많아지기 마련이다. 가능성 앞에서도 시간이 부족해 지나쳐버리는 것보다 더 절망적인 것은, 제대로 한번 시도할 기회도 얻지 못한 채 선택의 대안들이 눈앞에서 사라지는 것을 목격하는 것이다. 진정으로 정의로운 사회라면, 종이접기 여인(구두 수선공, 재봉사 등도 마찬가지다)도 떳떳하게 자리를 얻을 수 있어야 한다. 이 직업들이 저마다의 방법으로 사회에 도움을 주고, 각자의 가치를 지니고 있다는 사실에는 모두 동의하리라 믿는다. **좋은 사회는 모든 이들의 재능을 공평하고 균등하게 이용할 수 있는 사회다.** 특별한 재능이 없어 인간미만 제공할 수 있는 사람들도 자기 자리를 떳떳하게 차지할 수 있는 사회가 좋은 사회다. 서로 간의 신뢰가 선택의 자유보다 더 중요하다는 사실이 일반화되어야 한다.

원하는 물건을 언제든지 구할 수 있도록 이베이에 쌓아두는 사회보다 서로의 재능을 믿어주고 활용할 기회를 나눠

주는 사회가 진정으로 좋은 사회다. 예수가 '거기 가면 다른 가게보다 훨씬 싸게 물건을 구할 수 있다'라며 말하진 않았을 것이다. 무함마드가 신형 자동차 광고에 등장할 리도 없다. 적어도 물질적 가치가 인간 삶의 본질이 될 수는 없다는 뜻이다.

앞서도 언급했듯, 물질적으로 가난하기 짝이 없는 방글라데시 국민은 아주 높은 '주관적 행복감'을 기록했다. 방글라데시 국민의 대다수는 신을 믿지만, 죽은 후 지옥 불에 던져지거나 살아생전 주술이나 마법에 시달릴지도 모른다는 생각은 하지 않는다. 다시 말해 그들은 신이 자신들의 삶에 저마다의 가치를 부여했다고 믿으며, 동시에 자신들의 삶은 먼지처럼 미약한 것일지도 모르나 적어도 어떤 목표를 향해 움직이고 있다는 생각을 지니고 있다. 이런 생각을 지닌 종교인들은 인터넷과 자동차를 소유하지 못한 무신론자보다 더 행복한 생활을 할 수 있으리라 확신한다.

당신이 아는 쾌락은 틀렸다

　대부분의 종교 사상가와 철학자들이 후세의 영예와 존중을 받을 충분한 가치를 지니고 있다고는 하나, 역사를 들추어보면 부랑자 취급을 받은 철학가들도 찾아볼 수 있다. 그중 한 사람이 바로 기원전 300년경에 살았던 철학자 에피쿠로스이다. 오늘날 식도락가 또는 미식가의 의미가 있는 단어 에피큐어Epicure는 바로 이 철학자의 이름에서 유래한 것이다. 에피큐어라는 단어에는 쾌락을 위해 사는 사람이라는 뜻도 포함되어 있다. 그다지 높은 가치를 내포하고 있는 것 같진 않다. 특히, 가지고 있던 빵을 다 먹어야 새 빵의 봉지를 여는 까닭에 항상 갓 구운 신선한 빵을 맛보기가 어려운 프로테스탄트 북유럽 사회에 사는 사람들에게는 더욱 그렇다.

　항상 도시락을 싸서 다니고, 크로스컨트리 스키로 숲을 가로지르고, 간유(물고기에서 뽑아낸 지방유)를 매일 먹는 프로테스탄트적 노르웨이 사회에선 에피큐어적 삶을 얕잡아 보는 경향도 없지 않다. 장담하는데, 에피큐어라는 단어를 들으면 반나체의 사람들이 그리스의 올리브 숲을 뛰어다니는 그림을 떠올리는 사람도 많을 것이다. 젊고 아름다운 여인들이, 해먹에 드러누운 땅딸한 남자의 반쯤 벌린 입 위로 포도송이를 드리우는 그림을 떠올리는 사람도 있을 것이다. 이것은 에피큐어라는 단어를 순진하게 해석한 몇몇 예에 불과할 뿐이다.

에피쿠로스는 역사 속에서 가장 오해를 많이 받은 철학자라고도 할 수 있다. 동시대의 언론이 그의 뜻과 명성을 왜곡했기 때문이다. 하지만 사실 에피쿠로스는 프로테스탄트적 삶을 사는 사람들과 유사한 점을 더 많이 지니고 있었다.

에피쿠로스는 에게 해의 사모스 섬에서 성장했다. 물론 그는 당시 2300년 후 전 세계의 에피큐어들이 바로 그 장소에 몰려가서 휴가를 즐기리라고는 상상도 못 했을 것이다. 그가 살았던 때는 아테네 도시국가 내에 시민전쟁과 독재정치가 난무해 상당히 어지러운 시대였다. 그럼에도 에피쿠로스는 낙천적인 생활을 했다. 그는 학교를 짓고, 훗날 집합적 삶을 영위할 수 있는 공유주택지로 발전시켰다. 사람들은 이곳에 모여 마치 단체 스포츠 훈련을 하듯 함께 더 나은 삶을 살기 위한 철학을 했다. 에피쿠로스의 정원에는 남녀는 물론 자유인과 노예들도 함께 모여 생활했으며, 부자들은 가난한 자들을 후원해주었다. 이렇게 따진다면 에피쿠로스는 칼 마르크스나 테레사 수녀의 정신적 선조 또는 개척자라고도 할 수 있지 않을까.

당시에도 소문의 발은 빨랐다. 소문에 의하면 에피쿠로스가 영위했던 일종의 공동주택지에서는 남녀 구분 없이 함께 살았고, 그들은 향유와 즐거움이 존재의 목적이라는 철학을 옹호했다. 우리는 그가 진실로 옹호했던 철학적 관점이 무엇인지 제대로 알 필요가 있다. 에피쿠로스는 행복한 사람은 신에 대한 진실을 이해하는 사람이라고 했다. 즉, 신은 인간의 행복이나 불행에 관여하지 않는다는 것을 이해해야 인간은 비로소 행복해질 수 있다고 말했다. 그는 죽음을 두려워하지도 않았고, 쾌락과 향유, 절제와 중용, 그리고 꾸미지 않은 소박함을 사랑했다.

그렇다면 에피쿠로스가 의미했던 쾌락과 즐김이란 무엇인가. 그는 가능한 한 더 많은 물건들을 손에 넣으며 이를 즐기는 것은 쾌락이 아니라고 했다. 쾌락이란, 헛된 필요성과 욕심을 제쳐두고 삶 그 자체를 즐길 수 있을 때 비로소 얻을 수 있는 것이라 했다. 또한 사치와 호화로운 삶에 더 이상 연연하지 않을 때 얻을 수 있는 내면의 안정을 쾌락이라고도 했다. 가진 것이 없으면 없는 대로 삶을 영위하고, 가끔 풍요로움을 경험할 수 있다면 오히려 그 기쁨은 더 커질 것이다.

여기서 우리는 그의 철학적 사상이 이미 잘 알려진 동서양 곳곳의 철학과 비슷하다는 것을 알 수 있다. 또한 그가 무책임한 쾌락주의자가 아니라 오히려 작은 쌀밥 한 공기를 앞에 둔 산중의 스님과 더 비슷하다는 것도 알 수 있다. 에피쿠로스의 왜곡된 이미지는 그가 거짓 소문에 발 빠르게 대처해 이를 바로잡지 않았기 때문이었다. 하지만 불행 중 다행일까, 그에 대한 왜곡된 이미지는 그가 세상을 떠난 후 퍼지기 시작했다. 그 첫 진원지는 에피쿠로스의 제자였던 티모크라테스였다. 그는 에피쿠로스가 너무 많이 먹어서 적어도 하루에 두 번은 구토했다고 말했으며, 에피쿠로스가 욕을 입에 달고 다니는 욕쟁이 철학자라고도 했다. 그로부터 몇백 년 후, 철학 사가이자 전기 작가인 디오게네스 라에르티오스는 에피쿠로스가 성적 쾌락을 추구했다는 소문을 진실 여부도 확인하지 않은 채 전기에 씀으로써 에피쿠로스의 운명을 결정지어버렸다. 디오게네스는 훗날 그것이 허위 소문이라고 인정했지만, 이미 벌어진 일을 돌이킬 수는 없었다. 따라서 역사서에 등장하는 에피쿠로스의 이미지는 여자와 와인, 음악에만 관심을 두었던 호색가로 굳어버렸다. 실제 에피쿠로스의 이미지는 칼뱅이나 스피노자, 루소와 더 가까웠는데 말이다.

　에피쿠로스 같은 철학가에게서 우리는 선택의 대안들을 아예 제쳐둘 수도 있다는 것을 배운다. 실제로도 우리는 수많은 선택 가능한 사항들을 의식적이든 무의식적이든 제쳐

두거나 생략하며 살고 있다. 내 경우, 가게에서 우유를 구입할 때 우유의 종류나 상표에는 전혀 신경을 쓰지 않는다. 영국의 프리미어 리그 대신 독일의 분데스리가를 응원할 생각도 해본 적이 없다. 이런 여러 가지 대안들을 떠올리며 고민해 본 적도 당연히 없다. 그리고 바이올린을 배울 생각은 단 한 번도 해본 적이 없다(이웃들은 내 깽깽이 소리를 듣지 않아도 되니 얼마나 행복한가).

그런데도 국제 중산층에 속하는 수백만의 사람들은 개인적인 성공의 희생양으로 살아가고 있다. 시간을 보낼 수 있는 일들은 너무도 많아서 이젠 오랜 시간을 들여 무엇을 제대로 해볼 기회도 없어졌다. **오스카 와일드의 말처럼 우리는 "모든 것의 가격은 알고 있지만 그 가치는 모르는" 세상에서 살고 있는 것이다.** 우리의 풍요로운 삶은 이제 한계점에 다다라, 더 적은 것이 더 많은 것이라는 말의 진정한 의미를 드러내놓고 거부할 사람은 거의 없을 것이다. 이제 더이상, 양이 삶의 질을 높여주는 것이 아닌 시대에 접어들었다. 아이팟, 자동차, DVD, 치약, 여행지, 북클럽 도서들, 라디오에서 흘러나오는 음악들, 학교 수업 과목들, 인터넷 사이트들…. 노르웨이 사람들은 한 해 평균 13킬로그램의 옷을 버린다고 한다. 옷가게에서 선택의 자유가 너무나 커져서 옷장 크기가 이것을 따라가지 못한다. 어쩌면 우리는 빅 배드 울프 패러독스의 시대를 지나 미다스^{Midas} 패러독스의 시대로 접어든 것일지도 모른다.

대부분의 문화권에서는 부가 몰락의 근원으로 작용한다는 전설이 구전되고 있다(이것은 오늘날에도 마찬가지다. 아이들은 이와 비슷한 이야기를, 심지어는 디즈니 영화를 통해서도 접할 수 있으니까). 누구나 미다스 왕의 이야기를 들어본 적이 있을 것이다. 그는 기원전 800년경에 실제로 존재했던 사람이나, 그에 관한 전설은 역사 속의 미다스와는 조금 다르게 전해진다. 전설 속의 미다스 왕은 황금에 눈이 멀어 디오니소스 신에게 자기가 손을 대는 것은 무엇이든 황금으로 변하게 해달라고 애원했다. 신은 그의 간청을 들어주었고, 미다스가 손을 대는 것은 무엇이든 황금으로 변하게 되었다. 그는 처음에는 기뻐해 마지않았으나, 음식과 딸마저도 황금으로 변해버리자 좌절한다. 다시 디오니소스를 찾아간 미다스는 그의 간청을 없었던 것으로 해달라고 부탁했고, 신은 이번에도 역시 그의 말을 들어주었다. 마법의 손에서 벗어난 미다스는 한적한 시골로 옮겨 가 피리 음악에 묻혀 살았다.

이 이야기의 도덕적인 주제는 매우 간단하다. 지금이라도 피리 음악에 묻혀 사는 건 늦지 않았다는 말이다. 설사 몇 대의 헬리콥터를 소유하고 있다 하더라도, 이 헬리콥터는 하룻밤의 베토벤 피아노 콘서트와는 비교할 수 없다는 것도 알아야 한다. 이젠 삶에서 만족감을 얻는데 풍요로움과 부가 더 이상 중요한 역할을 하지 않는 한계점에 도달했다. 우리는 이미 오래전에 이 사실을 알고 있었다. 그런데도 지금까지 알면서도 모른 척해왔다는 사실은 수수께끼가 아닐 수 없다.

4
경쟁이 있어야 행복한 이유

"세상에서 가장 중요한 것은 돈으로 살 수 없다"라고 말한다. 단순히 그냥 하는 말이 아니라 진심으로 옳은 말이다. 왜냐하면 진짜 중요한 것은 돈 외에 다른 대가를 추가로 주어야 얻을 수 있기 때문이다.

성공을 바라보는 두 가지 관점

노자는 "소유물이 세 가지 이상이 되면, 그것들이 당신을 소유하게 된다"라고 말했다. 좋은 말이긴 하지만, 생각이 좀 짧았다는 느낌이 들지 않는가. 아시아의 종교가 금욕주의와 관계가 깊다는 건 이미 잘 알려진 사실이다. 사람들에겐 승복, 밥공기, 그리고 지팡이 하나만 있으면 된다는 생각. 하지만 밥공기를 채우기 위해선 낫과 쟁기, 그리고 한두 마리 정도의 황소가 있어야 한다. 승복을 만들기 위해 필요한 도구도 적지 않다. 따라서 현자의 금언을 문자 그대로 받아들이긴 힘들다. 동시에 우리는 물건이 우리를 행복하게 만들어주지 않는다는 것을 잘 알고 있다. 그런데도 우리는 물건에 구속되어 살아가고 있다. 한번 곰곰이 생각해봐야 할 문제이다.

답은 간단하다. 우리는 항상 타인과 스스로를 비교하고, 타인보다 가진 것이 적거나 더 단순한 것을 가지고 있을 때 불행해지는 경향이 있다. 오늘 퇴근길에 전철역에서 내려 집을 향해 걸어오다가, 커다랗고 값비싼 자동차 한 대를 보았다. 차에 대해선 지금까지 관심을 쏟지 않았는데 그 차를 보고 있자니, 저런 차를 구입한 차주는 분명 '삶은 살아볼 만한 가치가 있는 것'이라 생각하며 행복해하고 있을 거라는 생각이 스쳤다. 그는 틀림없이 자기 차와 비슷한 종류의 차를 소유한 이웃, 또는 자기 차보다 값싼 차를 소유한 이웃을 대상으로 비교하고 있을 것이다. 값비싼 고급 자동차를 소유하고 있다는 사실은 겉으로 내보일 수 있는 성공의 상징으로 작용할 것이다. 설령 그가 얼마 전에 이혼을 겪고 슬퍼하고 있는 코카인 중독자라 하더라도, 주변인들은 고급 자동차 속에 앉아 있는 그를 바라보며 그가 행복하리라 미루어 짐작해 버린다. 어쨌든, 차주가 주변인들의 부러운 시선을 의식하며 아기 돼지를 잡기 위해 새로운 함정을 고안한 늑대처럼 기분이 좋아지는 건 당연한 일이다.

이게 문제가 될 일은 아니지 않은가? 우리는 타인과의 비교를 통해 자아상의 발전을 이룰 수 있다. 다른 이들과 비교를 전혀 하지 않는 사람들은 극단적으로 비사교적인 사람들밖에 없다. 그런데도 우리는 길에서 거대하고 값비싼 자동차를 보게 되면 기분이 이상해진다. 도대체 이 동네에 왜 저런 차가 필요한 걸까? 평범한 국산 자동차 정도 되면 딱 알맞을 텐데 하는 생각도 스친다. **이런 생각이 드는 까닭은 우리 내면에 숨어 있던 획일화 또는 동등화 본능이 고개를 들기 때**

문이다. 이런 본능은 수천 년 동안 사냥을 바탕으로 공동생활을 해오면서 '따로' 보다는 '함께'가 더 중요하다는 인식을 바탕으로 생겨난 것인지도 모른다. 아니, 어쩌면 모두가 가급적 비슷해야 한다는, 북유럽의 얀테법^{Jantelagen}('당신이 특별하다거나 우리보다 더 나은 사람이라는 생각은 하지 말아야 한다' 라는 내용을 바탕으로 북유럽인들 사이에 불문율처럼 퍼져 있다. 특히 농부들 중심의 사회에서 한동안 계율처럼 지켜지기도 했다.- 옮긴이) 때문은 아닐까.

언젠가 스톡홀름을 방문했다가 "승자인지 패자인지는 죽는 순간에 알 수 있다. 죽을 때 수중에 가진 것이 가장 많은 사람이 승자다"라는 글귀가 적힌 티셔츠를 본 적이 있다. 이것은 신분 상승을 추구하는 이들을 향한 씁쓸한 말이기도 하다. 미국에는 트로피 와이프$^{trophy\ wife}$라는 말도 있다. 돈과 권력을 지닌 남자와 결혼한, 젊고 아름다운 여성을 가리키는 말이다. 많은 사람들이 이런 커플을 보면 눈살을 찌푸리곤 한다. 그런데도 덥석 결혼을 해버리는 여자들이 끊임없이 생겨나는 것은 무엇 때문일까. 신분 상승을 추구하는 행위는 고질적이고 만성적이다. 바꿔 말하자면, 우리는 신분 상승을 추구하는 이 병에서 절대 벗어날 수가 없다. 인간들은 항상 무리 중에서 최고가 되기를 원해왔기 때문이다. 이 경쟁의식은 외부적 억압이나 강제(예: 공산주의식 독재정치), 또는 민주적인 투표(예: 사회민주주의 노선을 지향하는 사회)에 의해 어느 정도 줄일 수 있지만, 완전히 없앨 수는 없다.

그런데 누가 신분과 명예를 반드시 부정적인 것이라 말할 수 있단 말인가? 살아가면서 무언가 이루고 싶어 하고, 무언가에 열정을 보이고, 또 기회를 잡아 쥐는 것이 뭐가 나쁘단 말인가? 동등과 평등을 갈구하는 행위는 결속애과 동질감을 이루는 데 필수적인 요소처럼 보인다. 하지만 이것은 원동력을 파괴하는 요소로 작용할 수도 있다. 모든 평등한 사회와 문화권에서는 신분 상승을 위해 노력하는 자들을 끌어내리는 경향이 보인다. 누군가 지위 상승을 하면, 그렇지 못한 이들은 자연히 씁쓸한 기분을 느끼기 마련이다.

내게 익숙한 오슬로의 대학생 문화권을 예로 들어보자. 이 사회에서는 전공 학위를 제때 취득한 사람들을 진심으로 기뻐해 주는 사람들이 극히 적다. 이 사회에서 가장 인기가 많은 그룹은 소위 '영원한 학생' 들인데, 이들은 전공 학위를 따는 데 평균 5년 이상의 시간을 소비한다. 이들은 무리 중에서 천재로 통하곤 한다. 즉, 이들이 준비하고 있는 논문은 너무도 복잡하고 시대적으로 앞선 것이어서 머릿속에 있는 말을 제대로 표현하기가 쉽지 않다는 생각이 그 저변에 깔려 있다. 반면, 논문을 신속하게 쓰고 학위를 제때 취득한 학생들은 다른 학생들로부터 지식의 수준이 얄팍하다는 평가를 받곤 한다. 이 환경에서는 늑장 논문과 늑장 학위 취득은 자신의 천재성 때문이라는 은근하고도 미묘한 이유와 함께, 연애나 가정 문제 같은 개인적 이유라는 생각도 함께 등장한다. 어떤 이들은 만성 요통, 감기, 두통 등을 이유로 내세우기도 한다. 이런 학생들은 대부분 엄청난 이론 서적들을 읽지만 정작 그 이론들을 자신의 연구 과제에 제대로 적용하는 데에는 실패한 이들이다.

교수들은 학생들의 이런 핑계들을 정당한 것이라 받아들이기 마련이고, 또래 학생들은 핑계의 주인들에게 안타깝다는 시선과 함께 기운을 북돋기 위한 갖가지 후원을 제공한다. 때문에 학위 취득을 미루지 않고 제때 해낸 학생들은 분위기를 망친 말썽꾼 정도로 취급되는 동시에, 학위 취득을 미루는 학생들에게 은근히 적대적 감정을 일으키는 요소로 전락해 버린다.

이러한 사회적 역학은 노르웨이의 고전적인 사회주의적 사상과 연관이 있다. 스베레 뤼스고르$^{\text{Sverre Lysgaard}}$는 한 산업체를 대상으로 현장 연구를 한 다음 《노동자 집합$^{\text{Arbeider kollektivet}}$》이라는 책을 출간했다. 이 산업체에서는 각 노동자들이 동등한 근무 시간을 지킬 수 있도록 서로 조종하는 역할을 하고 있었다. 즉 어느 누구도 초과 근무 또는 미달 근무를 하지 않도록 일종의 감시 체계를 유지했다. 만약 어떤 사람이 초과 근무를 하게 될 경우, 상급자들은 이 초과 근무자에게 당연히 그만큼의 성과를 요구하게 된다. 반면 어떤 사람이 정식 근무 시간을 채우지 못했을 경우엔 동료들이 그 시간을 대신 채워주어야만 했다. 이 노동자 집합에서는 동료애 또는 동지애가 초과와 미달 사이의 균형을 잡는 바탕으로 작용한다. 이 사회가 요구하는 것은 그리 많지도 않고, 까다롭지도 않다. 따라서 대부분의 구성원들은 시간이 흘러감에 따라 서서히 규율에 적응하기 마련이다.

카리브 제도의 한 조그마한 섬에서도 얀테법을 볼 수 있다. 학술서에서는 이 현상을 '게의 방해'라고도 하는데, 그 뜻은 아주 간단하다. 양동이 바닥에 물을 조금 채워 넣고 게를 여러 마리 넣어두면, 게들은 밖으로 나오려고 미끈미끈한 양동이 안쪽 벽을 타고 필사적으로 기어오른다. 마침내 한 마리가 거의 양동이 가장자리까지 올라왔을 때, 밑에 있던 다른 게가 그 등에 타고 올라 앞선 게를 밑으로 끌어내린다. 그래서 결과적으로 양동이를 벗어나는 게는 한 마리도 없다. 카리브 제도의 한 작은 섬에선 몇몇 청년들이 술집 앞에 모여 하루 대부분의 시간을 보낸다. 주머니에 돈을 넉넉하게 가진 이는 아무도 없다. 이들은 그저 아는 사람 중에 돈을 좀 가진 이가 나타나 술을 사주기만을 바라고 있다. 이런 집단적 압력은 매우 세다. 낚시로 잡은 생선을 팔거나 아르바이트를 해서 조금이라도 돈을 번 청년들은 이 집단적 압력에서 벗어나기가 거의 불가능하다. 이 사회에서 가장 중요하게 여겨지는 미덕은 바로 우정이요 동지애이기 때문에, 이를 거부하게 되면 어떤 대가를 치러야 할지 모두 잘 알고 있다. 가정을 책임진 성인 남자가 월급의 일부를 아내에게 주는 것은 일반적인 일이다. 그래야 아내들은 음식을 장만하고 아이들에게 옷을 사줄 수 있으니까. 젊은 애인에게 돈을 왕창 쓰는 것도 용인이 된다. 하지만, 이 때문에 무리에 속한 다른 성인 남자들과 맥주 한잔도 나눌 수 없다면 그는 얼마 가지 않아 따돌림을 당하게 된다.

따라서 무리에서 벗어나 개인적인 성공을 이루려는 사람들은 사회적으로 스스로를 고립시킬 수밖에 없다. 나는 이런 사회 속에서 성공하기 위해 고립을 자처한 사람들을 몇 명 알고 있다. 그 중 한 사람은 바칼로레아^{Baccalauréa}(프랑스 대입 자격 시험-옮긴이)에 합격해 경찰대학 1학년에 재학 중인 청년이다. 그는 새벽같이 일어나 버스를 타고 학교에 갔고, 수업을 마치면 다른 곳에 들르지 않고 곧장 집으로 돌아왔다. 때문에 그 도시 내에선 자신만의 네트워크를 형성하기가 힘들었고 대부분의 시간을 홀로 보냈다. 또 다른 이는 오랫동안 저축을 해서 융자 없이 집을 지을 수 있었다. 술집 앞에서 얼쩡거리던 청년들과 어울려 시간을 보낼 때도 있었지만, 자주 있는 일은 아니었다. 그가 술집을 찾지 않는 날이면 그 앞에 무리 지어 있던 청년들은 수군거리곤 했다. 그는 필요 이상으로 진지한 사람이며 성공을 위해선 물불을 가리지 않는 사람이라는 말도 들어야 했다.

미국 같은 경쟁 사회에서는 일반적으로 '뾰족한 팔꿈치'가(자신의 목적을 위해 기꺼이 타인을 희생시키는 태도를 일컫는 말―옮긴이) 용인된다. 사람들은 경쟁에서 앞서 나가기 위해 이런 것들을 이용하는 사람들에게 야심만만하다는 말을 한다(세상에 '패자'라는 단어를 퍼뜨린 나라도 바로 미국이라는 것을 우린 잊지 말아야 한다). 카리브 제도 중에서도 좀 큰 섬인 트리니다드의 도시 중심에서는 사람들 사이에 이와 같은 태도가 매우 일반적이다. 그곳에서는 인구의 반 이상이 세계적으로 유명한 사람이 되고 싶어 하는 야심을 지니고 있다. 반면에 다른 섬에서는 목표를 높게 잡으면 잡을수록 등 뒤에서 수군거리는 입을 더 많이 만나게 된다.

이 두 가지 상반된 상황은 저마다 그 가치를 지니고 있다. 이들 두 개의 서로 다른 사회 형태, 즉 군중에서 긍정적으로 벗어나기를 원하는 사람들이 더 많은 사회와, 구성원 사이에 최대한 동등함을 유지하려는 사회는 각기 장단점을 지니고 있다. 하지만 이들 두 사회를 어떤 방식으로 잘 섞어야 '가능한 한 많은 이들에게 가능한 더 큰 행복을 부여' 해주는 사회가 될지, 뚜렷한 해답을 찾기는 쉽지 않다.

안정 vs 도전

스테인 브로텐Stein Bråten과 같은 사회학자들은 세상에 갓 태어난 아기는 자기중심적인 성향보다 타인 중심적인 성향을 더 강하게 보인다고 했다. 즉 갓난아기들은 태어나자마자 주변인들과 소통을 하는 데 큰 관심을 보인다. 이것은 상호 간의 갈등이라기보다는 음양의 원리가 더 크게 작용한 것이 아닐까. 믿을 사람이 아무도 없거나, 아무도 자기를 믿어주지 않는다면 우리 인간은 살아갈 희망을 잃어버리게 된다.

값비싼 고급 자동차를 소유한 남자에게 그럴 만한 이유가 있다고 이해한다면, 즉 그에겐 사회적 고립을 감수하고서라도 주변인들과 다르게 보이고 싶은 너무도 인간적인 이유가 있다는 것을 우리가 이해하고 받아들인다고 한다면, 우리는 비싼 자동차를 소유한 사람도 있고 값싼 자동차를 소유한 사람도 있는 세상에서 살고 있다는 사실 역시 일반적으로 이해해야 하지 않을까. 여기서 지적으로 도전적이고 정치적으로 중요한 질문은 이런 인간의 일반적 특성이 어떤 방식으로 변화해 왔느냐 하는 것이며, 동시에 상반된 욕구가 어떻게 서로 맞물려 발전해 왔느냐 하는 것이다. 우리는 가끔 아이들에게 "세상에서 가장 중요한 것은 돈으로 살 수 없다"라고 말한다. 그냥 하는 말이 아니라 진심으로 말이다. **이 말은 돈을 주지 않아도 가장 중요한 것을 얻을 수 있다는 뜻이 아니라, 돈 이외에 추가로 대가로 주어야 얻을 수 있다는 뜻이다.**

물질적인 풍요는 막다른 길로 이르는 지름길이며 무의미한 것에 불과하다는 삶의 금언이나 법칙은 여기저기서 찾아볼 수 있다. 물론, 이 말의 저변에는 가난한 자들의 불평을 미리 입막음하려는 의도도 깔려 있을 것이다. 사회학자인 리처드 윌킨슨Richard Wilkinson도 예외는 아니다. 그는 그리스인들의 평균 소득은 미국인들 소득의 절반도 채 안 되지만 평균 수명은 훨씬 높은 점을 예로 들었다. 이런 차이점의 이유를 과학적으로 설명한 답은 찾아보기 어렵다. 하지만 우리는 그 대답으로 물질적인 풍요가 삶의 전부는 아니라는 것을 이미 알고 있다.

윌킨슨의 대답은 매우 간단하다. **격차가 삶을 파괴한다**는 것이다. 우리는 여기에서 사회민주주의적 성향과 물질적 풍요로움을 비하하는 그의 입장을 엿볼 수 있다. 신분 격차가 극도로 큰 사회에서는 누구도 행복하지 않다. 하지만 극도로 동등한 사회라고 해서 그 구성원들이 행복하다고 할 수 있는가? 동등한 사회의 구성원들은 평균적으로 더 나은 건강을 유지하고 있고, 다른 곳에 비해 폭력 범죄가 낮은 것이 일반적이다. 폭력 범죄는 많은 경우 굴욕과 수치 때문에 발생하며, 사회적 불평등의 정도와 폭력 범죄로 인한 사상자 수는 대체적으로 비례하는 것이 사실이다. 절대적 빈곤층에게는 소득의 증가가 삶의 만족도로 이어진다. 고대 철학자 플라톤은 이미 이것을 이해하고 있었던 듯하다. 그는 부자들이 가난한 자들보다 다섯 배 이상 벌면 안 된다고 했다.

하지만, 인간의 바뀌지 않는 본능 중에는 무언가 어렵고 도전적인 일을 이루어냄으로써 성취감과 행복을 맛보고자 하는 면도 찾아볼 수 있다. 이것은 우리가 간과해선 안 될 인간의 본능 중 하나이다. 그렇다면 진정으로 이상적인 사회는 어떤 사회인가?

젊은 마르크스는 각 개인이 자신의 능력을 여러 방면에서 사용할 수 있는 사회가 자신이 추구하는 이상적인 사회라고 말했다. 예를 들어, 아침에는 양치기 일을 하고, 오후에는 낚시를 하고, 저녁이 되면 '원하는 대로 마음껏 비판할 수 있는 시간'을 보낼 수 있어야 한다고 했다(마지막 인용구에서 우리는 마르크스가 어떤 사람인지 엿볼 수 있다. 저녁 시간을 '비판'하는 데 보내다니!). 여기에는 '개인의 능력과 필요에 따라' 살 수 있어야 한다는 규칙이 적용되고 있다. 하지만 나는 마르크스가 간과했던 문제점 한 가지를 짚고 넘어가고자 한다. 마르크스의 주요 사안은 노동자 계급의 이익 축적을 멈추려는 것이었다. 최근 많은 사람들이 실직자들과 아프리카 국가들의 지도자들에게서 다음과 같은 점을 발견했을 것이다. 즉, 자본주의 시스템을 잃는 것보다 더 나쁜 것 한 가지가 있다면, 그건 바로 자본주의 시스템의 유지가 아닐까. 할 일 없이 두 손을 무릎 위에 얹고 누군가 자신의 두 손을 필요로 할 때까지 무작정 기다리는 것보다 더 비참한 일은 없을 것이다.

젊은 마르크스의 주요한 견해는 그 어느 때보다 최근에 더 타당하게 느껴진다. 행복은 결코 얼굴 없는 국제 자본주의와 바꿀 수 없다. 그가 말하고자 했던 바는 한 개인이 여러 방면에서 여러 가지 다른 방법으로 능력을 발휘할 수 있다는 것이다.

그의 말을 잘 이해했다고 친다면, 그 값비싼 자동차를 타고 있던 남자에게서 아무렇지 않게 눈길을 돌리는 것도 가능해진다. 그가 비싼 자동차를 소유했다는 점에는 잘못된 것이 없다. 단지 우리는 그와 우리 자신을 비교하지 않고, 이웃의 다른 사람들과 우리 자신을 비교할 뿐이다. 예를 들어, 누가 가장 아름다운 장미 정원을 소유하고 있는지, 누구 집 자식들이 제일 똑똑한지, 또는 누가 독일 철학책을 가장 많이 읽었는지 등등. **요점은 비교 행위 자체가 아니라 누구 또는 무엇을 두고 비교를 하는가 하는 비교 대상에 있다.** 만약 당신이 화살총으로 아무것도 맞힐 수 없다면, 아마존의 사냥꾼들과 당신을 비교하는 일은 무의미해질 것이다.

　리처드 이스털린Richard Easterlin은 행복에 관한 연구에서, "행복은 돈으로 살 수 없는 것"이라는 조금은 진부하고 오래된 금언을 결론으로 사용했다. 그런데 그보다 이미 100여 년 전, 오스카 와일드는 이렇게 말했다. "도대체 행복이 왜 필요하단 말인가? 행복으로는 부를 살 수 없지 않은가!" 그는 또한 "노동은 음주 계급을 향한 저주"라고도 했다. 하지만 그도 진지한 태도를 보일 때가 없지 않았다. "삶의 목표는 바로 자기계발이다. 우리는 우리의 재능을 이해하고 실현하기 위해 살고 있다"라고 말하기도 했으니까. 만약 이 개인 재능의 실현이 현대사회의 생산 시스템의 한 부분으로 표준화되어 버린다면, 모두 가난한 삶을 면치 못하며, 신분사회의 가장 하위 계층에서 벗어나지도 못한다.

　개인적인 관점에서 보자면, 안정을 추구하는 면과 도전을 추구하는 면, 이 두 개의 상반된 면을 잘 조절해야 행복한 삶을 살 수 있을 것이다. 모두 안정과 도전을 동시에 추구할 것은 틀림없다. 하지만 사람은 다 다르지 않은가. 핀란드의 동화 '무민' 이야기에서 아빠 무민과 헤뮬렌의 별난 우정을 한번 예로 들어보자. 나이가 비슷한 이 둘은 이상적인 무민 계곡에서 살고 있으며, 가끔 정원의 울타리를 사이에 두고 가벼운 대화를 나누기도 한다. 그런데 둘은 잘 살기 위해 뭐가 필요한지에 대한 존재적 질문에 관해 근본적으로 상반된 견해를 지니고 있다.

헤뮬렌은 기본적으로 매우 정직하고 성실하며 신뢰를 주는 인물이지만 상상력이라곤 눈곱만큼도 찾아볼 수 없다. 반면 아빠 무민은 젊었을 때 바다에서 온갖 모험과 별별 경험을 다 해본 인물이며, 무민 계곡의 조용하고 안정된 삶에서 벗어나 가끔 다시 세상 밖으로 나가 모험을 해보고 싶다는 생각에서 벗어나지 못한다. 오솔길에서 둘이 마주쳤을 때, 아빠 무민은 마을에 뭔가 흥미로운 일이 생겼으면 좋겠다고 말한다. 그러자 헤뮬렌은 깜짝 놀라며 "우린 지금 참 잘 살고 있다고 생각하는데…."라고 대답한다.

헤뮬렌은 문제가 뭔지 제대로 직시하지 못하고 있다. 편안하게 잘 살고 있는데 변화가 왜 필요하단 말인가? 아마 이런 태도에 공감하는 이들도 많으리라 짐작한다. 바로 이런 생각 때문에 환경문제에 관심을 보이는 정치가들이 대중의 관심을 얻기 어려운 것일지도 모른다. 우린 부족한 것 없이 잘 살고 있으니 말이다. 우리는 선택의 여지가 없는 막다른 골목에 당도했을 때에만 위험을 감수한다. 교통 지옥에 갇혀 자신의 결혼식에 늦은 상황이라면 그는 속력을 내기 마련이다. 만약 당신이 마우레타니아 국민이고 가족들이 만성적인 기아에 시달리고 있다면, 당신은 그 상황에서 벗어나기 위해 어떤 일이라도 할 것이다. 이 두 경우, 비교 행위 또는 비교 대상은 존재하지 않는다. 절대 빈곤에 시달리고 있다면, 다른 빈곤자들과 함께 뗏목에 몸을 싣고 카나리아 제도로 향할 수도 있을 것이다. 유럽에 도착해도 일자리를 얻을 가능성은 극히 적다는 것을 이미 알고 있다 하더라도, 당신은 선택의 여지가 없는 그 길을 택할 것이다.

이러한 경우들을 떠올린다면, 문득 우리의 문제점은 얼마나 무의미하고도 화려한 것인지 이해할 것이다. 이 세상에 살고 있는 많은 사람들이 힘든 삶을 살아왔다. 전구와 램프를 들고 '도전할 그 무엇'을 찾아 헤맨다고 해서 힘든 삶이 더 힘들어지진 않는다. 그들은 빅 배드 울프 패러독스를 경험해 보지도 못한 사람들이다. 그저 살아남기 위해 노력하는 것만으로도 삶이 힘들고 벅차다. 그런데 이런 사람들이 살고 있는 사회에는 자살률이 눈에 띄게 낮다. 내가 주장하려는 건, 소위 국제 중산층이라고 하는 우리 역시 서부 아프리카의 난민처럼 심각한 문제를 저마다 안고 산다는 점이다. 현재 우리는 이것을 모른 척하고 살고 있을 뿐이다. 하지만 이게 도대체 얼마나 오래갈 수 있을까?

모든 것은 비교적 상대적이다

모든 것은 '비교적' 상대적이며, 백 퍼센트 상대적인 것은 찾아볼 수 없다. 조금 다른 삶을 살 수 있다면 하는 바람은 상대적일 수밖에 없다. 거실의 안락한 소파에 앉아 최근 발행된 가전제품 카탈로그를 뒤적거리며 조금 다른 삶을 꿈꾸는 일은 얼마든지 할 수 있는 일이며, 그럴 때면 행복하기까지 하다. 신분의 상징은 사회마다 다르고 시대마다 다르다. 물론 부동산은 사회와 시대를 막론하고 항상 소유할 가치가 있는 것이긴 하지만 말이다. 여성들의 이상적인 아름다움도 시대에 따라 변했다. 빅토리아 시대에는 창백하고 빼빼 마른 여인들이 완벽한 미의 상징으로 등장했고, 아프리카 국가에서는 몸에 살이 많으면 많을수록, 특히 엉덩이 부분이 퉁퉁하면 아름다운 여인으로 통했다. 어떤 음식이 몸에 좋은가 하는 의견도 시대에 따라 급진적으로 변했다. 지난 100년 동안 우리 사회 내의 움직임을 보아도 알 수 있다. "건강할 때 잊지 말고 당근을 먹어라"라고 말할 때도 있지 않았던가. 운동이 삶의 만족감을 증가시킨다는 아이디어는 북유럽의 소수 사회를 제외한 다른 곳에서는 거의 낯선 이야기처럼 들렸던 때도 있었다. 대부분의 문화권에서는 고된 일에 지쳐 별도의 신체적 활동은 생각지도 못했다. 그리고 이런 활동에서 벗어날 수 있다면 오히려 행복으로 여기는 사람도 있었다. 지위가 높은 남자들은 마치 경쟁이라도 하듯 불룩한 배와 느릿느릿하게 사지를 움직이는 것이 신분과 권력의 상징이라고 여겼다. 현대 인간의 평균 수명이 100여 년 전보다 훨씬 늘어난 이유는, 당근을 먹고 조깅했기 때문이 아니라, 고되고 위험한 일을 하는 사람들이 크게 줄었기 때문이다.

하지만 그렇다고 해서 모든 것이 상대적이라 단정 지을 수는 없다. 절대 빈곤은 사람들의 목숨을 앗아갈 수도 있다. 절대적 부자유는 사람들의 사고와 행위를 극단적으로 제한한다. 관념사History of Ideas학자인 제니퍼 헥트Jennifer Hecht는 사랑과 신앙, 예술은 인간의 행복이라는 주제와 관련하여 상당히 안정적으로 절대적인 행복의 원천이었다고 주장했다. 반면, 행복을 가져다주는 다른 원천들—그녀는 약물, 돈, 신체, 파티 등을 예로 들었다—은 상대적으로 높낮이가 큰 변화를 보여준다고 했다. 건강하고 아름다운 신체와 약물 복용, 경제적 풍요로움, 파티의 자유 등은 사람들에게 행복감을 선사한다는 것이다. 그녀는 권력과 같은 다른 원천을 선택할 수도 있었을 게다. 하지만 그리하지 않았기에, 그녀 입장에선 사회의 내부적 차이점에 대해서는 별다른 할 말이 없다. 문제는 사회의 내부적 차이를 들춰본다면 다른 어떤 면보다 더 큰 변이성이 존재한는 걸 발견할 수 있다는 것이다.

일단 헥트의 주제를 좀 더 자세히 살펴보자. 우선 사랑은 가족들 간에서도 찾아볼 수 있다. 세계의 어떤 지역에서는 모자간의 사랑이 특히 강하게 유지되며, 또 다른 지역에서는 부자간의 사랑을 두드러지게 찾아볼 수 있다. 우리 사회에서 찾아볼 수 있는 가장 강한 끈은, 이론적으로 보았을 때, 결혼한 남녀 간의 사랑이 아닐까 싶다. 하지만 이것도 섬세하고 불안정하며 깨어지기 쉬운 것으로 여겨지고 있다. 한편 신앙은 대부분의 문화권에서 비슷하게 여겨지고 있다. 하지만 성경을 바탕으로 한 신앙은 21세기 노르웨이에서 지닌 의미와, 13세기 프랑스에서 지녔던 의미가 서로 다르다. 또한 무신론자들이 다수인 사회 속에서의 신앙과 신앙자로 가득한 사회 속에서의 신앙은 또 다른 의미를 지닐 것이 분명하다.

그렇다면 예술은 어떠한가? 헥트는 우리가 200년 전, 500년 전, 심지어는 2000년 전의 예술 작품 속에서도 그 예술적 가치를 알아볼 수 있다고 했다. 하지만 나는 그녀의 이런 주장에 동의할 수가 없다. 예를 들어, 중국의 전통 오페라는 유럽인들의 귀에 불협화음처럼 들릴 뿐이고, 인도의 예술 음악은 반복되는 신음처럼 들릴 뿐이다. 고대 동굴 벽화는 그 옛날 그것을 그렸던 이들과 오늘날 그것을 보는 사람들에게 완전히 다른 의미로 다가오기 십상이다. 그럼에도 우리는 수만 년 된 동굴 벽화를 예술 작품으로 인식하고 있다 (따지고 보면, 현대 사회에서 소위 예술품이라 불리는 것들도 그 예술적 가치를 두고 의견이 분분한 경우가 많다).

어쨌든 인간은 사랑과 신앙, 그리고 예술의 형태에 익숙해져 있다. 약물도 마찬가지다. 술과 마리화나, 환각 작용을 일으키는 독버섯, 그리고 사람들이 자발적으로 주입하는 여러 형태의 약물들이 모두 부정적인 영향을 끼친다고 단정할 수는 없다. 만약 정말 그렇다면 이런 것들이 이처럼 널리 퍼질 리가 없으니 말이다. 대부분의 문화권에서는 이러한 약물을 복용하면 자신의 내면은 물론 주변인들, 심지어는 신과 선조들과도 더 깊은 접촉을 할 수 있다는 생각이 퍼져 있다. 이런 약물들은 특히, 낫과 쟁기에 의지하지 않은 사회에서 더욱 많이 사용된다. 하지만 밤낮으로 약물을 복용하는 이는 없다. 그리고 대부분의 사회에서는 특정 약물을 법으로 금지하고 있다(대부분의 유럽 국가에서는 마리화나가 금지되어 있으며, 무슬림 국가에서는 술이 금지되어 있다). 약물 복용은 일반적으로 파티 또는 종교적 의식과 같은 합법적 환경을 바탕으로 미루어보았을 때, 여자들보다 남자들 사이에서 더 많이 볼 수 있다.

우리는 앞에서 절대적인 것과 상대적인 것들을 살펴보았

다. 약물이나 술을 가끔 복용하는 이들은 기쁨과 위로, 또는 망각, 심지어는 황홀경을 경험하기도 한다. 문제는 약물 복용을 스스로 제한할 수 있는 의지가 있느냐 하는 것이다. 그러나 약물 복용의 의미는 사회마다 다르다. 핀란드에서는 술의 이미지가 야성적이며 남성적인 호전성과 관련이 있고, 덴마크에서는 술이 재미와 흥, 호감과 우정의 이미지를 지니고 있다. 술주정 행위와 이에 대한 반응 또한 문화권에 따라 다르다.

신체적 외모와 파티, 돈과 경제적 풍요로움도 그렇다. 이 세상에는 신체를 가꾸고 여기저기 뜯어고치면서 만족감을 찾으려는 사람도 있다. 온천욕은 수천 년의 역사를 지니고 있으며, 문신은 그보다 더 오랜 역사를 자랑하고 있다. 그러나 음식과 섹스, 운동과 같은 것들은 사회와 나라에 따라 그 차이도 엄청나다. 대부분의 사회에서는 파티와 풍요로움이 비슷한 의미를 지니고 있다. 하지만 같은 방식으로 파티를 여는 사회를 두 곳 이상 찾아보기는 쉽지 않다.

요컨대 예술, 사랑, 약물, 그리고 신앙도 마찬가지이다. **모든 것은 상대적이다. 하지만 '비교적' 그러할 뿐이다. 그리고 인간에게는 자연적인 천성이 자리하고 있다.** 건강한 사람은 많은 것을 원하지만, 병에 걸린 사람이 원하는 것은 단 하나뿐이다. 부자가 원하는 것은 많지만, 가난한 사람이 원하는 것은 단 하나뿐이다. 자유로운 사람이 원하는 것은 많지만, 포로가 원하는 것은 단 하나뿐이다. 하지만 이 말들을 살짝 돌려 생각해보자. 호리호리한 사람은 많은 것을 원하지만, 뚱뚱한 사람이 원하는 것은 단 하나뿐이다. 아름다운 사람이 원하는 것은 많지만, 추한 사람이 원하는 것은 단 하나뿐이다. 그렇다면 뚱뚱한 사람과 추한 사람이 지방 제거와 성형수술을 하면, 그간 삶의 단 한 가지 목표로 삼아왔던 것이 사라지게 되는 셈이니, 불행해지는 것일까? 정말 이들은 개인적으로 빅배드 울프 패러독스에 희생된 희생양에 불과할까?

5
물건을 사도 불행한 이유

자유로운 선택 행위를 할 경우 어떤 지점까지는 삶의 만족도도 함께 비례해서 증가한다. 하지만, 특정 지점을 넘어서면 선택 행위를 할 때마다 만족도는 줄어든다. 만족의 한계점에 도달하면, 그다음부터는 오히려 포만감과 함께 메스꺼움도 발생할 가능성이 커진다.

사람들은 왜 멀쩡한 핸드폰을 바꿀까?

사회학자인 장 보드리야르^{Jean Baudrillard}는 1980년대 초 〈방탕한 파티 후엔 무엇을 할 건가요?^{What are you doing after the orgy?}〉라는 에세이를 발표했다. 보드리야르는 부족한 것이 없는 사람들이 살고 있는 문화권을 대상으로 이 글을 썼다. 보드리야르는 많은 사람들이 모든 것을 두 번, 세 번 경험한 삶의 무감각한 문화를 묘사했다. 우리는 마치 광란적인 파티 후 지루하고 지친 사람들이 서로를 바라보며 나중에 무엇을 할지 궁리하는 장면을 떠올릴 수 있다.

오랜 기간 경제학자들이 관심을 두고 연구를 해왔지만, 그럴듯한 결론을 내리지 못했던 부분에 대해 보드리야르는 집중적으로 묘사했다. 경제학자들이 명확한 결론을 못 내렸던 이유는 그 분야가 심리학과 문화인류학에 관련된 것이었기 때문이다. 바로 '한계효용의 하락'인데 이를 한마디로 표현하자면 우리의 행위, 특히 구매 행위에서 처음엔 큰 가치를 가지고 있던 것들이 시간이 지나고 반복되면서 서서히 그 가치를 잃어버리는 상태라 할 수 있다.

원칙을 이해하기는 어렵지 않다. 다른 연구 분야와 마찬가지로, 이러한 현상은 상황적 의미로 이해하는 게 훨씬 쉽다. 생일 파티를 왜 매일, 또는 매주 목요일마다 하면 안 되냐고 묻는 아이에게 그 이유를 설명하면 세 살 이상의 아이들은 곰곰이 생각한 후에 고개를 끄덕이며 알아듣기 마련이다. 이와 마찬가지로 도시락에 매일 크림 케이크와 초콜릿을 가져갈 수 없다는 것도 아이들은, 비록 선뜻 내키진 않아 하지만, 쉽게 이해할 수 있다. 1년 내내 휴가를 즐기려는 사람은 별로 없다. 그것이 가능하다면 휴가의 의미가 사라지기 때문이다. 말괄량이 삐삐의 예를 한번 들어보자. 아홉 살 삐삐는 단지 방학을 맞는 아이들이 부러워 학교에 다니려 하지 않았던가.

경제학 강의의 고전적인 도입 부분에서는 다음과 같은 이야기를 자주 접할 수 있다. 사막을 헤매다 마침내 오아시스를 발견했을 때, 한 모금 물을 마시기 위해서라면 가진 것을 다 줄 수도 있을 것이다. 두 번째 오아시스에서도 꽤 많은 돈을 지불할 수 있을 것이나, 세 번째 오아시스에서는 돈이 조금 아깝다는 생각을 하기 시작할 것이다. 마른 목을 다 축이고 난 후엔 오아시스의 가치가 이전 같지 않아 '꼭 돈을 지불해야 하나' 라는 생각도 하게 될 것이다.

경제학 입문 과정에서, 이와 비슷하나 좀 더 복잡한 주유소 원칙에 대한 예를 들어보자. 강가의 한 도시와 산중의 한 도시가 있다. 두 도시 간 거리는 15킬로미터이며, 두 도시 모두 한가운데 각각 주유소가 자리하고 있다. 세 번째 주유소는 논리적으로 가장 타당한 위치 즉 두 도시 사이의 한가운데에 생겼다. 그런데 얼마 후, 이상하게도 네 번째 주유소도 두 도시 사이의 한가운데, 세 번째 주유소의 바로 맞은편에 세워졌다. 많은 운전자가 이 명백한 패러독스에 의아해했다. 주유소 없는 길을 수 킬로미터 운전하다 갑자기 한 곳에서 두 개의 주유소를 발견하게 되었으니 말이다. 그 이유는 간단하다. 두 도시의 딱 중간 지점을 벗어나면 이론적으로는 한쪽 도시의 소비자를 더 많이 유치할 수 있지만 다른 쪽 도시의 소비자는 잃게 되기 때문이다.

여기에 한계효용을 적용할 경우, 두 도시를 잇는 길에 자리한 주유소의 수에 따라 한계효용은 줄어든다고 할 수 있다. 복잡하게 생각하지 않아도 된다. 같은 길에 자리한 주유소의 수가 많으면 많을수록, 각 주유소에서 판매할 수 있는 기름의 양은 적어진다. 그러니 각 주유소에서 얻을 수 있는 이윤은 줄어들기 마련이다. 이 원칙은 다른 분야에도 적용된다. 상품 개발자들이 틈새시장에 주목하는 것도 바로 이런 이유 때문이다. 틈새시장의 개념은 원래 생태학에서 발전된 것이다. 사슴만 살고 있는 숲에 육식 짐승이 없다면, 표범에겐 그 숲이 틈새시장이 된다. 물집 잡힌 맨발의 사람들만 사는 사회가 있다면, 그곳은 신발 제조업자들에게 틈새시장이 된다.

또 다른 관점에서 본다면, 주유소 위치 원칙은 이동 가치를 제한하고 있다는 것도 알 수 있다. 어떤 장소에 주유소가 꽉 들어차게 된다면, 그곳엔 석유가 아닌 다른 제품을 판매하는 가게가 속속 들어설 것이다. 이것이 바로 소비사회가 움직이는 방향이다.

시장 경제가 실현된 지 수십 년이 흘렀다. 사람들의 소유물은 점점 더 많아졌고, 소득도 높아졌다. 사람들의 필요 사항이 하나둘 충족되어 감에 따라 한계효용이 점점 줄어들어 마침내 제로 상태에 이르고 생산과 소비의 증가가 제자리걸음을 하게 되면, 시장 경제의 생태학적 순환도 멈춘다고 생각하는 사람도 있다. 언젠가는 이런 일이 발생할지도 모르겠으나 현재로선 시장 경제의 발전 속도가 줄어드는 것 같진 않다. 존 케네스 갤브레이스가 《풍요한 사회》를 쓴 지 50년이 지났건만 오히려 소비는 계속 규칙적 성장을 보이고 있다. 1990년대 노르웨이의 핸드폰 소유자 수는 겨우 몇만 명에 불과했다. 하지만 2000년대에 들어서면서 그 수는 무려 350만 명으로 늘어났다. 당시 나뿐 아니라 대부분의 사람들은 성장 곡선이 한계에 이르렀다고 생각했으며, 곧 핸드폰의 한계효용 수치는 급진적으로 하락할 것이라고 믿었다. 핸드폰 소유자가 새 핸드폰을 구입할 때는, 이미 가지고 있던 핸드폰이 고장이 난 경우뿐이라고 생각했기 때문이었다. 우린 그때 얼마나 멍청했던가.

우리는 당시 전자제품 시장의 유동성을 전혀 이해하지 못했다. 그로부터 10년이 지난 후, 핸드폰의 종류는 수도 없이 다양해졌다. 컬러 화면, 터치 화면, 5G를 지원하는 핸드폰은 물론, 가정용 컴퓨터의 기능을 대신할 만큼 발전한 핸드폰. 거기에다 전화까지 걸 수 있으니…. 핸드폰에 장착된 카메라도 여러 기능들을 자랑하고 있다. 애플사의 아이폰과 함께 북유럽 거대 기업의 핸드폰이 노르웨이 시장에 처음 등장했던 2007년에만 하더라도 핸드폰에 음악을 저장할 만한 용량조차 턱없이 부족했다. 하지만 핸드폰의 용량 확장은 시간문제에 불과했다.

여기서 질문하고 싶다. 이런 것들이 과연 우리를 행복하게 해줄 수 있는가? 대답은 '아니다'이다. 그런데 우리는 이것을 알면서도 왜 끊임없이 소비 행위를 하는가. 어쩌면 다른 할 일을 찾지 못해서일지도 모른다. 예전에는 카메라와 필름도 비쌌고, 사진을 찍어 현상하는 데도 적지 않은 돈을 써야만 했다. 그래서 사람들은 사진을 그리 많이 찍지 않았다. 하지만 요즘은 디지털 카메라의 가격이 엄청나게 하락했고 사진도 집에서 손쉽게 뽑아낼 수 있기 때문에, 사람들은 사진을 찍을 때마다 수십 장은 기본으로 찍는다. 결과적으로 사람들은 정작 열 장 정도의 사진이면 충분한 여름 휴가지에서 수백 장의 사진을 찍어오곤 한다. 새 사진을 찍을 때마다 그 한계효용은 줄어들고, 결국엔 한계효용이 제로에 이를지도 모르며, 어떤 경우엔 마이너스까지 하락할지도 모른다. 이 예는 자유로운 선택의 패러독스를 잘 설명하고 있다. 즉, **자유로운 소비 행위를 할 경우 어떤 지점까지는 삶의 만족도도 함께 비례해서 증가한다. 하지만 특정 지점을 넘어서면 소비 행위를 할 때마다 만족도는 줄어든다.** 만족의 한계점에 도달하면, 그다음부터는 오히려 포만감과 함께 메스꺼움도 발생할 가능성이 커진다.

1990년대에 워크맨이 처음 출시됐다. 당시 음악에 큰 관심을 두고 있던 젊은이들은 이 뉴스를 접하고 말 그대로 자신의 귀를 믿지 못했다. 반짝이는 전면 광고지에서 검은색과 은색의 워크맨을 들고 있는 손이 시선을 유혹하고 있었다.(나중에 알고 보니 그 손은 필요 이상으로 커다란 장갑을 낀 것으로, 이 광고는 이렇게 해서 워크맨이 상대적으로 작게 보이도록 의도한 거였다.) 저 정도로 작다면 주머니에도 쏙 들어갈 뿐만 아니라 이어폰을 사용해 언제 어디서든 원할 때 음악을 들을 수 있지 않은가. 거리에서 데이비드 보위를 들을 수도 있고, 자전거를 타면서 마일즈 데이비스를 들을 수도 있고, 정원에서 잡초를 뽑으며 브람스를 들을 수도 있을 것이다. 믿지 못할 일이 생긴 것이다. 당시 식물원에서 일을 하고 있던 나는 오전 휴식 시간에 역시 음악에 관심이 많았던 동료 한 명과 광고에서 본 워크맨에 대해 이야기를 나누었다. 그때는 워크맨이 노르웨이에 들어오지도 않았었다. 설사 노르웨이 시장에 나왔다 하더라도 당시의 내 월급으로는 엄두도 못 낼 정도로 가격이 높았을 것이다. 동료와 나는 그때, 한 주 내내 워크맨에 대한 이야기 말곤 다른 말을 나누지 않을 정도였다.

오리지널 워크맨을 구입할 형편은 안 되었지만 그로부터 1년 후 포르투갈에서 짝퉁 워크맨을 구입할 수 있었던 나는 영혼의 해방감마저 느낄 수 있었다. 첫해, 자전거를 타며 음악 감상을 하고, 버스 안에서 색소폰 음률을 듣고, 정원의 잡초를 뽑으며 실내악단의 현악기 연주를 듣는 등, 언제 어디서나 원할 때 음악을 들을 수 있었던 기쁨은 형언할 수조차 없었다. 아마 저 옛날 축음기를 처음 접했던 사람들의 느낌도 이러했으리라. 적어도 처음 얼마간은 말이다. 하지만 이런 기쁨은 오래가지 않으며, 어느 정도 시간이 지나고 나면 당연한 습관처럼 여겨지기 마련이다. 그뿐만 아니라 배터리 수명이 짧은 것에 불만을 가지게 되고, 정말 듣고 싶었던 카세트테이프를 깜박 잊고 가져오지 않았다는 사실에 불평을 하기도 한다. 그로부터 다시 몇 년이 더 흐르자, 워크맨은 아이팟으로 대체되었다. 아이팟의 기술적 혁명은 실로 감탄할 만한 것이었지만, 처음 워크맨이 나왔을 때의 그 센세이션은 느낄 수가 없었다. 아이팟은 필수품이 아니라 가지고 있으면 좋은 것으로 인식이 되었다. 하지만 청소년들에게 아이팟은 필수품이 되었고, 이전 워크맨 세대들은 아이팟을 워크맨에서 좀 더 발전한 실용적인 기기로 인식하게 되었다.

기술에 대한 감탄의 시기가 지나고 나면 사람들은 서서히 20년 전이나 지금이나 음악 자체는 변한 것이 없다는 것을 떠올리게 된다. 아니, 오히려 음질은 더 나빠졌다는 것을 깨닫게 된다. 예를 들어, 근래의 MP3는 음악 파일의 용량을 줄이기 위해 소리의 특정 주파수를 제거했다. MP3 또는 더 발전된 형태인 AAC 방식을 사용하게 되면 CD 음악과 비교했을 때 그 용량은 거의 10분의 1 정도로 줄어든다. 하지만 음질의 차이는 뚜렷해서, 싸구려 스테레오를 통해 비교를 해봐도 금방 알아챌 수가 있다(바이닐 음반의 음질이 CD 음질보다 더 낫다고 주장하는 사람들은 요즘에도 볼 수 있다).

학자들의 연구 결과는 이미 우리가 잘 알고 있는 사실을 문자화한 것이나 다름없다. 즉, 물질적 풍요로움이 적당량 증대되면 빈곤국에서는 그 차이점을 크게 느낄 수 있다. 부유 국가 내의 빈곤자들도 마찬가지다. 소득 면에서 전 세계 상위 20퍼센트에 속하는 사람들이 하루에 1달러만 기부하면 전 세계의 모든 빈민들을 기아에서 구할 수 있다는 자료도 있다. 물론, 만족하게 배를 채우고, 아이들이 충분한 영양을 섭취하는 것은 매우 중요하다. 그러나 이미 석 대의 텔레비전을 소유하고 있는 상태에서 다시 네 번째의 텔레비전을 구입했다고 해서 뛸 듯이 기뻐하는 사람들은 많지 않을 것이다. 만족스럽고 기쁘긴 하겠지만 텔레비전의 수가 늘어날 때마다 기뻐하는 정도는 처음에 비해 조금씩 줄어들지 않을까. 배가 충분히 부르고 만족감을 느낀 후에는 음식을 더 먹어도 행복하거나 만족스럽지 않듯이 말이다.

앞서도 언급했듯이, 연간 평균 소득이 1만 2000달러 선을 넘어서면, 개인 소득의 증가와 삶의 만족도는 더 이상 비례 곡선을 그리지 않는다. 하루에 밥 한 공기만 먹을 여유밖에 없다면, 어느 날 갑자기 두 공기의 밥에 채소까지 곁들일 수 있을 만큼의 돈을 얻을 경우 그 기쁨과 만족은 이루 말할 수 없을 것이다. 출퇴근길을 각각 한 시간씩 걸어 다니다가 어느 날 자전거를 사거나 버스 월 정기권을 손에 넣을 경우도 마찬가지다. 오랫동안 라디오를 가지고 싶어 안달하다가 마침내 첫 라디오를 구입하는 날엔 기뻐 잠을 이루지 못하는 사람도 있을 것이다.

하지만 우리는 대부분의 일에 천천히 적응해가며 살고

있으며 한계효용은 결국 줄어들기 마련이다. 이 메커니즘은 긍정적인 방향과 부정적인 방향에 모두 적용된다. 인간의 내면을 연구하는 심리학자들은, 어떤 사람이 갑작스럽게 매우 드라마틱한 일을 경험했다 하더라도 장기적으로 볼 때는 그 일이 큰 의미로 작용하지 않는 경우가 많다고 주장한다. 예를 들어, 복권 1등에 당첨되어 뛸 듯이 기뻐했던 사람도 반년만 지나면 상금을 타기 전의 상태 또는 오히려 그보다 더 불만족스러운 상태로 되돌아가기 마련이다. 미국에서 발표된 자료에 의하면, 이혼으로 인한 정서적 붕괴 상태는 대부분의 경우 반년이 지나면 정상적인 상태로 회복이 된다고 한다. 어떤 면에서 보자면, 우리 인간들이 부정적인 일에도 잘 적응할 수 있다는 사실이 증명된 셈이니 꽤 긍정적이긴 하다.

예외적인 경우를 다룬 자료도 있다. 실직자들은 새 일자리를 얻어도 그다지 기뻐하거나 만족스러워하지 않는다는 점이다. 현대사회에서 일자리는 주변으로부터 존중을 받기 위해 매우 중요한 사항인데도 말이다.

이런 예들은 한계효용의 하락에 대한 것이 아니라 현실적인 적응에 대한 것이다. 하지만 이 역시 반복되는 일에서는 신선함과 만족감이 줄어든다는 심리적 원리를 배제할 수 없다. 스칸디나비아에서 가장 큰 롤러코스터를 처음 타봤을 때, 우리는 금방이라도 숨이 멎을 것 같은 스릴을 맛본다. 두 번째로 그걸 탈 때는 손잡이를 꼭 잡고 앉아 속이 조금 뒤틀리는 것 같은 경험을 하게 될 것이다. 이렇게 스무 번쯤 타고 나면 뱃속이 간질간질한 느낌밖에는 경험하지 못할 것이며, 그때는 번지점프 같은 또 다른 스릴 있는 경험을 찾아 나서기 마련이다.

유행에 동참하라는 유혹

한계효용 하락 법칙은 개인의 장기간 경험에 국한된 것만은 아니다. 주유소 위치에 대한 원칙은 이미 언급한 바 있다. 또 다른 예는 성형수술의 대중화를 들 수 있다. 그 속도를 보면 놀라지 않을 수 없다.

2006년 미국에서는 약 1150만 명이 성형수술을 받았다. 그로부터 4년 전인 2002년에는 740만 명이 성형수술을 받았으며, 1992년에는 약 150만 명이 성형 수술을 받았다. 이를 바탕으로 본다면 13년 간 성형수술 시술의 증가율은 800퍼센트에 이른다. 시술 대상자는 여성이 대부분이며, 코와 입술, 가슴 수술, 지방 제거 수술이 주를 이룬다.

어떤 이들은 외모를 향상시키기 위해 정기적으로 성형수술을 받기도 한다. 안면 주름 제거 수술은 꽤 오랫동안 대중성을 유지해 왔는데, 사실 이 수술을 받은 사람들의 얼굴을 보면 어딘지 이상하게 보일 때가 많다. 특히, 이들의 쭈글쭈글한 손과 대조되는 매끈매끈한 얼굴을 보면 더욱 그렇다. 왠지 어울리지 않게 매끈한 얼굴 피부는 가끔 필요 이상으로 뻣뻣해 보이고 얇은 콘돔 마스크를 덮어쓴 외계인처럼 보일 때도 있다. 그러나 자세히 눈여겨보지 않는다면, 이 수술을 받은 이들의 얼굴은 나이보다 훨씬 젊어 보이기 마련이다. 여기에 치아 미백이나 치열 교정까지 한다면 아마 10년은 젊어 보일 것이다.

오늘날에는 여러 가지 가능성을 찾아볼 수 있다. 얼마 전 타이베이 신문에서는 서울 출신의 청년, 박모 씨의 이야기를 실었다. 그는 약 3년에 걸쳐 무려 스물네 번의 성형수술을 받았다고 했다. 콧대를 높이고 쌍꺼풀을 만든 후 지방 제거 수술을 했으며 보조개도 만들고 가슴에 난 털도 제거했다. 박씨는 성형수술을 받기 전에는 외모에 대한 자신감이 없어 애인을 사귈 생각조차 할 수 없었다고 고백했다. 성형수술을 받고 난 후에도 거울을 보면 여기저기 더 뜯어고치고 싶은 부분이 눈에 띄긴 했지만 이전처럼 외모 때문에 주눅이 드는 일은 없었다.

이런 이야기들은 의약계에서 선전하는 소위 행복약 또는 항우울제의 광고와도 비슷하다는 것을 알 수 있다. 성형외과 의사들은 외모 때문에 자신감을 잃어버려서 사회에 적응하지 못하는 사람들과 신체적 고통에 시달리는 이들에겐 성형수술이 마지막 수단이라고 입을 모은다. 그런데 새로운 정신의학과 약물치료법이 소개되자마자 병리학과 성형외과 사이의 경계는 조금씩 허물어지기 시작했고, 건강하고 신체적으로 아무 이상이 없는 사람들조차도 서서히 자기에게 무슨 심리적, 또는 신체적 하자가 있는 건 아닌가 하고 생각하기 시작했다. 급기야 이들은 자기가 이웃이나 동료들보다 훨씬 못생겼다는 생각에 빠져들게 된다. 그러고는 자연히 이웃이나 동료들이 이용했던 바로 그 방법에 솔깃해져 결국은 성형외과 의사의 칼에 몸의 여기저기를 맡기게 되는 것이다. 어쩌면 박씨 청년은 자신의 외모에 필요 이상으로 집착하고 있었는지도 모른다. 그게 아니라면, 그는 무작정 사회적 추세를 따랐던 사람일 수도 있다.

성형수술을 받은 사람 중에는 일정 기간이 지난 후 우울증에 빠지는 사람들이 더러 있다고 한다. 물론 수술 직후에는 오랫동안 꿈꾸어왔던 외모를 얻었기에 기뻐하고 만족스러워한다. 하지만 이들은 서서히 자신의 새로운 외모에 적응하기 마련이고, 주변인들도 그다지 새로운 눈으로 봐주지 않는다. 결국 이들은 자신의 삶에 바뀐 것이 없다는 생각을 하지 않을 수 없다. 사실상 이들에겐 외모의 일부를 제외하면 바뀐 것이 없다. 무언가 크게 변할거라 생각했던 이들은 정작 수술 이전의 삶과 비교해 달라진 것이 없다는 것을 깨닫는 순간 우울증에 빠지게 된다. 성형수술에 대한 기대는 과거 마르크스주의자들이 혁명에 대해 가졌던 기대와 비슷하지 않을까. 혁명만 일어난다면, 사회에 퍼져 있는 인색함과 옹졸함, 이기주의와 욕심 때문에 생기는 갈등이 사라질 것으로 믿었다.

성형수술은 실직자 구제 기관이 주최하는 구직 세미나와 비슷하다고도 할 수 있다. 이 세미나에 참석한 실직자들은 이력서 작성에 대한 힌트를 얻고 일자리를 찾는 데는 도움을 얻을 수 있을지 모른다. 하지만 전체적으로 보았을 때, 이 세미나를 통해 실제로 일자리를 얻은 사람들의 수는 늘지 않았다. 빈자리가 나서 일자리를 얻은 사람도 있을 테지만, 전체적으로 보았을 때 실제 실직자들의 수는 줄어들지 않았다.

만약 모두 동시에 더 나은 외모를 지니게 된다면, 결국은 더 잘생긴 사람도, 더 못생긴 사람도 찾아볼 수 없게 될 것이다. 아름다움이란 것은 상대적이니까. 만약 모두 앞날만 바라보고 현재의 추세에 비판의식 없이 동참하게 된다면, 박 씨 청년의 경우와 같이 계속 어딘가 뜯어고칠 곳만 눈에 띄게 될 것이 뻔하다. 그는 아직 발가락까지는 생각해 보지 않은 듯하다. "내 발가락은 남들보다 더 쭈글쭈글하지 않을까? 발가락도 성형수술을 한다면 내 외모는 완벽에 가까워질지도 모르는데…. 그렇다면 더 만족스러운 삶을 살 수 있지 않을까?"

몇 년 후면 사람들은 누런색의 고르지 못한 치아를 그리워하게 될지도 모른다. 썩은 이를 뽑아낸 자리가 덩그러니 그대로 남아 있는 것도 그리워할지 모른다. 최첨단 기술로 가득한 풍요로운 물질 사회에서는 아무도 삐뚤삐뚤하고 누런 치아를 가지고 있지 않다. 이렇게 모두들 가지런하고 하얀 치아를 가지게 되면, 가지런하고 하얀 치아가 특별히 보기 좋다고 생각하는 사람도 줄어들 것이다. 정말 그런 때가 온다면 각각의 산업체에서는 사람들의 관심을 끌 만한 또 다른 무엇을 들고 광고를 시작할 것이 틀림없다. 삐딱한 덧니가 섹시하다고 주장하는 사람도 나올 것이고, 고르지 않은 앞니들이 더 매력적이고 특색 있다고 말하는 사람도 있을 것이다. 이렇게 돌고 도는 사회에서 시장 경제는 무언가 계속 만들어낸다. 심지어는 필요 없는 것들까지도.

바로 이 때문에 사회적 추세나 유행에 동참하지 않는 이들에게 코웃음 치는 일은 한 번 더 생각해봐야 한다. 다들 같은 방향으로 움직이다 보면, 결국엔 줄 바깥에서 뒷짐을 지고 있던 이들의 외모나 태도가 더 매력적으로 보일 때가 오기 마련이니까. 우리의 존재는 언제나 상대적으로 평가받는다. 따라서 우리는 항상 무리 속에서 함께 움직이려 하고 주된 흐름에서 벗어나지 않으려고 애를 쓴다. 하지만 이런 주된 사회적 흐름에서 벗어나 반기를 들었던 사람들도 있다. 바로 60년대 말의 히피족들인데, 1967년 봄 이들이 주창했던 혁명적 움직임은 1968년 봄에 이미 표준화가 되었을 정도였다. 이렇게 따지고 보면 사실 마리화나를 피우는 것과 치아미백을 하는 것은 원칙적으로 크게 다르지 않다.

부자들에게 더 필요한 것

사람들은 일정한 생활 습관에 젖어들게 되면 지루함을 느끼는 경향이 있다. 이 지루함에서 벗어나기 위해 무언가 새로운 활동을 원하고, 또는 소비에 눈을 돌리기 마련이다. 문제는 소비 경제를 바탕으로 하지 않은 사회 속에서 이들이 할 수 있는 일은 과연 무엇인가 하는 점이다. 이 경우, 사람들은 내면적·정서적인 면으로 눈을 돌리게 된다.

돈을 많이 벌어도 그 부를 제대로 즐기고 만끽하기란 쉽지 않다. 개인 헬리콥터를 사들이는 데에도 한계가 있을 것이고, 짧은 휴가 동안 둘러볼 수 있는 외국의 휴양지에도 한계가 있을 테니 말이다. 돈을 더 많이 벌기 위해 깨어 있는 시간의 대부분을 직장에서 보낸다면 더욱 그럴 것이다. 욕실에 황금 수도꼭지를 설치하고 문손잡이에 다이아몬드를 박아 넣는 것도 꽤 흥미로운 일일 것이다. 하지만 그 즐거움을 느끼는 시간은 설치 직후 잠시 동안에 지나지 않는다. 치아 미백을 한 다음 시내에 나가 햇살을 받으며 함박웃음을 머금어보는 것도 하루 이틀만 지나면 시들해지듯 말이다. 경주용 요트와 아침 식사에 샴페인을 곁들이는 일도 마찬가지일 것이다. 이처럼 처음엔 재미있고 흥미로웠던 일도 시간이 지나면 시들해지기 마련이다.

그렇다면 부자들은 무언가 다른 일을 찾아보아야 하지 않을까? 그런데 도대체 무슨 일을 해야 한단 말인가? 제임스 조이스를 찾아 읽기? 수영장에 가기? 콘서트장에 가기? 그렇다, 어쩌면 이런 일들밖엔 더 할 일이 없을지 모른다. 칸에서 찍은 이들의 사진, 또는 아름다운 초원에 자리한 별장에서 찍은 사람들의 사진을 보면, 비록 선글라스 뒤에 숨겨져 있긴 하지만 눈빛에 무언가 반짝이는 즐거운 빛이 느껴지지 않는다. 돈이 많으면 할 수 있는 일도 많고 즐길 수 있는 일도 많겠지만, 숨이 멎을 정도로 지루한 삶을 살기도 쉽다는 말이다.

그러고 보니 언젠가 작가 게오르그 요한네센$^{\text{Georg Johannesen}}$과 지금은 이름이 기억나지 않는 한 부유한 사업가가 참여했던 라디오 토론이 떠오른다. 이들의 대화는 각자의 삶이 지닌 가치에 대한 것이었다. 여기서 요한네센은 다음과 같은 말로 토론의 마지막을 장식했다.

"저분과 여기 있는 나를 한번 비교해보십시오. 우리가 입고 있는 양복은 언뜻 보기에 거의 똑같습니다. 하지만 저분의 양복은 수천 크로네짜리 비싼 수제품이고, 제 양복은 프리텍스(중고품 재활용사)에서 단돈 500크로네를 주고 구입한 거예요. 저분의 가족들은 대대로 돈에 집착을 해왔지요. 하지만 그렇다고 해서 저분이 더 잘생겨 보입니까? 그건 아닙니다. 우리 가족들은 대대로 여자에 관심이 많았습니다. 그래서 우리 가문 사람들은 어떤 옷을 입어도 참 잘나 보인다, 이 말씀입니다."

요한네센의 말이 사실인지 아닌지는 확인할 수 없었다. 하지만 프로그램이 상대방의 반박 없이 웃음으로 끝을 맺었기에, 오늘날 사회적 가치에 대해 비교적 날카로운 지적을 한 요한네센의 말은 꽤 오랫동안 머릿속에 남아 있었다. 모든 사회적 가치는 상대적이다. 시인이자 작가였던 요한네센은 돈보다 아름다움에 더 큰 가치를 부여했고, 사회주의자로서 그는 자본주의에 대해 달갑지 않은 태도를 보였다.

우리는 낡고 오래된 것들을 조금씩 고쳐가며 사는 데에 자주 만족감을 느낀다. 우리 집의 예를 들자면, 나는 비바람과 햇살에 여기저기 망가지고 비뚤어진 정원용 가구를 해마다 손을 본다. 따가운 햇살에 얼굴을 그을려가며, 가구를 수선하고 기름칠한다. 그런데 사실 이건 경제적으로 이득이 되는 일은 절대로 아니다. 오히려 2년에 한 번씩 새 가구를 구입하는 게 더 경제적이다. 내 친구 한 명은 레프달(값싼 수입 가전제품을 판매하는 체인—옮긴이)에서 프린터 한 대를 구입한 적이 있다. 그런데 집에 와서 프린터를 연결하고 보니 전혀 작동이 되지 않아, 수선을 의뢰하려고 구입한 가게에 전화를 했다. 영수증을 보관해 두었느냐고 묻는 점원에게 그렇다고 대답하자, 점원은 다음과 같이 말했다. "그러면 조금 전에 구입하신 그 프린터는 그냥 버리시고요, 영수증을 들고 가게에 들러주세요. 그럼 새것을 드리겠습니다." 그러니까, 하늘 높은 줄 모르고 높이 치솟은 노르웨이의 인건비를 생각한다면 프린터를 수선하기보다는 오히려 중국산 새 프린터를 그냥 주는 게 더 낫다는 게 그 가게의 입장이다.

가끔 우리는 번쩍번쩍하고 푹신한 새 의자를 눈앞에 두고도, 낡고 오래된 의자에서 더 안락함을 느낀다. 어쨌든 여러 면에서 볼 때 풍요로움과 부는 치아미백과 비슷하다. 제대로 즐기고 인정을 받기 위해선 균형미를 유지해야 하니까 말이다. 갑작스러운 풍요와 부는 오히려 지루함을 야기하는 원인이 되고, 결국 우리는 이미 소유하고 있던 것들을 제대로 간수하지 못하게 되는 일도 경험한다. 왜냐하면 새상품은 계속적으로 시장에 나오고, 사람들은 그것들을 뒤도 돌아보지 않고 사들이기 때문이다. 또한 새 물건을 값싸게 구입하는 것은, 생산 과정에서 저임금으로 노동력을 제공했던 제3세계 노동자들을 이용하는 것이 되고 또 자연환경을 망치는 일이기도 하다.

삶의 만족도는 초기에는 어느 정도 성장 곡선을 그린다. 하지만 평균 소득이 일정 수준 상승된 지점에서 사람들이 필수적인 생활용품을 모두 손에 넣을 수 있을 때, 이 곡선은 평평하게 변해버린다. 물론 전체적인 분석을 하려면 수도 없이 많은 요소들을 모두 고려해야 하며 이건 매우 복잡하기까지 하다. 하지만 어떤 한 사회 내의 구성원들과 정치가들이 이러한 결과적 영향을 모두 함께 고려한 사례는 찾아볼 수 없다. 어쩌면 사람들은 지금과 같은 수준의 노동 시간을 유지하되, 커피잔 앞에서 더 많은 시간을 보내며 일을 더 천천히 하기를 원하는 건 아닐까. 그렇게 된다면 현재와 비교해 물건은 더 비싸지고 인건비는 낮아질 것이며, 낡은 구두와 프린터를 버리고 새로 사는 것보다 그것들을 수선해 다시 사용하는 것이 훨씬 경제적으로 변하게 될 것이다. 또한 구두 수선공과 프린터 수리업자의 소득도 연간 약 1만 2000달러 선에 이르게 될 것이고, 새 구두의 값은 이전보다 더 비싸질 것이다(국제 중산층에 속하는 사람 중에는 가정부나 운전기사를 고용해 사는 사람들도 있다. 하지만 그들은 대부분 아시아인에 국한되어 있다). 한 달에 한 번씩 비프스테이크를 먹고, 1년에 한 번씩 놀이공원에 가는 일은 사치로 변하게 될 것이다.

배리 슈바르츠는 다음과 같이 언급한 적이 있다. "우리에게 음식이 필요한 것은 자명한 사실이지만 그렇다고 해서 밥

상에 매일 칠레산 농어가 필요하다는 이야기는 아니다. 머리 위에 비를 가려줄 지붕도 필요하지만, 가정집에 탈의실과 실내 수영장, 여섯 대의 자동차를 보관할 수 있는 넓은 주차장이 필요한 것은 아니다." 만약 여섯 대의 자동차가 주차된 거대한 개인 주차장이 있다면, 그 소유주의 정원에서는 잘 손질된 장미꽃밭을 보기 힘들지도 모른다. 여섯 대의 값비싼 자동차를 손에 넣기 위해 밤낮으로 일만 하느라, 그 소유주는 황혼 무렵 바닷가에 앉아 일상과 관련한 이런저런 대화를 나눌 시간도 얻을 수 없을 것이다.

그럼에도 불구하고, 우리는 여러 이유를 들어 부자들에게 불만을 표시한다. 그 이유 중에는 타당한 것도 있고 그렇지 않은 것도 있다. 어쩌면 그들도 사회적 시스템의 희생자들이다. 즉, 그들은 사회가 요구하는 사항들에 맞추어 살아나가는 일 외에는 옆으로 눈도 돌리지 않고 살아왔다. 하지만 한계효용은 하락하기 마련이다. 연간 5만 달러 정도를 버는 미국인들은 1만 달러를 버는 사람들보다 훨씬 만족한 생활을 하고 있을 것이다. 하지만 500만 달러를 버는 사람들의 만족도는 10만 달러를 버는 사람들과 비슷하다. 부의 증대는 한계효용 하락의 전형적인 예이다. 물론 돈이 많을 경우 흥미 있는 일들을 할 가능성은 매우 높다. 특히, 매년 소득이 조금씩 증가할 경우엔 더욱 그렇다. 평균 이상의 생활을 한다는 것은 그 자체만으로도 만족감을 줄 수 있다. 또한 돈이란 것은 많은 경우 노력의 성과를 의미하기도 하니 당사자에게 뿌듯함을 줄 수도 있다. 돈은 꼭 쓰기 위해 존재하는 것만은 아니니까. 하지만 부가 화려함과 소비에만 치중되거나, 불필요하고 무의미한 소비 위주의 습관을 비판하는 문화권에서 산다면 꼭 부자가 된다고 해서 만족감을 느끼지는 못할 것이다.

많은 부자들은 삶의 어떤 시기에 도달했을 때 돈을 버는 것만이 전부가 아니라는 것을 깨닫고 내면적인, 영혼의 성찰에 눈을 돌리게 된다. 하지만 이 시기에 이르면 대부분의 부자들은 이미 너무 늙어버렸거나, 여전히 주변인이나 가족들의 기대에 부응하기 위해 돈을 버는 일에서 손을 놓을 수 없는 처지에 이르고 만다. 또한 대부분의 사회에서는 부자와 가난한 이를 막론하고 비슷한 지적 수준을 요구한다. 정의 사회를 목표로 하는 문화권에서는 부자들의 수도 서서히 줄어들기 마련이다. 실제로 부자 중에서도 삶의 방식이나 태도를 완전히 바꾼 이들을 적잖이 찾아볼 수 있다. 그중 하나는 나의 지인이기도 한 스베인 빌헬름센이다. 그는 청년 시절 금융계에서 큰돈을 벌었다. 그러던 어느 날 갑자기, 다른 일을 해보아야겠다고 마음먹었고 현재는 지역 발전 계획과 관련한 유기농 관광을 기획하고 있다. 이 일을 하면서 그는 달라이 라마, 인도의 왕자, 심지어는 마사이 용사들과도 인맥을 맺을 수 있었다. 그는 돈이 더 나은 세상을 만들 수도 있으며 동시에 삶을 즐길 수 있는 요소가 될 수 있다고 확신하고 있다. 단지 어떻게 사용하느냐에 따라 결과는 달라지겠지만 말이다.

또 다른 예는 음악가이자 소설가인 요 네스뵈이다. 그는 금융중개인으로 일하다가 작가로 전업했고, 소설을 써서 수십억 달러를 벌었다. 그는 한 인터뷰에서 피치 못할 사정으로 금융계를 떠나야 했으며 후회는 없다고 했다. 그리고 엄청난 돈을 벌긴 했지만 견딜 수 없을 정도로 지루한 삶을 살기는 마찬가지라고 했다. 그는 부에 연연하지 않으며, 오직 안락한 집 한 채와 수집해왔던 CD들만 있다면 아무것도 더 필요치 않다고 덧붙였다.

로마의 철학자 키케로는 '정원과 책만 있다면 아무것도 더 필요하지 않다'고 했다. 정원과 책에서 기쁨을 얻을 수 있다면, 치아미백을 하거나 스피드 보트를 구입하지 않아도 행복해질 수 있다는 말일까.

이건 부자들에게만 적용되는 건 아니다. 국제 중산층에 해당하는 평범한 사람들도 이런 경험을 하기 마련이다. 1973년에는 자동차에 냉방 또는 난방 장치를 하는 것이 필수적이라고 대답한 미국인이 단 13퍼센트밖에 되지 않았지만

2005년에는 41퍼센트로 늘어났다. 우리는 이 조사 결과에서 이바르 프뢰네스$^{Ivar\ Frønes}$와 랑힐 브루스달$^{Ragnhild\ Brusdal}$ 같은 사회학자들의 연구를 떠올리게 된다. 1960년대에는 노르웨이의 가정집 욕실 바닥에 난방 장치가 된 곳을 찾아볼 수 없었다. 하지만 2000년대에 들어서는 난방 장치가 설치된 욕실을 자주 볼 수 있게 되었다. 1980년대, 비록 짧은 기간이긴 했지만 차가운 욕실 바닥이 대부분이었던 시절, 바닥에 난방 장치를 설치했던 이들은 뿌듯한 만족감을 느꼈을 것이다.

한계 없이 행복한 일들

세상은 복지와 풍요의 패러독스 위에서 움직이고 있다. 어떤 이들은 이런 현상을 '쾌락 적응$^{hedonic\ adaptation}$'이라 부른다. 이것은 편안함과 안락함 등에서 느끼는 만족감과 기쁨은 시간이 흐를수록 서서히 줄어들어서 결국은 원점에 도달한다는 의미를 포함하고 있다. 미국 심리학자 중에선 모델들의 사진을 많이 본 남자들일수록 자신의 아내에게서 매력을 덜 느낀다고 주장하는 이들도 있다. 이 말을 들은 사람들은 그런 남자들의 됨됨이를 알 만하다고 혀를 쯧쯧 찰지도 모른다.

어쨌든 이 예시가 어떤 결과적 방향을 확실하게 제시한다. 즉, 한계효용의 하락 법칙은 우리에게 상대적으로 큰 의미를 지니고 있지 않은 것들이나, 비프스테이크로 한 끼를 때우는 일이나 사막의 오아시스처럼 단기적인 경험에 한정된다는 것이다. 예를 들어, 클래식 음악에 깊은 관심을 가진 사람은 클래식을 아무리 자주 들어도 질리지 않는다. 오히려 들으면 들을수록 새로운 뉘앙스를 발견할 수 있어 더 큰 기쁨을 맛볼 수 있다. 브루크너를 듣지 않고 바로 말러를 들을 경우 어딘지 앞뒤가 맞지 않는다는 느낌을 지울 수 없을 것이다. 말러의 장대하고 멜로드라마틱한 폴리포니 음악은 브루크너를 먼저 들은 후에 감상해야 진수를 경험할 수 있다. 또한 젠틀 자이언트Gentle Giant를 들은 후에 제트로 툴Jethro Tull을 듣는다면, 제트로 툴이 그다지 독특하지 않은 주류 음악에 불과하다는 것도 느낄 수 있을 것이다. 존 콜트레인John Coltrane의 재즈를 이해하려면 찰리 파커Charlie Parker부터 들어야 하는 것이 정석이듯 말이다.

모든 것에 깊은 관심을 지니고 있다면 결코 지루함을 느끼진 않을 것이다. 세상 사람들이 모두 지루함이나 한계효용 하락의 법칙을 경험하는 것은 아니다. 어떤 이들은 다른 이들보다 천성적으로 더 자주, 그리고 더 빨리 지루함에 빠져들기도 한다. 반면 어떤 이들은 쳇바퀴 같은 규칙적이고 예상할 수 있는 일상에 더 만족하기도 한다. 위험한 암벽 등반이나 익스트림 스포츠를 즐기는 이들은 전자에 속한다. 이들은 지루함에 빠져들지 않기 위해 항상 이전에 경험했던 것보다 조금 더 위험하고, 조금 더 스릴 있는 일을 찾아 나선다. 후자에 속하는 이들은 정원의 장미가 작년만큼 아름답게 피어난 것을 보는 것만으로도 만족한다. 따라서 한계효용의 하락 법칙에 가장 영향을 크게 받는 이들은 전자에 속한 사람들이라 할 수 있다. 이 법칙에 그다지 큰 영향을 받지 않는 이들은 반복되는 일에 그다지 큰 신경을 쓰지 않는 사람들이다. 따라서 어쩌면 모든 일에 그다지 큰 신경을 쓰지 않는 게 살아가는 데 이득이 될지도 모른다.

경제학의 한 부문에서는 사람들을 극대화 부류와 만족화 부류, 두 부류로 나누고 있다. 행복을 연구하는 학자들은 각각의 개별적 상황 속에서 극대의 만족감을 추구하는 이들일수록 만족감을 느끼는 경우가 적다고 주장한다. 하지만 이들 극대화 부류에 속하는 사람들을 세상의 발전을 위해 희생시키면 어떨까? 그렇다면 이들은 포기하지 않고 끊임없이 추구하는 바를 이루기 위해 노력할 것이니 세상의 발전을 이루기가 더 쉽지 않을까? 글쎄. 그럴지도 모른다.

이들 두 부류에 속하는 사람들에 대해 더욱 심도 있게 연구한 학자는 1978년 노벨 경제학상을 받았던 허버트 사이먼 Herbert Simon이다. 그는 순수 경제학이 아닌 조직이론으로 노벨 경제학상을 받은 최초의 학자였으며, 때문에 당시 꽤 말이 많았던 것으로 기억한다. 사이먼은 갖가지 실용적 지식으로 무장돼 있어 언제 어디서 마주쳐도 쉽게 가벼운 대화를 나눌 수 있는 사람이었다. 그는 1950년대에 인공지능을 지닌 '생각하는 기계'를 처음 출시했던 사람이며, 인간의 사고를 바탕으로 컴퓨터 시뮬레이션을 시도하기도 했다. 인간 이해에 대한 그의 가장 큰 학문적 업적은 1957년에 발표한 '제한된 합리성'에 대한 이론일 것이다. 경제학자들은 인간이 항상 극대의 결과를 창출하기 위해 노력하는 존재라고 주장한다. 사이먼은 인간이 접할 수 있는 선택적 대안에는 한계가 있기 때문에 이 이론은 수정이 필요하다고 반박했다. 우리는 어떤 물건을 구입할 때, 같은 종류의 다른 물건들을 가격과 내용 면에서 샅샅이 따져본 후, 대체적으로 만족할 만하다 싶은 물건을 고른다. 사이먼은 여기서 극대화 부류와 만족화 부류의 인간의 특성을 볼 수 있다고 말한다. 즉, **극대화 부류는 항상 최고만을 고집하는 이들로서, 원하는 것을 손에 넣기 전에는 절대 만족하지 않는다. 반면 만족화 부류는 최고가 아니더라도 대충 좋아 보이면 만족한다.**

현대 정보 사회의 한 예를 들어보면 사이먼의 말이 틀리지 않다는 것을 알 수 있다. 언젠가, 모든 물건의 가격을 샅샅이 꿰고 있는 한 남자의 이야기를 읽은 적이 있다. 그의 동료는 집을 사기 전에 그에게 가장 먼저 달려가 조언을 구했다. 그는 어떤 지역의 어떤 중개인을 고용해야 하는지에 대해서 뿐만 아니라, 어느 계절, 어떤 날에 오퍼를 넣어야 하는지, 심지어는 집을 보러 갈 때는 어떤 날씨를 염두에 두어야 하는지도 조언을 해주었다. 그는 노트북을 구입할 때는 어떤 인터넷 홈페이지를 참고해야 하는지, 1월에 멕시칸 토마토를 살 때에는 어느 가게를 둘러봐야 하는지도 알고 있었다.

이 남자의 예는 매우 특별한 경우이다. 정상이 아니라고는 할 수 없지만, 북극의 얼음 위에서 침낭을 함께 사용하고 싶은 사람이 아닌 것은 확실하다. 그는 사이먼의 '제한된 합리성'에 대한 살아 있는 예이다. 물론, 극대화 부류와 만족화 부류에도 정도의 차이는 존재한다. 어떤 이들은 가장 먼저 눈에 띈 신발을 구입하는 반면, 또 다른 이들은 신발 가게를 최소 다섯 군데 정도 돌아본 다음에 그것도 모자라 집으로 돌아와 내일은 어느 가게를 둘러볼까 계획하기도 한다. 언젠가 덴마크 카스트룹에서 만난 한 영국 동료는 자기가 물건을 '거의' 구입하는 데 아주 소질이 있는 사람이라고 소개했다. 그러니까 그는 물건을 구입하지 않고 쇼핑만 하는 셈이다. 그렇다면 그는 어느 부류에 속하는 사람일까?

여기서 사람들의 근본적 차이를 이야기하는 것은 어울리지 않을지도 모른다. 왜냐하면 인간의 내면에는 양쪽 근성이 모두 자리하고 있기 마련이니까. 차치하고, 극대화 부류의 인간이 세상의 발전을 가져온다는 건 장담할 수 없다. 이들은 자신들의 일에 만족할 수가 없기 때문에 끊임없이 연구를 계속하다가 죽을 때까지도 세상에 그 연구 결과를 발표하지 못할 수도 있다. 어쩌면 설렁설렁 일하는 재능 있는 자들의 새로운 아이디어, 관점, 발명품 등이 세상의 발전을 더 빨리 가져오지 않을까? 권력의 저변에 숨은 구조에 대해 이론을 발표했던 미셸 푸코는 여러 면에서 역사적 사실을 간과한 바 있다. 그에게는 수많은 자료들을 끈기 있게 살펴볼 만한 인내심이 없었던 것이다. 웁살라 대학에서 제출한 그의 첫 박사 논문은 너무 짧은 시간 내에 대충대충 써낸 탓에 퇴짜를 맞기도 했다.

여기서 또 다른 예를 하나 더 들어보자. 장^{Jean}은 아프리카 섬나라 세이셸^{Seychelles}에서 가장 큰 섬인 마헤^{Mahé}의 벨 옴브레$^{Bel\ Ombre}$에 살고 있는 30세 청년이다. 그는 세이셸에서 태어나고 자랐는데, 최근에는 영국에서 5년 동안 살았다. 작년에 그는 영국 생활을 접고 고향으로 돌아갔다. 그가 영국에 간 이유는 새로운 세상을 접하고 돈을 벌기 위해서였다. 그런데 왜 고향으로 돌아갔을까? 그는 영국이 너무도 음침하고 지저분했으며, 영국에서 사는 동안 하루도 스트레스를 받지 않는 날이 없었다고 고백했다. 사람들의 입가에서는 미소라고는 찾아볼 수도 없었으며, 항상 바쁘게 움직이기만 했고, 일은 생각했던 것보다 훨씬 힘들었다. 그게 바로 그가 고향으로 되돌아간 이유였다.

그렇다면 장은 영국에서 5년 동안 무엇을 했을까? 그는 원래 공학도 신분으로 영국에 갔다. 그런데 시간이 흐르면서 교내 행사에서 디제이로 일하게 되었고, 결국 다음 학기엔 학교를 그만두고 클럽계로 빠져버렸다. 디제이 일을 하면서 음반을 틀고 음향시설을 설치하고 심지어는 술집의 출입문을 지키는 일도 하게 되었지만 생계를 유지하는 데에는 아무 지장이 없었다. 그렇게 약 2년을 보낸 후, 그는 자메이카계 영국인 애인을 만났고 차츰 한밤에 나가 일을 하는 데 싫증을 느끼기 시작했다. 그래서 한 기업에 취직을 해 일을 하면서 택시 운전기사 자격증을 취득했고, 코벤트리^{Coventry}에서 택시를 몰다가 애인과 함께 결국 고향으로 돌아오게 되었다.

그가 영국에 살 때 자식을 낳았는지는 알 수 없다. 지금 그는 고향에서 10년 연하의 애인과 작은 집에서 살며 곧 태어날 아이를 기다리고 있다. 그는 집에서 약 2킬로미터 정도 떨어진 바닷가에 위치한 한 정비소에서 일을 하고 있다. 수입은 영국과 비교했을 때 하잘 것 없지만, 고향에 돌아온 것을 후회한 적은 없다. 그는 영국에서보다 세이셸에서의 삶이 훨씬 행복하다고 했다. 세이셸에서는 모두 인간적 템포로 일을 하며, 바쁜 도중에도 이웃이나 동료와 마주치면 늘 잠시 시간을 내어 대화를 나누는 여유를 누릴 수 있었다. 오늘 할 일을 다 못하면 내일 하면 된다는 느긋함이 있기 때문이었다. 영국에서는 그날 할 일을 다 못하면 상사의 질책을 받기 일쑤였다. 어쨌든 세이셸에는 사랑하는 친구들과 가족들도 있으니 하루하루가 외롭지 않아 좋았다. 장은 영국에서 진정한 친구를 만날 수가 없었다. 그가 영국을 떠올릴 때 그리운 것이 있다면 단 하나, 쇼핑이다. 거리를 가득 채운 수많은 가게들…. 그는 아이가 태어나면 애인을 데리고 모리셔스로 쇼핑 여행을 갈 계획이다. 땅을 조금 사서 직접 집을 지을 계획도 가지고 있다. 욕실에는 이탈리아제 타일을 깔고, 거실에는 평면TV를 들이고, 부엌에는 최첨단 가스 오븐을 설치할 꿈을 지니고 있기에, 지금도 열심히 돈을 모으고 있다.

장의 이야기는, 유럽에서 몇 년을 지내고 다시 고향으로 온 많은 세이셸 사람들의 이야기와 다르지 않다. 사실 세이셸은 빈곤 지역과는 거리가 멀다. 삶의 질적인 수준을 본다면 중간 정도 되는 곳이다. 누구나 옷과 음식, 비바람을 가려줄 곳을 가지고 있으며, 평균 수명은 유럽과 마찬가지로 높다. 그뿐만 아니라 1년 내내 온건한 기후로 살기도 좋고, 풍요로운 녹지와 매혹적인 해안도 볼 수 있다. 세이셸의 정치 시스템은 온건한 사회주의를 표방한 독재국가에서 의회 민주주의로 변천했으며 1992년 민주주의를 표방하면서 최초의 대통령이 선출되기도 했다. 득표 조작 같은 것도 발견되지 않았다. 세이셸을 방문했던 유럽인들은 그곳에서의 생활이 느린 영화를 보는 것과 같다고 입을 모은다. 유럽 관광객들은 사람들의 행동, 대화, 심지어는 차들까지도 유럽에 비해 천천히 움직이는 느낌이라고 말한다.

장의 일과 삶에 대한 태도에서 나는 차야노프의 법칙을 떠올렸다. 알렉산더 차야노프$^{Alexander\ Chayanov}$는 러시아(1917년부터는 소비에트 연방에 속함)의 농경 경제학자로, 스탈린의 계획 경제를 비판했다는 이유로 억압을 받았으며, 카자흐스탄에서 수용소 생활을 하던 중 결국 총살을 당했다. 차야노프는 소규모 농가 중심의 경제에서는 생산과 이익의 극대화를 볼 수 없으며, 따라서 소비에트 연방에서 소규모 농가들을 강제적으로 한데 모아 집단 농경을 계획할 경우 이익을 창출하는 것은 불가능하다고 주장했다. 소규모 농가에서 일을 추진하는 원동력은 바로 가족들의 생계를 연명하는 것이며, 때문에 일단 가족들이 문제없이 생계를 연명하게 되면 일을 더 할 동기의식을 찾지 못하게 되기 때문이라는 것이다.

이러한 분석은 상식적 농경 생산에 대한 공산주의적 개념과 어긋난다(아이러니컬하게도 이 분석은 마르크스와 엥겔스가 주창한 초기 공산주의적 개념을 떠올리게 하기도 한다). 소규모 농가의 노동 동기가 추상적 집단의 이익을 창출하기 위해서가 아니라 가족의 생계를 꾸리기 위한 것이라는 그의 주장은, 공산주의적 관점에서 본다면 우파적 일탈로밖에 보이지 않을 것이다. 그리고 필요 이상의 노동은 하지 않는다는 점은 공산주의 국가의 농경 경제 성장에 대한 혁명적 야심과 그 기반을 약화시키는 역할을 한다.

차야노프의 말이 맞았다. 러시아와 우크라이나의 강제 집단 노동은 1930년대에 들어 인권에 반하는 재앙을 야기했고, 결국은 수백만 명의 목숨을 앗아가기까지 했다.

차야노프의 주장은 소비에트의 소규모 농가에 국한된 것이 아니었다. 그의 법칙은 성장에 바탕을 두지 않은 다른 많은 경제 분야에서도 정확히 맞아들어갔다. 그런데 정말 그의 주장이 맞다면, 동기의식이 없는 경제체제는 결국 발전 없는 경제가 되고, 사회는 제자리걸음만 하게 되지 않을까? 그건 아니다. **생활에 필수적인 요소를 손에 넣게 되면, 사람들은 무언가 다른 의미 있는 일이나 활동에 눈을 돌리기 마련이니까.**

바로 이 점에서 앞의 분석은 문제점을 야기하고, 동시에 차야노프의 법칙은 세이셸과 같은 사회에 적용될 수 없다는 것을 보여준다. 꼭 필요한 만큼만 일을 하는 장과 같은 청년은 유럽 사회의 노동 체제를 비인간적이라 여긴다. 동시에 이들은 텔레비전에서 보았던 풍요로운 유럽의 소비 패턴을 동경한다. 따라서 이들은 선택을 내리지 않을 수 없다. 만약 소비사회에 더 치중하게 된다면, 노동의 양도 의무적으로 늘려야 한다. 대륙붕에서 석유가 발견되지 않는 이상 말이다.

여러 문화권 중에서 특별히 더 완벽주의 또는 극대화를 지향하는 문화권이 존재할까? 대답은 '그렇다' 이다. 차야노프는 러시아의 소규모 농가가 최대한의 이윤을 창출하는 데에는 관심이 없다는 것을 이미 보여주었다. 이들은 적당히 가족들의 기본적 요구만을 만족시키는 데 관심을 두었지, 이윤의 극대화에는 별 신경을 쓰지 않았다. 또한 차야노프는 동일 농가 내에 노동자의 수가 많으면 많을수록 개별적 노동 시간은 줄어든다는 것도 증명했다. 이들의 목적은 기본적인 욕구의 충족이며, 이 욕구가 충족된 이후엔 각자 원하는 취미 생활로 눈길을 돌렸기 때문이다. 지금도 여전히 성장의 롤러코스터에 휩쓸리지 않은 소규모 농가들을 많이 찾아볼 수 있다.

하지만 바로 이 때문에 경제는 물론 삶 자체마저도 침체될 수 있다. 이들에게서는 발전을 볼 수 없다. 아이들은 부모들의 교육 수준을 뛰어넘지 못하고, 여전히 어두침침하고 비좁은 집에서 살며, 집앞 도로에는 아스팔트라곤 구경도 할 수 없으며, 마을 공터에는 아이들이 뛰어놀 축구장도 찾아볼 수 없다. 물론, 차야노프가 분석했던 소규모 농가에서도 극대화를 추구한 것이 있었다. 바로 삶의 만족도이다.

나는 여기서 오랜 스승인 아르네 마틴 클레우센[Arne Martin Klausen]을 떠올리지 않을 수 없다. 그는 무엇을 하든 간에 완벽을 추구하는 법이 없었다. 단 하나의 예외가 있다면 바로 교수로 임명되었을 때였는데, 그때 본인은 물론 주위 사람들의 예상을 뒤엎었던 것은 두고두고 기억할 만한 일이었다고 회고록에 기록하기도 했다. 어쨌든 그는 전 생애를 통해 학문과는 별도로 여러 가지 개인적 취미 활동을 끊임없이 해왔다. 나는 가끔 클레우센 교수가 현대판 소규모 농부가 아닐까 생각해보기도 한다. 자본주의 경제에 빠져들어 수만 평의 밀밭을 소유한 다른 농부들과는 달리 세 평의 옥수수밭, 열 마리의 닭, 몇 그루의 포도나무, 그리고 한 평의 감자밭 등을 소유하고 있는 소규모 농부 말이다.

공을 들이면 들일수록, 그 결과가 좋지 않을 때 내·외면이 추락하는 정도 역시 크기 마련이다. 하지만 여러 개의 자잘한 것들에 분산 투자를 하게 되면, 어느 하나에 어려움이 닥쳤을 때 나머지 다른 것들에 심혈을 기울여 좋은 결과를 낼 수도 있을 것이다. 바로 여기에 인간의 공통적 삶의 만족에 대한 열쇠가 숨어 있다. 내 동료는 나보다 더 나은 학자일지는 모르나, 그는 낚시에 대해선 문외한이다. 내 이웃은 나보다 더 좋은 차를 소유하고 있으나, 그는 무식하고 외국어라고는 단 하나도 모르는 사람이다. 학창 시절 내가 외톨이로 지내지 않았던 가장 큰 이유는 바로 미술이나 체육 과목에서 맨 뒤를 맴돌았기 때문이 아닐까. 그렇지 않았다면, 공부만 잘하는 아이로 낙인찍혀 외톨이 신세를 면치 못했을 것이다.

카르페 디엠은 의미 없다

본론으로 돌아가서 다시 한 가지 질문을 던져보자. 그렇다면 이런 예들과 한계효용의 하락은 어떤 관계가 있을까? **삶에서 경험할 수 있는 급진적인 추락과 지루함을 줄이는 방법은, 바로 관심과 투자의 분산이라 할 수 있을 것이다.** 만약 열 가지 관심사가 있는데 그중 한 가지에서 좋은 결과를 내지 못했을 때 다른 대안이 있다면 우리는 안심할 수 있다. 또한 한 가지 악기를 연주한다고 쳤을 때 연습을 반복하면 할수록 성과를 얻을 수 있으니 만족감은 커질 것이다. 적어도 세 개의 화음만 평생 연습하지 않는다면 말이다.

그럼 한계효용의 하락 법칙은 소극적인 소비 또는 큰 의미가 없는 피상적인 일과 관계가 있는 건 아닐까? 예를 들어 매일 비프스테이크를 먹는다면, 그것을 먹는 즐거움이나 만족감은 시간이 지남에 따라 서서히 줄어들 것이다. 마약도 초기에는 기쁨과 만족감을 줄지 모르나, 어느 정도 시간이 지나고 중독이 된 경우 기쁨과 만족감을 얻기 위해 복용해야 하는 필수품으로 변해버리기 마련이고, 끝내는 정상적인 기분을 유지하기 위해서 반드시 복용해야 하는 필요악으로 변해버린다. 커다랗고 값비싼 고급차를 구입했다 하더라도 시간이 지나면 이런 차를 몰고 다니는 것이 아무렇지 않게 습관처럼 변해버린다.

그러나 각자의 삶에서 가장 큰 의미를 지닌 것들에는 이런 한계효용의 하락을 다루는 경제 원칙을 적용할 수 없다. 산책하기를 좋아하는 오슬로 시민들이 울레볼세터 평야를 438번 다녀왔다고 해서 439번째의 산책이 더 지루하다고 생각지는 않을 것이다. 왜냐하면 갈 때마다 다른 느낌을 맛볼 수 있기 때문이 아닐까. 어떤 사람을 사랑할 때도 마찬가지다. 오랫동안 사귀고 만나왔다고 해도 그 횟수를 더할수록 만남이 지루해진다고 느껴지지는 않는다. 셰익스피어에 심취한 사람들은 《햄릿》이나 《템페스트》를 읽을 때마다 새롭다고 느낄 것이다. **이처럼 어떤 일에 깊은 관심을 지니고 있다면 그 횟수가 반복된다고 해도 지루함을 느끼지 않는다.**

어쩌면 우리는 습관처럼 변해버린 일들과 표면적이고 피상적인 관계만을 유지하고 있는 게 아닐까. 아니 어쩌면 어떤 것들과 표면적이고 피상적인 관계만을 유지하고 있기에 그것이 무덤덤한 습관처럼 변해버리는 건 아닐까. 만약 후자가 맞다면 만족감의 극대화를 추구하는 극대화 부류 인간보다는 만족화 부류 인간으로 사는 게 더 낫지 않을까. 삶을 단순한 모놀리스(한 덩어리의 석재로만 이루어져 있는 구조물—옮긴이)로 만들기보다는 지그재그, 또는 모자이크처럼 꾸며가며 사는 게 더 나은 것처럼 말이다.

어쨌든 삶의 정점을 여러 곳으로 분산해 놓는 것은 현명한 일이다. 술을 다량으로 자주 마셔서 다음 날 아침 속이 아플 정도가 되면 술을 마시는 즐거움은 사라져 버린다. 그 정도가 되면 알코올중독자라고도 할 수 있을 것이다. 흡연도 마찬가지다. 비록 흡연은 다음 날 일을 하는 데 지장을 주진 않지만 말이다.

수년 동안 흡연 문화에 관해 비판적인 서유럽 문화권에서 살고 있는 흡연자의 한 사람으로서, 흡연에 관해서라면 나는 삶의 질과 관련된 이야기 말고도 할 말이 많다. 내가 담배를 끊었다고 말해도 이제 주변 사람들은 내 말을 믿지 않는다. 다음번에 다시 나를 만나게 되면 어느덧 손에 담배를 들고 있는 내 모습을 보게 될 테니 말이다. 모든 흡연자는 한계효용 하락의 법칙에 대해 너무도 잘 알고 있다. **즉, 만족감과 기쁨을 시간차로 분산해야 한계효용의 하락을 줄일 수 있다는 것.** 열 시간 동안의 비행기 여행 후 마침내 담배를 피웠을 때의 그 만족감은 이루 형언할 수가 없다. 반면 파티장에서 밤새 담배를 피운 후 잠자리에 들 때면 목이 매캐하고 기분도 찌뿌둥하다.

금연 전문가인 앨런 카$^{Allen\ Carr}$는 자신만의 특유한 방식을 발표했다. 담배를 끊는 일을 상실로 여길 것이 아니라 이익으로 여겨야 한다는 것이다. 담배가 그리운 것은 착각에 불과할 뿐이라는 게 그의 주장이다. 그는 흡연자를, 짧은 간격을 두고 연속적으로 벽에 머리를 찧는 사람에 비교할 수 있다고 했다. 이 짧은 간격의 휴식기에는 기분이 좋은 것처럼, 흡연자들은 흡연을 통해 욕구를 충족하는 순간에는 좋은 기분과 만족감을 느낄 수 있다. 그런데 그는 흡연이 긍정적 가치를 지니고 있는 게 아니라 실제로는 흡연 행위 사이의 휴식기가 긍정적인 가치를 지니고 있는 것이기 때문에, 벽에 머리를 찧는 일을 그만두어야 한다고 주장했다.

알코올 섭취도 이와 마찬가지이다. 우리는 만족하고 즐기기 위해 술을 마신다. 하지만 정상적인 삶을 살기 위해 술을 마시게 된다면 그는 이미 알코올중독자라 할 수 있다. 이 사람은 벽에 쉴 새 없이 머리를 찧는 사람에 비교할 수 있으며, 한계효용 하락의 법칙에 유쾌하지 않은 방법으로 희생자가 되어버린 사람에 불과하다.

한 개비의 담배와 한 잔의 와인이 진정한 즐거움과 만족감을 줄 수 있는가? 이 질문에 대답하기에 앞서, 언젠가 읽었던 어느 선사의 일화를 여기에 소개하고자 한다. 어느 날 그의 제자 중 한 명이 기쁨에 넘친 표정으로 달려와, 자기가 담배를 끊은 지 3년이 되었다며 이젠 담배의 노예에서 벗어나게 되었다고 알렸다. 그러자 선사는 제자에게 담배 한 개비를 내밀며 이렇게 말했다. "이제 자네는 스스로 선택할 수 있게 되었네. 이제 담배가 자네의 노예가 되었으니, 자네 마음대로 하게."

모든 일은 균형을 찾고 유지하는 일과 관련이 있다. 따라서 우리는 균형을 찾기 위해 무엇이 필요한지 우선 알아야만 한다. '카르페 디엠$^{Carpe\ diem}$'같은 말에서 삶의 의미를 찾으려 할 필요는 없다. 솔직히 카르페 디엠은 내가 들어본 말 중에서 가장 덧없고 가장 자주 오용된 좌우명이 아닐까 싶다.

물론, 그 순간, 그날 하루를 놓치지 않는 건 좋은 생각이긴 하다. 하지만 앞으로 5년, 10년, 또는 20년 이후를 준비하지 않고 오직 지금 이 순간에만 묻혀 살아간다면, 우리의 삶은 쏜살같이 움직이는 시간 속에서 제자리에 서 있는 존재로 변하게 될 것이다. 시간의 한계를 하루 단위로 인식한다면 우리는 갈 곳을 잃어버리게 된다. 오직 지금 이 순간만을 즐긴다고 한다면 도대체 누가 담배를 끊을 것이며, 누가 지방질 많은 치즈와 붉은 살코기를 물리칠 수 있단 말인가? 바로 지금 이 순간에만 신경을 쏟는다면 오래도록 건강을 유지하기 위해 조깅을 하고 당근을 먹는 사람은 아마 아무도 없을 것이다.

19세기의 가장 흥미로운 도덕주의자 프리드리히 니체는 영원한 반복을 다룬 전설에 자신만의 해석을 덧붙였다. 그는, 우리가 지금 생각하고 말하고 경험하는 모든 것이 영원히 반복될 것이라고 가정한다면, 모든 일을 그저 대충대충 해치우진 못할 것이라 말했다. 그의 말을 진지하게 받아들여서 그대로 실천할 경우, 우리는 한계효용 하락 법칙의 희생자로 전락하는 일은 피할 수 있지 않을까.

6
만족과 실망의 반복 속에 행복이 있다

기대감은 현실화 직전에 가장 달콤하게 느껴진다. 여행 중에 실망감이 드는 이유는 여행지가 마음에 들지 않아서가 아니라 기대가 현실화되어서 더 이상 기대할 수 없기 때문이다.

느린 시간과 빠른 시간

우리가 경험하는 모든 일은 '**빠른 시간**' 또는 '**느린 시간**'과 연관되어 있다. 무엇에 집중하다 보면 시간은 쏜살같이 지나가기 마련이고, 짧은 시간 내에 할 일이 산더미처럼 쌓여 있을 때 심장이 목구멍까지 올라온 듯한 느낌으로 이것저것 해치우다 보면 언제 시간이 흘렀는지 모를 때가 많다. 전화가 울리고, 이메일 수신음이 연속적으로 울리고, 마감이 코앞에 닥쳐 시계만 바라보며 허둥거릴 때가 바로 '빠른 시간'이다. 반면, 할 일 없이 빈둥빈둥 시간을 채워야 할 때 시간은 이상하게도 더욱 느릿느릿 가는 것을 경험해보았을 것이다. 이 '느린 시간'은 질적으로 좋은 시간이라 할 수는 없다. 사실, 수많은 사람들이 이 느린 시간 속에서 살고 있다. 감옥의 죄수들, 외로운 사람들, 실직자들…. 하지만 빠른 시간 속에서 허둥지둥 사는 사람들은 느린 시간이 다가오면, 자아 성찰을 하거나, 가족이나 친구들과 함께 보내거나, 또는 시 한편을 읽고 음악을 듣기도 하며, 마침내 봄이 왔구나 하고 세상 밖으로 눈을 돌릴 여유를 누리기도 하는 등, 이 시간을 매우 가치 있게 사용할 수도 있다.

오늘날 정보 사회와 신자본주의 사회 속에서 살고 있는 사람들에겐 느린 시간을 경험할 여유가 없다는 데에 나를 포함해 많은 이들이 동의한다. 사람들은 높은 생산력과 활기로 하루하루를 채워나가고 있으며, 지루함을 느낄 시간도 없다. 사실, 지루함이란 어떤 면에서 자원 역할을 하기도 한다. 어쩌면 지루함은 스트레스나 만성피로에 대비되는 말이 아닐까? 스트레스가 쌓인 사람들에겐 같은 양의 일이라도 더 많게 느껴지기 마련이고, 지루해 죽을 것 같은 사람들에겐 주변에 아무 일도 일어나지 않는 것만 같다. 나는 모리셔스에서 5년 주기로 현장 연구를 한다. 1980년대 중반에는 그 지역에 지루함이 만연해 있었다. 당시 나는, 구매자가 있다면 지루함도 수출품에 포함하면 좋지 않을까 하는 생각까지도 해보았다.

몇 년 후, 모리셔스 사람들은 실제로 이 지루함을 수출 자원으로 활용해 그 지역을 호화 관광지로 개발하기에 이르렀다. 그래서 외국의 부자 관광객들은 그곳에 가서 여건이 된다면 1주일에서 3주일가량 마음껏 지루함을 즐길 수 있게 되었다.

당시 모리셔스의 평범한 사람들은 지루함에 대해 그리 고마워하지 않았다. 자기들이 직접 선택한 일도 아니었으니 말이다. 그들에겐 한마디로 할 일이 없었다. 대부분의 남자는 하루 종일 대문간이나 골목 모퉁이에 무리를 지어 앉아서 빈둥거렸다. 반면, 여자들은 비교적 바쁜 생활을 했다. 그도 그럴 것이, 당시 일반 가정집에선 세탁기나 식기세척기, 청소기 같은 가전제품들을 찾아볼 수 없었으니까. 그중에서도 여자들이 가장 힘들어했던 것은 매일매일 서로 다른 다양한 종류의 식사를 만들어내는 것이었다. 그러니 이들은 빈곤층이라고는 할 수 없었다. 단지 아무 일도 일어나지 않는 무미건조한 사회에서 살고 있는 사람들일 뿐. 인구 약 100만의 모리셔스는 마다가스카르와 인도 사이의 바다에 위치한 섬나라로, 지금으로부터 약 100년 전에는 설탕 제조국으로 국가적 번성을 맛보기도 했다. 식민지에서 해방되었다는 기쁨은 1980년대에 들어와 거의 사라졌으며, 현재는 침체된 경제로 실직률이 전인구의 20퍼센트를 넘어서고 있다. 정치가들은 구세대이며 부정부패했고, 청년들 사이의 마약 문제는 점점 증가하고 있다. 또한 다민족으로 이루어진 국가라서 크고 작은 갈등도 있다. 때문에 아무도 미래에 상황이 나아질 것이라곤 생각지 않았다(그런데 이 나라는 정말이지 하룻밤 사이에 변해버렸다).

　대문간에 앉아 빈둥빈둥 허송세월하는 사람들의 수는 엄청나게 많았고, 문화인류학자인 나는 이곳에서 만족스러운 현장 연구를 할 수 있었다. 잔돈 몇 푼으로 맥주를 사 들고 그들에게 다가가면, 그들은 언제나 두 손 들어 나를 환영해 주었으니 말이다. 아마 그들은 나를 이상하고 웃기는 외국인이라 여겼을지도 모른다. 어쨌든, 이렇게 안면을 트고 함께 앉아 이런저런 대화를 하다 보면 그들도 지루함에서 벗어날 수 있어 좋았으리라.

우리는 주변의 하찮은 일부터 심각한 문제까지 모두 대화의 주제로 이용했다. 나는 35세 이하의 남자들에겐 주로 앞으로 무엇을 할 것인지, 어떤 장래 희망을 가지고 있는지 물어보았고, 35세 이상의 남자들에겐 자식들의 미래에 대해 물어보았다. 대부분은 자식들이 프랑스나 호주로 이민갔으면 좋겠다고 대답했다. 자기 딸을 나와 결혼시키려고 나선 사람들도 두어 명 있었다. 이들의 꿈은 유럽으로 가는 것이었다. 나이 많은 프랑스 남자와 결혼한 젊은 모리셔스 여인이 프랑스에서 살다가 결국은 도망치듯 다시 고향으로 돌아왔다는 이야기도 들을 수 있었다. 그녀는 호화롭고 활기찬 유럽 생활을 꿈꾸었으나, 막상 결혼을 해서 프랑스로 가고 보니 도시에서 멀리 떨어진 노르망디 외곽 지역에서 너무도 지루한 생활을 해야만 했다. 그녀는 모리셔스에 살 때 중산층 이하의 그룹에 속해 있었으나, 그래도 가끔은 극장도 가고 방과 후 친구들과 함께 콜라도 사 마시곤 했었다. 정류장에서 버스를 기다리며 길거리의 움직임을 바라보는 것도 좋아했었다.

그녀의 유럽 생활은 기대에 전혀 미치지 못했다. 그녀가 고향의 부모님 밑으로 다시 돌아온 후 무슨 생각을 했는지는 모른다. 하지만 나는 그녀의 심적 고통이 매우 컸으리라고, 또한 그간의 생각에 변화가 생겼으리라고 짐작한다. 그때 그녀의 나이는 겨우 스물 한두 살 정도에 불과했으니까.

5년 후 다시 모리셔스를 찾은 나는 크게 변화한 모습에 놀라지 않을 수 없었다. 첫 번째 현장 연구 기간 도중 있었던 산업혁명은 이미 끝이 났고, 엄청나게 많은 이들이 핸드폰과 컬러텔레비전, 그리고 비디오를 할부로 구입해 소유하고 있었다. 그뿐만 아니라 전혀 생각지도 않았던 곳에 거대한 쇼핑센터가 들어서 있는가 하면, 수도와 공항 간에는 고속도로도 깔려 있었고, 말레이시아와 인도에서 온 건축 노동자들은 화려한 관광 호텔의 마지막 손질을 하고 있었다. 지난번에 알고 지냈던 이들은 너무도 바쁘게 지냈기에 사전에 약속을 하지 않고선 만날 수도 없었다.

사전에 약속을 하고 잠시 짬을 내어 만나게 되면, 우리는 가까운 가게에 가서 얼음처럼 차가운 맥주를 사들고 그들의 집 대문 앞이나 테라스에 앉아 대화를 나누었다. 모든 것은 옛날 그대로인 듯싶었지만, 사실 그렇지도 않았다. 이들은 이제 유럽 이민에 대해선 입 밖에도 내지 않았고, 대신 바쁜 생활과 스트레스에 대한 불평이 대화 주제로 등장했다. 그들은 유럽의 생산력과 복지를 동경하는 대신 가족과 함께 바닷가에서 보내는 여유로운 주말을 동경하고 있었다. 손목에는 디지털 시계를 차고, 집에는 전자레인지와 자동차가 등장했다. 이들은 놀랄 만큼 빠른 시간 안에 모든 것을 이룬 듯했다. 잃어버린 것이 있다면 '느린 시간' 뿐.

'느린 시간'은 숨이 멎을 만큼 지루하게 느껴지기 마련이다. 하지만 '빠른 시간'은 스트레스 때문에 정말 숨을 멎게 만들어 모든 것을 정지시켜버리고 말 수도 있다. 세상에는 느릿느릿 진행해야만 하는 일들도 많다. 예를 들어, 결혼을 하거나, 나무를 심거나, 좋은 책 한 권을 읽는 일 등이 바로 그렇다. 현대 사회에서 이혼율이 급증하는 이유는 기대의 척도가 변했기 때문이라고 한다. 이전 시대에는 남녀 간의 정과 사랑을 바탕으로 결혼이 이루어졌기에, 결혼생활 그 자체가 상당히 굳건하게 유지되었다. 이 점과 관련해, 나는 기대감이 달라졌기 때문이 아니라 기대감을 유지하는 기간이 달라졌기 때문에 이혼율이 증가했다고 생각한다. 예전에는 기대 기간이 상당히 길었지만, 현대에는 이 기간이 짧아졌다. 결혼을 하는 이유는 '좋은 날이나 궂은 날이나 함께 살기' 위해서가 아니었던가. 하지만 요즘 사람들은 '궂은 날' 이

오기도 전에 결혼 생활을 포기하고 각자의 길을 찾아 떠나버린다. 국제 중산층에 속하는 사람들은 5년 또는 10년 이후에 일어날 일을 두고 기대하거나 즐거워하지 않는다. 결혼 생활에 높낮이가 있다는 것도 받아들이지 못 한다.

"좋은 삶이란 기대할 만한 것들이 존재하는 삶"이란 말이 있다. 하지만 오히려 '좋은 삶이란 기대감이 충족되는 삶' 이라 해야 더 정확하지 않을까? 글쎄. 나는 전자를 더 선호한다. 미래에 대한 기대감은 현재에 즐거움과 기쁨을 가져다주니까.

중매결혼이나 부모의 뜻에 따라 결혼한 사람들 중엔 이런 기대감에 의지해 살고 있는 사람들이 꽤 있을 것이다. 이들은 유럽 사회에 만연한 '사랑을 바탕으로 한 결혼'을 그리 탐탁지 않은 눈으로 본다. 젊은 날의 사랑이란 끊어질 듯 가늘고 위험하기까지 한 단기적 정서의 변화와 크게 다르지 않다. 이런 사랑을 압력솥에 비교하는 사람들도 있다. 즉 서구의 결혼은 압력솥에 열이 최고에 도달했을 때 이루어지고, 순식간에 김이 빠져나가면 그 사랑도 식어버린다는 것이다. 이렇게 사랑은 초기에 극점에 달해 서서히 식어가기 마련이고, 결국 파트너가 다른 사람에게 눈을 돌리게 되면 그 결혼 생활은 쉽게 깨져버린다. 의심은 분위기를 악화시키고, 아이들은 정서적 고통에 시달리며, 결국엔 모두 불행의 길로 접어들게 된다. 부모의 뜻에 따라 결혼을 하는 인도 남녀들은 냄비의 열과 압력이 최소일 때 결혼을 해서, 시간이 지남에 따라 서서히 달아오르는 열처럼 사랑도 정도 크고 강해지는 굳건한 결혼 생활을 유지한다.

점심에 딱딱한 빵 한 조각을 예상했는데 갑자기 치킨이 나온다면 그 기쁨은 이루 말할 수 없다. 강제노동수용소 같은 데서는 이러한 예들을 수도 없이 찾아볼 수 있다. 삶이 행복과 기쁨으로 가득 찰 것이라 기대한다면 막상 현실에 부딪혔을 때 느끼는 실망감도 크다. **무엇이든 원하는 것이 있으면 바로 손에 넣을 수 있는 그런 사회에서는, 삶에 가치를 부여하는 그 무엇을 깊게 기대하기 쉽지 않다.** 이렇게 따진다면 삶의 만족은 미래와 어떤 식으로든 관련되어 있다고 할 수 있지 않을까?

여행의 본질은 실망이다

많은 이들이 만족스러운 삶을 이야기할 때, 부의 상징이기도 한 해외 휴가 여행을 거론한다. 북유럽에서는 따뜻한 남쪽 휴양지를 선호한다. 기온이 급격히 떨어지고 해도 일찍 저무는 가을이 되면 북유럽 사람들은 남반구의 휴양지 카탈로그를 뒤적이기 시작한다. 사진 속에는 항상 화창한 햇살과 푸른 하늘, 매혹적인 호텔 건물과 파도를 배경으로 한 하얀 모래사장이 담겨 있다.

불행히도 이처럼 꿈같은 여행지에 도달하기 위해선 스트레스 가득한 공항을 빠져나가 오래도록 비행기를 타야만 한다. 이런 여행에 대해 쓴 책 중에서 이상한 제목 대회가 있다면 1등을 할 것 같은 책 한 권을 소개하고 싶다. 바로 클로드 레비스트로스가 쓴 《슬픈 열대》가 그것인데, 무려 500페이지나 되는 이 책에서 그는 다음과 같이 쓰기도 했다. "나는 여행 경험담, 특히 자아 성찰을 위한 여행담에 혐오감을 느낀다."

이상한 책 제목 대회에서 2등을 차지할 만한 책은 알랭 드 보통이 쓴 《여행의 기술》이다. 그는 이 책에서 자신이 M과 함께 바베이도스를 여행한 이야기를 하고 있다. 이 섬에 도착하기 전에 그는, 바베이도스 하면 석양을 배경으로 한 야자나무와 해변, 나무 바닥과 하얀 침대보로 대표되는 호텔, 그리고 푸른 하늘 정도를 떠올렸다고 말한다.

기대를 안고 바베이도스에 도착한 두 사람은 택시 운전자와 여행 안내원들로 혼잡한 공항 터미널과 꽁초가 가득 쌓인 재떨이 위를 날아다니는 파리들, 거대한 선풍기 등의 광경을 맞닥뜨린다. 게다가 공항에서 호텔로 가는 거리에는 지저분한 광고 전단지와 공장, 길 잃은 개들이 보였다. 파라다이스에 온 줄로만 알았는데 그 시작은 예상과 전혀 달랐다. 집으로 돌아가기 직전, 그는 바베이도스에서의 며칠을 돌아보았다. 그는 휴가를 와서도 제대로 즐기지 못하고 집에서 해놓아야만 했던 일들을 떠올리며 걱정을 하기가 일쑤였고, 또 집으로 돌아간 후에는 무엇을 해야 할지 계획을 세우느라 휴가 기간의 대부분을 써버렸다. 그와 M은 누가 어떤 디저트를 먹을 것인지를 두고 말다툼도 했다. 푸른 하늘 아래서 행복을 만끽하리라 믿었던 이들은 거대한 관광산업의 눈속임에 먹혀 들어간 것이나 다름없었다(여기서 푸른 하늘과 행복을 동일시한 것은 순전히 그의 의견이다. 나는 푸른 하늘에 대해 아무런 생각도 가지고 있지 않다. 푸른 하늘뿐만 아니라 코코넛나무, 바나나, 앵무새 등도 마찬가지다).

그는 고대 철학자들의 지혜를 빌려, 행복에 대해 다소 진부하긴 하지만 꽤 명쾌하고 간결하게 정의를 내렸다. "행복의 핵심적 요소는 물질적이지도 않고 심미적이지도 않다. 어디까지나 심리적일 뿐. M과 내가 해질 녘에 화해할 때만큼 이 교훈이 절실하게 다가온 적은 없다."

데제생트와 알랭 드 보통은 상당히 까다로운, 결코 무난하다고 할 수 없는 사람들이다. 아마 어떤 일을 앞에 두고 손뼉을 치며 기뻐하는 두 사람의 모습은 거의 보기 힘들 것이다. 하지만 이 두 사람은 행복과 만족감이 내면에서 우러난다는 사실을 깨달았고, 우리도 그 사실을 깨닫도록 도와준다. **행복과 만족감에 있어서 외부적인 것은 부가사항일 뿐이다. 그러니까 우리가 여행을 떠난다고 했을 때 중요한 것은 여행지가 아닌 바로 우리 자신이다.** 여행을 위해선 스스로 몸을 움직여 가서 직접 경험을 해보아야 하지 않는가. 알랭 드 보통은 바베이도스에서 이것을 깨달았다. 어떤 장소를 떠올렸을 때 향수가 생기는 것은, 그 장소 때문이 아니라 거기서 우리가 경험했던 정서적 요소 때문이다.

여행에 대한 알랭 드 보통의 책을 읽으면, 기대감 그 자체가 가장 아름다운 것일 수도 있다고 생각하게 된다. 우리는 단 두 시간의 콘서트를 기다리며 보름 이상 기대감에 젖어 있기도 한다. 원하는 것을 기다릴 필요 없이 당장 손에 넣을 수 있는 사회를, 경제학자들은 인스턴트 만족감이라고 부른다. 이런 사회에서 살고 있는 우리에게 오랜 기대감으로 시간을 보낼 수 있는 것이라곤 휴가 여행밖에 없다. 나는 알랭 드 보통이 바닷가 휴양지에서의 지루함을 과소평가했다는 느낌을 지울 수 없다(그가 카리브 제도의 바베이도스를 선택했다는 것이 바로 그 이유다. 바베이도스는 문자 그대로 평평한 나라이며, 지난 400년 동안 역사적으로 흥미로운 일이 단 하나도 발생하지 않았던 곳이기도 하다).

11월이 되면 노르웨이 사람들은 한기와 스트레스에 지쳐 버리기 마련이다. 그럴 때면 따뜻하고, 밝고, 즐거운 여유를 동경하게 된다. 이런 동경과 꿈이 있기에 11월의 어두침침하고 축축한 한기를 견뎌낼 수 있을지도 모른다. 하지만 여행길에 나서자마자, 이런 동경과 꿈은 현실로 대체된다. 어쩌면 우리는 알랭 드 보통과 비슷한 경험을 하게 될지도 모른다. 주변 사람들에게 필요 이상으로 짜증이 나고, 모든 일이 완벽하게 돌아가지 않으면 평상시보다 더 큰 불만으로 대응하게 된다. 갑자기 내리는 비나 바닷가에 줄지어 있는 작은 성게들이 귀찮아지고, 기념품점에서 파는 물건들은 너무나 단순해서 불만이다. 음식은 집에서 직접 만드는 것보다 나은 것 같긴 하지만 고국에서 자주 드나들던 레스토랑의 음식과는 비교도 되지 않는다. 또 해변에 한두 시간만 누워 있어도 땀은 비 오듯 쏟아지고, 모래알 때문에 몸의 여기저기가 가려워지고, 따가운 햇살 때문에 책을 읽기도 불편하다. 머릿속에는 곧 점심을 먹어야 할 텐데 어디서 뭘 먹지 하는 생각으로 가득 차 있다. 어쩌면 신마저 떠나버린 이 파라다이스에서 벗어나기 위해 렌터카를 빌려 타고 근처를 둘러볼 생각이 들지도 모른다.

지난 휴가 때도 이와 비슷한 경험을 했지만, 무슨 이유에선지 우리는 그 사실을 까맣게 잊어버리고 있다. **기대의 힘은 경험의 힘보다 강하기 때문이다.**

지난 10여 년간 관광 산업은 전 세계에서 가장 큰 산업으로 성장했다. 자원이 고갈되기 시작한 사회―바다의 물고기는 줄어들고, 국내 농산품은 경쟁으로 하나하나 자취를 감추기 시작하고, 거리의 개인 소유 상점은 문을 닫기 시작한 사회―에서는 열에 아홉의 경우 관광 산업에 투자한다. 결국, 사람의 발길이 닿지 않은 해안에 가려면 자연보호 구역으로 가야만 하고, 여행 가이드 《론리 플래닛》에 화려하게 소개되지 않은 곳으로 가려면 바그다드 같은 곳으로 갈 수밖에 없는 상황이 왔다.

몇 년 전, 로포텐(노르웨이 최북단에 자리한 어업 및 관광 중심지―옮긴이)의 관광 수입이 처음으로 어업 수입을 앞섰다. 작은 어촌은 신속하게 지어 올린 박물관들로 대체되었고 어촌의 판잣집은 호텔로 바뀌었으며, 양식장과 어획장은 카페로 전환되었다.

가난한 남아프리카의 작은 마을들은 소위 '문화 관광'이라는 것을 통해 수입을 벌어들인다. 버스를 타고 단체 여행을 온 관광객들은 지저분한 게토 지역과 혼자 다니기엔 두렵기까지 한 시내 거리를 둘러본 후, 마지막 코스로 전통 가정집에 들러 고유의 차나 마실 것을 대접받는다. 가끔은 찻잔을 앞에 두고 마을 주민들로부터 과거 인종차별 정책 아래 경험담을 들을 때도 있다. 관광객들은 아무도 입 밖에 내어 말하진 않지만, 그 시간에도 돈은 계속 나가고 있다는 것을 잘 알고 있다.

아르헨티나의 카누 여행, 알바니아의 농가 여행, 아제르바이잔의 평원 산책…. 이처럼 전 세계의 관광지는 각기 다른 모습으로 우리를 유혹하고 있다. 하지만 **이런 관광지의 매력은 실제 경험이 10퍼센트이고 우리의 기대감에 나머지 90퍼센트가 달려 있다고 할 수 있다.**

최근 조금 변형된 형태로 등장한 것은 온천 관광이다. 이 장르는 겉으로 보기엔 남아프리카의 문화답사 관광과는 완전히 다르다. 온천 관광에서는 문화나 자연은 접할 수도 없고, 그저 자신의 내면만을 바라볼 수 있을 뿐이다. 몸에서 독소를 제거하고 에너지를 충전하며 마사지와 향료로 미와 안락을 추구하는 이런 온천 관광의 증가 현상은 쇼핑이나 선탠으로는 얻을 수 없는 또 다른 형태의 자아성찰을 목표로 한 것이라고도 할 수 있다. 나는 우연한 기회에 온천 관광을 주최한 어느 호텔의 리셉션 장을 둘러볼 수 있었다. 그곳에서는 온천욕과 마사지를 받으러 온 부인들과 함께 온 남편들을 위해 골프장도 운영하고 있었다. 분위기는 마치 미국의 특별 사립병원처럼 조용했고, 입구의 벽은 흰색과 베이지가 주를 이루었다. 탁자 위에는 과일이 잔뜩 담긴 커다란 접시와 연기를 모락모락 피우고 있는 향료가 보였다. 모든 것이 너무도 아름답고 고급스럽고 청결해서 제임스 본드 영화에서나 볼 수 있는 화학 실험실을 연상시키기도 했다.

얼마 후, 그곳을 찾은 여인들의 생각을 직접 들어보았다. 그들은 하나같이 오랫동안 아무것도 하지 않고 가만히 누워 있는 게 지루해 견딜 수가 없다고 입을 모았으며, 한 번 경험해보니 다시 올 수 있을 것 같지는 않다고 덧붙이는 사람들도 있었다. 그중 한 명은 고급 여성 잡지의 저널리스트였는데, 그녀는 병원을 연상시킬 정도로 청결한 호텔로 온천 관광을 오는 사람들(특히 여자들)은 시간이 멈춘 듯한 곳에서 마사지를 받고 독소를 제거하는 등 다시 태어나는 기분을 느낄 수 있다는 기대감 때문에 그곳에 오는 것이 틀림없다고 대답했다. 나는 그녀의 대답을 듣는 순간 그 말이 틀리지 않다는 것을 직감했다. 그렇다면 온천 관광도 다른 관광과 마찬가지로 기대감이 주를 이룬다고 할 수 있을 것이다.

기대감과 삶의 만족도는 최근 몇십 년에 걸친, 북유럽에서 남유럽으로 향하는 간헐적 이민 현상을 이해하는 데에도 열쇠로 작용한다. 스페인의 해변과 카나리아 제도에는 언덕 위나 아래를 가리지 않고 건물들이 속속 생겨나고 있으며, 이 때문에 스페인의 건축업계는 최근 50~60년 사이에 큰 성장을 기록했다. 하지만 이 건물들은 호텔이나 레스토랑이 아니라 아파트 등의 가정집이 대부분이다. 카나리아 제도는 스페인에서 최근 가장 높은 인구 증가율을 보이고 있는데, 이건 카나리아 제도의 출생률이 급작스럽게 증가했기 때문이 아니다.

북유럽 사람들은 행복하고 만족스러운 삶을 상상하며 항상 따뜻한 남유럽 지방을 동경해왔다. 1960년대에는 따스한 해변과 값싼 물가를 바탕으로 남유럽 단체 관광이 성행했다. 허구한 날 추운 날씨를 불평하던 북유럽 사람들은 마침내 따뜻한 남유럽에서 1~2주가량 시간을 보낼 수 있게 되었다. 1990년대에 들어와서 이들은 관광 대신 본격적으로 남유럽으로 이주했고, 여기저기에 살 집을 지어 올리기 시작했다. 21세기에 들어서는 북유럽 이민자들의 요구에 부응해 건축업계의 움직임이 활발해졌고, 스페인의 관광지 카탈로그에는 깨알만 한 글씨로 '건축 작업으로 인한 심한 먼지가 날 수도 있음'이라는 경고문이 보이기도 했다.

좋은 삶. 만족스러운 삶. 이것은 모두가 꿈꾸는 것이다. 그렇지 않은가? 피곤한 월급쟁이, 회색빛 도시에서 코를 훌쩍이는 회색빛 인간들은 따스한 남유럽의 정취 대신, 온실에서 재배된 토마토와 냉동 피자, 수영장의 플라스틱 야자수로 스스로를 위로하고 있다. 우리는 정말 사시사철 울창한 녹지 아래 테라스에서 바비큐를 할 권리를 누릴 수 없는가? 부가 증대되고 기대의 척도가 바뀌고 있는 현대 사회에서 따스한 남유럽으로의 휴가마저 꿈꿀 수 없다면, 우리는 컴컴하고 질척한 북유럽의 겨울을 한시도 견뎌내지 못할 것이다.

기대감은 현실화 직전에 가장 달콤하게 느껴진다고 했다. 휴가를 가본 사람들은 모두 여기에 동의할 것이다. 기대를 많이 하면 할수록 실망도 커진다는 말도 있지 않은가. 이제 우리는 그 이유를 직접 경험하고 깨달을 수 있게 되었다. 우리가 즐거워하고 행복해하는 것은 기대감 때문이며, 실망감이 드는 이유는 여행지가 마음에 들지 않아서가 아니라 기대가 현실화되어서, 더 이상 기대를 할 수 없기 때문이다.

다른 삶을 동경하는 사람들

현대사회의 삶은 세 단계로 나누어볼 수 있다.

첫 단계는 30년 정도의 긴 유아 시절에서 청년 시절까지이다. 이 기간은 생일 파티, 성탄절 선물, 여름방학, 군것질거리 등 다양한 기대감이 채우고 있다. 조금 나이가 더 들면 섹스와 사랑이 주를 이루며, 그럴듯한 일자리를 얻어 돈을 벌고, 이국적인 곳으로 여행을 가기도 한다. 그리고 멋진 집을 마련하는 것과 같은 여러 가지 꿈과 희망을 바탕으로 자아실현을 시도하기도 한다. 이 기간에는 일반적으로 시간은 많지만 손에 쥐고 있는 돈은 적다. 하지만 기대감과 희망은 그 무엇보다도 높다.

다음 단계이자 중간 단계인 30세에서 60세 사이는 온갖 다양한 종류의 활동으로 채워진다. 사람들은 이 시기에 학자금을 갚고, 가정을 꾸리며, 아이들을 돌보고, 능력을 인정받기 위해 물불 가리지 않고 열심히 일을 하며, 주택 융자를 받아 내 집 마련에 힘을 기울이기도 한다. 동시에 이 시기의 사람들은 여유를 만끽하며, 정말 하고 싶었던 일을 하기 위해 은퇴 후를 동경하기 시작한다. 많은 사람들이 푸른 하늘 아래서 야자수를 바라보며 테라스에 앉아 화이트와인 한잔을 음미하는 광경을 은퇴 후의 모습으로 그린다. 골프 한 게임을 하거나 수채화 한 점을 그리거나 역사 소설 한 권을 읽은 후의 와인은 더 맛이 좋을지도 모른다. 평균 수명의 연장으로 은퇴 후 이렇게 여유로운 생활을 할 수 있는 시기는 30년 정도로 늘어날 수도 있다. 이 시기에 속하는 대부분의 사람들은 '느린 시간'을 만끽함과 동시에 경제적으로도 더 여유로울 것이다. 드디어 이들에게도 자아실현의 시간이 찾아온 것이다. 인생은 60세부터라는 말도 있지 않은가!

르네상스 시대 이후, 자아실현의 나이는 서서히 높아져 왔다. 1700년대에는 25세 전에 무언가를 이루지 않으면 사회의 패배자로 간주하였다. 베토벤이 10대 중반이었을 때, 그의 아버지는 "모차르트가 네 나이였을 때는…."이라는 말로 아들을 자주 나무랐다고 한다. 베토벤은 후대 사람들의 숨을 멎게 할 정도로 아름답고 장대한 작품들을 쓴 후, 56세에 세상을 떠났다. 오늘날이면 너무나도 손쉽게 고칠 수 있는 병으로 말이다. 1800년대와 1900년대를 거치면서, 비록 소수이긴 했지만, 60세에 접어든 사람들도 왕성한 사회 활동을 하는 모습을 볼 수 있게 되었다. 괴테와 칸트도 여기에 속하는 사람들로서, 말년에 생의 업적을 이루었다. 요즘은 일반적으로 50세가 지나야 자신만의 일을 성취할 수 있게 되었다. 그리고 60세에 접어들면, 그때 가서야 히말라야 산을 오른다든지, 오대양을 배로 일주한다든지, 또는 이탈리아어나 피아노를 배운다든지 등, 젊은 시절의 꿈을 실현해 보고자 움직이기 시작한다. 그도 그럴 것이 젊은 시절에는 이런 일을 할 시간이 없었으니 말이다.

장기적으로 볼 때, 테라스에 앉아 화이트 와인을 마시는 일에선 삶의 의미를 찾아볼 수 없다. 하지만 테라스에 앉아 와인을 마시리라 기대하고 동경하는 건 또 다른 문제다. 실제로 정작 테라스에 앉아 여유를 만끽할 시간이 찾아온다면, 사람들은 쉴 새 없이 시계를 들여다보고, 곧 저녁 먹을 시간인데 오늘은 뭘 먹지 하는 생각으로 조바심을 낼지도 모른다. 어떤 이들은 그 시간을 줄여볼 심산으로 집 앞 가게에 들러 신문을 사 들고 올지도 모른다.

카나리아 제도를 향한 이민 물결은 세 시기의 부류로 나눌 수 있다. 그 첫 물결은 앞서도 이미 언급했듯, 여유롭게 삶을 즐기고자 하는 북유럽 사람들의 이동이다. 두 번째 이민 물결은 멕시코, 루마니아, 폴란드 등지에서 들어온 노동 이민자들이 주축을 이루고 있다. 이들은 열심히 일해서 꿈을 이루려는 사람들로, 더 나은 앞날을 바라기 때문에 남들보다 더 열심히 일을 할 수 있었다.

카나리아 제도를 향한 세 번째 이민의 물결은 아프리카에서 뗏목을 타고 온 불법 망명자들이 그 중심을 이루었다. 카나리아 제도는 모리타니와 세네갈의 북서쪽에 있으며, 누악쇼트나 다카르에서 배를 띄워 조금의 행운과 고생을 겪으면 충분히 도달할 수 있는 곳이다. 스페인의 헐거운 이민법 덕에 그곳에 정착하게 된 사람들도 있었지만, 대부분은 국경 내에 발을 들이기도 전에 강화된 해안 경비 인력에 적발되어 강제 출국을 당했다. 카나리아 제도에 도착하기도 전에 바다에서 숨을 거둔 사람이 몇 명인지는 아무도 모른다. 2006년에는 바베이도스 동쪽 해안에서 작은 배 한 척이 발견되었는데, 그 안에서 무려 열한 구의 시체가 나오기도 했다. 그 배에는 원래 50명 이상이 타고 있었는데, 그중에서 열한 명이 목숨을 잃은 것이다. 시체 한 구의 옷에서 발견된 메모에는 이렇게 적혀 있었다. "바사다에 남아 있는 내 가족들에게 조금이라도 돈을 벌어 보내주고 싶어 배를 탔는데 결국 내 운명은 여기까지인가 보다. 안녕…." 어쩌면 그는 풍요와 부를 경험해보고 싶었을지도 모른다. 하지만 그의 가장 큰 바람은 아무것도 하지 않고 가만히 있는 삶에서 벗어나 무언가를 해보겠다는 것이었으리라.

카나리아 제도를 향한 세 번의 이민 물결은 세 마리의 곰이 나오는 동화를 연상시킨다. 죽이든, 의자든, 또는 침대이든 항상 중간 크기의 두 번째 곰이 소유한 것이 가장 좋다는 이야기다. 크기가 가장 큰 첫 번째 곰이 가진 것은 식어서 차가워진 죽 그릇이거나 딱딱하기 이루 말할 수 없는 의자였고, 막내 곰이 가지고 있던 것은 뜨거워 먹을 수 없는 죽이거나 너무나 푹신해서 자고 일어나면 허리가 아픈 침대였다. 그러고 보면 **실현할 수 없는 야망과, 그 어떤 야망도 찾아볼 수 없는 무덤덤함 사이에서 균형을 찾는 일은 매우 중요하게 여겨진다.** 바사다에서 뗏목 타고 온 남자의 이야기를 읽은 직후, 나는 카나리아 신문에 난 부고 한 편을 읽었다. 그는 1980년대 중반부터 카나리아 제도 테네리페 섬에서 반평생을 산 영국인이었는데, 그는 항상 "아무것도 하지 않는 것보다 더 좋은 일은 없다"라고 입버릇처럼 말했다고 한다. 이런 말은 꿈과 기대가 없는 사람들만이 할 수 있는 말이다. 모든 것을 포기했던 그에겐 희망조차 남아 있지 않았다.

 모든 것을 뒤로하고 다른 곳으로 옮겨 가는 사람들은 두려움과 희망에 이끌려 움직인다. 두려움은 밀어내는 힘, 희망은 끌어당기는 힘으로 반반씩 작용하기 마련이다. 전 시대의 대량 이민 시기, 유럽인들은 가난과 배고픔으로 인한 두려움과, 풍요로운 삶에 대한 희망을 지니고 미국으로 건너갔다. 현대에 지구 남쪽에서 북쪽으로 향하는 이민의 물결은 가난과 억압 또는 폭력에 대한 두려움과 3~4세대 이전 미국으로 건너갔던 유럽인들의 희망과 비슷한 동경에 근거를 둔 것이다. 여기서 생각해 볼 문제는, 남유럽으로 이민을 가는 북유럽 사람들에게도 두려움과 희망이 이민의 바탕이 되고 있는가이다. 이들은 도대체 뭘 두려워하고 또 뭘 바라기에 남쪽 나라로 이민을 가는 것일까. 여기에는 정확한 선을 그을 수가 없다. 이들이 바라는 것은 편안한 삶을 사는 것이지만, 그것은 현재보다 더 풍족하고 나은 삶을 동경하는 어렴풋한 꿈과는 다른 것이라 할 수 있으니까.

유럽 북쪽 지역에서도 이동의 움직임이 있었다. 대량 이민은 아니지만 최근 몇 년간 네덜란드인들은 자국을 떠나 프랑스, 스웨덴, 노르웨이 등지로 다수 이민을 떠났다. 노르웨이로 들어온 네덜란드 사람들은 대부분 고급 인력이었으며, 이른 시간 안에 언어를 습득하고 정착할 수 있었다. 하지만 나는 가끔 이들이 어떤 생각으로 살고 있는지 또는 낯선 땅에서 정말 오래 견딜 수 있을지 궁금하다.

예를 들어 노르웨이의 텔레마르크에 정착한 네덜란드인 가족들의 이민 동기를 짐작하는 것은 그리 어렵지 않다. 최근 네덜란드 암스테르담 주변 지역의 인구 밀도는 엄청나게 높아졌기 때문에, 사람들은 손바닥만 한 지하실과 정원이 딸린 비좁은 이층집에서 살아야만 했다. 거리에는 이와 비슷한 집들이 다닥다닥 붙어 있고, 어디로 눈을 돌리든 간에 비좁은 거리와 열을 지어 나란히 붙어 있는 비슷한 집들로 가득했다. 이 상황에서 둘째 아이가 태어나기라도 한다면 조금 더 넓은 집으로 이사 가고 싶은 사람들이 한둘이 아니리라. 하지만 네덜란드의 집값은 엄청나게 높고, 그렇게 높은 집값을 지불한다 하더라도 북유럽 기준으로 보았을 때 비좁기 그지없는 집들이 대부분이었다. 이들은 이른 아침에 아이들을 유치원이나 학교로 데려다준 후, 전동차나 기차를 타고 암스테르담으로 향했다. 교통 체증이 심한 암스테르담에서는 꼭 필요한 경우를 제외하고선 직접 자동차를 운전하는 사람이 거의 없다. 이들은 전 세계에서 가장 평평하고 가장 인구 밀도가 높은 나라에서 살고 있다. 자연이라곤 찾아볼 수도 없으며, 사람의 손이 닿지 않은 야생 오솔길에서 산책이라도 하려면 벨기에나 프랑스로 가야만 했다.

   헹크와 레니는 아이들을 위해 좀 더 넓은 집으로 이사를 가고 싶어 했다. 아이들이 10미터 이상을 달려도 운하에 빠지거나 차에 치일 걱정을 하지 않아도 되는 그런 곳, 헛간을 매일 청소하지 않아도 되는 곳, 사과나무를 심을 정원이 있고 저 멀리 산을 볼 수 있는 곳, 낚시나 수영을 하기 위해 몇 시간이나 느릿느릿 차를 타고 달리지 않아도 되는 곳, 이웃에 폐를 끼칠까 봐 정원의 잔디를 손톱깎이로 깎지 않아도 되는 곳. 결국 이들은 언어와 문화가 비슷하고 인구가 적은 노르웨이로 눈을 돌렸다. 네덜란드는 사람들로 꽉 차 있었지만, 노르웨이는 텅 비어 있다 해도 과언이 아닐 만큼 인구가 적으니 적격이 아닐 수 없었다. 그래서 이들은 여름휴가를 이용해 노르웨이에 사전 답사를 가보기로 했다.

노르웨이에 도착한 이들은 외국인 고객을 전문으로 상대하는 부동산 업자를 만났고, 어느 화창한 여름날 언덕 아래 자리한 새 집을 보러 갔다. 길가는 양떼와 민들레로 가득했고, 푸른 녹지와 물고기가 입질하는 호수, 저 멀리에는 우뚝 솟은 산도 볼 수 있었다. 예상했던 환경과 다름이 없었다. 더욱이 집값은 네덜란드보다 서너 배는 더 쌌다. 네덜란드의 작은 아파트 한 채 값과 노르웨이 시골에 자리한 서너 채의 집값이 비슷했으니까.

집으로 돌아온 이들 부부는 결론을 내리는 데 주저하지 않았다. 여기저기 알아보니 레니는 9월 1일부터 새 지역의 병원에서 임시직을 얻을 수 있었고, 금융업계에서 일하던 헹크도 언어만 습득한다면 금방 일자리를 얻을 수 있을 것 같았다. 매연과 먼지, 복잡한 체증에서 벗어나 건강하고 평화로운 전원생활을 꿈꾸어왔던 부부는 마침내 그 꿈을 이룰 수 있게 되었다. 거기다 노르웨이는 문화적으로도 네덜란드와 비슷하니 정착을 하기도 어렵지 않을 것 같았다.

하지만 이상적인 현실은 과연 얼마나 오랫동안 유지될

수 있을까? 꿈은 언젠가는 현실과 부딪치기 마련이다. 여름은 그렇다 치더라도, 어두컴컴하고 차가운 1월이 다가오면 어떻게 할까? 아이들은 거실에서 네덜란드어로 더빙된 디즈니 영화를 보고 있었고, 행크와 레니는 부엌 식탁에 앉아 얼굴을 마주 보고 있었다. 두 사람은 비록 아무 말도 하지 않았지만 서로의 생각을 꿰뚫어 볼 수 있었으리라. '도대체 우리가 무슨 짓을 한 걸까?' 이들에게 꿈은 그 무엇보다 중요했다. 하지만 꿈 중에는 실현이 불가능한 것도 많다.

아이들은 생일을 앞둔 몇 달 전부터 기대감에 들뜨지만, 막상 생일이 닥치면 제대로 즐기지 못한다. 나도 자식을 둔 아빠라 아이가 어렸을때 생일 파티에 가본 적이 많다. 오후의 생일 파티가 끝날 무렵 아이를 데리러 가서 아이가 외투를 껴입는 동안 그 집 부모들이 권하는 남은 케이크 조각을 먹노라면, 정작 파티의 주인공인 그 집 아이는 찾아볼 수 없던 경우가 많다. "피곤한가 봐요." 부모들은 겸연쩍은 미소를 지으며 항상 이렇게 대답했다. 몇 달 전부터 생일 파티를 기다렸던 아이는 크나큰 기대감에 지쳐 막상 당일이 되자 그걸 이겨내지 못했다. 선물도, 케이크도, 친구들과 노는 일도 아이의 오랜 기대감에 미치지 못한 것이다.

기대감을 지닐 수 있다는 그 자체가 큰 선물이라는 것을 아이에게 말해준다 한들, 어린 아이는 그걸 이해하지 못할 것이다. 게다가 모든 부모가 여기에 동의한다고는 장담할 수 없는 일이다. 대신 이들은 아이에게 다음번엔 기대를 너무 많이 하지 말라고 당부한다. 실망을 줄이기 위해 기대감을 낮추자는 의도다. 매우 합리적인 생각이라 할 수도 있겠지만, 일반적으로 아이들은 오랫동안 기대감을 유지할 수 있다. 아이들의 삶이 열정과 긍정적 에너지로 가득 차 있는 것은 바로 이 때문이기도 하다.

북유럽 사람들은 성탄절을 향한 기대감 때문에 어두침침하고 매서운 한기로 가득한 11월과 12월을 견뎌낼 수 있다. 하지만 성탄절 휴일은 금방 지나가 버리기 마련이다. 좀 자란 아이 중에는 연말연시의 떠들썩함 속에서, 지난 두 달 동안 이걸 기다리느라 그렇게도 들떠 있었던 걸까 하고 곰곰이 생각해 보는 아이도 있을 것이다. 내년이면 또 같은 일이 되풀이될 것이고, 올해의 이 이상하고 멜랑콜리한 실망감을 잊어버리지 않는 한 성탄절을 기대하지 않을 것이 뻔하다.

행복은 전두엽에서 결정된다

　기대는 여러 형태로 존재한다. 장기적인 것과 단기적인 것, 확실한 것과 불확실한 것, 큰 것과 작은 것, 긍정적인 것과 부정적인 것 등. 어떤 기대감은 두 종류의 느낌이 뒤섞여 종잡을 수 없는 것도 있다. 마치 유치원에 처음 입학하는 아이의 두렵기도 하고 설레기도 한 마음처럼 말이다.

　어떤 기대감은 단 몇 시간만 유지될 뿐이다. 도시락 없이 출근한 날이면 점심에 뭐가 나올지 하는 생각으로, 바쁜 오전 업무 사이사이 살짝 고개를 드는 기대감과 함께 보낸다. 그래서 그런 날 직장에서의 오전 시간은 다른 날과는 달리 좀 더 들뜨고 밝게 느껴지기도 한다. 막상 점심시간이 되면 여느 때와 다름없는 평범한 음식에 실망을 하기도 하지만 그게 다음 날 점심 메뉴를 향한 새로운 기대감을 무너뜨리진 않는다. 가끔은 정말 감탄할 만한 멋진 식사를 할 때도 있으니까.

　조금 더 장기적인 예시는 주말을 향한 기대감이다. 많은 이들이 이번 주말에는 가족들과 함께 시간을 보내겠다고 결심한다. 아이들과 함께 공을 찰 계획, 등산을 할 계획, 친척이나 친구를 초대 또는 방문할 계획, 또는 소파에 누워 한껏 여유를 부려볼 계획 등이 머리를 맴돈다. 반면 어떤 이들은 지난 신문을 뒤적이거나 음악을 듣거나 또는 축구 경기를 관람할 계획을 세우며 들뜨기도 한다. 주말에는 대부분의 사람들이 여유를 즐길 수 있으며, 원하는 일을 하며 시간을 채울 수 있다. 하지만 집 밖에는 나가보지도 못하고 등산 계획을 포기하기도 하고, 가족과 계획에도 없던 말다툼을 하거나 술집에서 만나고 싶은 사람도 못 만난 채 머리끝까지 술에 취하는 등, 계획이 수포로 돌아갈 때도 있다. 그래도 다시 돌아올 주말을 향한 기대감은 어김없이 싹을 틔운다.

이처럼 다시 싹트는 기대감 때문에 우리의 삶은 가치를 지닌다. 조너선 코$^{Jonathan\ Coe}$의 소설 《비 내리기 직전$^{The\ Rain\ Before\ It\ Falls}$》에 등장하는 한 여자아이는 비가 내리기 직전의 빗방울을 가장 좋아한다고 했다. 이 책은 바로 거품처럼 피어오르는 기대감에 대한 책이다.

기대감에는 장기적인 것도 있고 단기적인 것도 있다. 세계에서 가장 인기 있는 스포츠는 축구다. 축구계에서 가장 자주 쓰이는 말 한마디는 바로 '공은 둥글다' 일 것이다. 각각의 경기가 어떤 예상치 못한 결과를 가져올 가능성이 있다는 뜻의 말이다. 실력이 좋지 않은 팀도 실력이 월등하게 좋은 팀을 이길 수 있다. 경기는 0:2, 1:0, 5:3, 또는 4:4로 마무리 될 수 있으며, 역량을 발휘한 선수는 반 시간 만에 스타 대접을 받기도 하고 그러지 못한 선수는 곤두박질을 칠 수도 있다. 이름 없는 미드필드 선수가 25미터 지역에서 골을 터뜨리는가 하면, 코너킥으로 들어온 공을 왼쪽 끝으로 아슬아슬하게 걷어내서 골문을 지킨 골키퍼도 있다. 한 시즌 내내 우왕좌왕하던 팀의 패스가 갑자기 경기 중에 정확하게 이루어지는 경우도 있다.

축구 경기를 자주 관전하는 사람들은 이런 것들을 아주 잘 알고 있다. 매주 일요일이 되면 축구 팬들은 확실한 것이 전혀 없는데도 각자 응원하는 팀에 대한 기대감으로 들뜨기 마련이다. 경기에 져서 최하위로 밀려날 수도 있고, 예상치도 못하게 1위 팀을 이겨 성적 향상을 기록할 수도 있다(내가 응원하는 팀은 2007년 한 시즌 중 불과 몇 주 만에 이 두 상황을 모두 경험했다). 축구 팬들은 일주일에 한 번 또는 두 번 있는 경기를 두근거리는 마음으로 지켜본다. 정작 경기 자체는 그저 그럴 때도 많다. 이건 노르웨이 리그나 영국의 프리미어 리그나 마찬가지다. 그런데도 팬들은 기적을 바라거나, 완벽한 골, 연장전에서 순식간에 터진 골 등을 기대하기도 한다. 다행히 인간의 기억력은 매우 선택적이기 때문에, 지루한 경기는 금방 잊어버리고 세기의 골, 오래 남을 수 있는 드라마틱한 장면은 오래도록 기억하기 마련이다.

축구 팬이라면 성적이 왔다 갔다 하는 팀을 응원하는 것이 가장 좋다. 최하위 팀이라면 올라갈 희망이 있어 좋다. 야심만만하고 성적이 좋은 팀은 갑자기 무너지기 쉽다. 또한 이런 팀은 경기에서 이겨도 무덤덤하기 마련이다. 내가 응원하는 팀은 이런 면에서 더없이 완벽한 팀이다. 이 팀은 한 시즌 내 경기에서 이기는 게임과 지는 게임 수가 비슷비슷하다. 그래서 예상치 못했던 승리를 거머쥐었을 때는 그 기쁨도 훨씬 크다. 시즌 경기를 모두 승리로 장식한 팀은 빅 배드 울프 패러독스에 빠져들 위험이 크다. 다음 경기에선 도대체 무엇을 위해 싸워야 할까? 다음 시즌에도 모든 경기를 이기는 걸 목표로 삼아야 할까? 그럴지도 모른다. 하지만 여기에도 한계효용 하락 법칙은 무자비하게 적용된다. 기대감에도 한계효용의 법칙이 작용하는 것이다. 다시 시즌 우승한다고? 선수들은 하품하며 무덤덤하게 고개를 끄덕일지도 모른다. '그래, 우승컵 수집이나 하지 뭐.'

기대에는 특별한 노력이 필요하지 않다. 심리학자인 대니얼 길버트는 "점심에 먹을 샌드위치나, 지난주에 어머니가 우편으로 부쳤다던 폭신한 잠옷을 기다릴 때에는 따로 시간을 내서 팔을 걷어붙인 후에 열심히 상상하지 않아도 된다"라고 말했다. 열심히 움직이지 않아도, 우리의 뇌는 이전의 경험을 떠올리거나 현재 상상하는 일에 제 기능을 발휘할 수 있다. 그리고 우리에겐 항상 꿈과 희망이 필요하다. 꿈꿔왔던 일이 현실로 이루어지기를 바라고 이를 머릿속에 그리기 위해서는 시간과 동경이 필요하다.

심리학자 리처드 세넷이 쓴 현대의 터보 자본주의와 정보사회의 바쁜 나날들에 대한 책에는 아버지와 아들 간의 대조되는 생활이 묘사되어 있다. 학교 경비원으로 근무했던 아버지는 쉬는 날은 많지 않았지만 여유가 생기면 즐길 줄 아는 사람이었다. 그는 가족들의 생계와 자식들의 교육을 위해 열심히 돈을 벌어 저축했고, 이 목표를 달성한 후 은퇴했다.

하지만 아들의 삶은 아버지와 무척 대조적이었다. 공항에서 우연히 만난 그 아들은 값비싼 손목시계를 차고 휴게실에 앉아 노트북으로 이메일을 쓰고 있었다. 세넷은 그에게 다가가 이런저런 이야기를 나누었고, 비행기 안에서도 바로 옆자리에 앉아 계속 대화할 수 있었다. 그는 삶에서 무언가 핵심적이고 기본적인 것이 부족한 듯한 느낌이 든다고 세넷에게 토로했다. 그와 그의 아내는 일과 야망 때문에 여러 차례 이사하며 여기저기 옮겨 다녔고, 결국 그는 그 어느 곳에서도 소속감을 느낄 수 없었다고 했다. 그뿐만 아니라 바쁜 직장 생활 때문에 자식들과도 대화를 나눌 기회가 잘 없어서 아이들을 이해하기가 힘들다고 덧붙였다. 그는 세넷의 정의에 의하면, 한마디로 '분산된 인간'에 속했다.

우리 삶의 여러 가지 일들을 잇는 것은 기대감과 변화이다. 롤러코스터를 방불케 하는 현대 사회에선 성탄절의 선물 포장을 뜯는 일, 유명 음악인들의 콘서트, 흥미롭고 깊이 있는 대화, 멋진 곳에서의 기억에 남을 만한 식사 등은 우리의 기대감과 변화를 이어주는 가느다란 고리에 불과하다. 어쩌면 세넷이 만났던 그 아들은 이런 삶의 진리를 나이가 들면서 서서히 이해할 수 있지 않을까. 아니, 어쩌면 죽을 때까지도 이해하지 못할 수도 있다. **그는 눈앞의 일들만 허겁지겁 처리하느라 현재의 일이 과거나 미래와 연결되어있다는 것을 못 보고 있다.** 그에게는 세상의 모든 일들이 현재, 지금 이 순간의 일에 불과하기 때문에 앞으로 다가올 일을 기대할 수가 없는 것이다.

세넷이 예로 든 이 부자 이야기는, 삶의 방향을 잃어버리고, 사회의 도덕적 잣대를 끈기 있게 따를 능력도 없고, 자신에 대한 확신도 없는 사람들이 모여 사는 전형적인 현대 문화를 보여준다. 그런데 내게는 더 심각해 보이는 이야기가 떠올랐다. 뇌의 전두엽과 그 절제 수술에 대한 연구 결과이다.

전두엽 절제 수술은 1950년대에 성행했던 의학 시술의 한 방법으로, 이마 뒤쪽에 위치한 전두엽과 뇌의 다른 부분

사이의 연결고리를 제거하는 것이다. 이 연결고리가 제거되면 전두엽은 제 기능을 상실하고, 뇌의 다른 부분과 소통도 불가능해진다. 전두엽 제거 수술을 받은 사람들도 일상생활을 하는 데에는 아무 지장이 없다. 길을 찾는 데에도 문제가 없고, 암산 능력이나 요리 능력도 이전과 다름없이 유지할 수 있다. 큰 변화라고 한다면, 전두엽 제거 수술을 받은 사람은 욱하는 성질을 잃고 일반적으로 유순하게 변한다는 것이다. 이 수술을 받은 이들은 대부분 주변 일에 둔감하고 무기력하게 반응하며, 동기 의식이 없다. 따라서 어떤 면에서 보자면 수술을 받은 사람의 가족이나 주변 사람들은 오히려 편하게 지낼 수 있다. 화를 내지도 않고, 비현실적인 계획을 세워 우왕좌왕하지도 않기 때문이다. 하지만 수술을 받은 당사자의 입장에서는 마치 영혼을 빼앗긴 것 같은 상실감이 들지도 모르는 일이다.

전두엽 제거 수술을 처음 시술한 사람은 포르투갈 출신 의사인 안토니오 에가스 모니스(António Egas Moniz)로, 그는 1949년 노벨 의학상을 받았다. 오늘날에는 전두엽 제거 수술이 인간의 기본적 본능을 억제한다는 관점에서 강제 피임 수술과 비슷하게 여겨진다. 하지만 50여 년 전만 하더라도 이 수술은 의학계의 혁명으로 간주되었다. 그 당시에도 이를 비판하는 이들이 있었다. 비판가들은 수술을 받은 환자들이 무언가 중요한 것을 잃어버렸다는 것을 간파했다. 일례로 수술을 받은 이들은 체스를 전혀 둘 수가 없었다. 이들은 64×34 정도는 암산으로 해결하고, 어려운 논문도 척척 읽고 이해했으며, 남미 국가들의 수도도 모두 기억해냈지만, 오늘 저녁에 뭘 할 계획이냐는 질문에는 대답하지 못했다. 운전하고, 요리하고, 전화 받고, 다림질하고, 독일어 동사를 외우는 것 등은 여느 사람들과 똑같았지만 앞으로의 일을 계획하는 데에는 전혀 뇌를 사용하지 못했다. 앞날을 상상하고 여러 가지를 계획하는 능력이 바로 전두엽과 관련되어 있기 때문이다. 따라서 이 수술을 시행한 의사들은 환자들의 귀 한쪽이나 발 한쪽을 제거한 것보다 훨씬 더 크고 심각한 결과를 감수해야만 했다(게다가 시행 초기에는 수술 도중에 목숨을 잃는 환자들도 많았다).

사람들은 이런 결과를 바탕으로, 인간으로 살아가기 위한 정신적 기능을 발휘하는 데 전두엽이 없어서는 안 될 중요한 뇌의 한 부분이라는 것을 깨달았다. 즉, 전두엽은 앞날을 상상하고, 기대하고, 계획과 목표를 세우고, 개인적 야망을 정립하는 데 필수적인 요소다.

우리의 꿈은 너무 작고 현실적이다

컴퓨터는 인간보다 계산을 더 잘하고 개들은 인간보다 냄새를 더 잘 맡는다. 하지만 기계와 동물을 통틀어도 인간보다 상상력이 더 뛰어난 존재는 없다. 그런데 현대인들은 미래를 상상하고 계획을 세우는 일에 그리 뛰어난 능력을 발휘하지 못한다. 그렇다면 바쁘게 돌아가는 풍요로운 현대 사회는 여기에 책임이 없는가. **우리에겐 없는 것이 없다. 모자라는 것은 앞으로 5년 또는 10년 후의 일을 계획하고 상상해 볼 시간뿐이다.**

몇 년 전 나는 철학자인 슬라보예 지젝과 함께 좋은 삶은 어떤 것인가에 대해 토론을 한 적이 있었다. 여러 의견을 주고받은 후, 그는 알렉산데르 둡체크^{Alexander Dubček} 하의 체코슬로바키아만큼 완벽한 사회는 없었다고 결론을 내렸다. 당시 국민은 정치적 탄압을 경험하긴 했지만 극단적이진 않았다. 오히려 꽤 자유로워서 바츨라프 하벨^{Václav Havel}과 그의 동지는 술집에서 맥주 한 잔과 동유럽 산의 퀴퀴한 담배를 입에 물고 서구의 음악과 문학, 미래에 확보할 수 있을지도 모르는 자유민주주의 사회 등에 대해 토론을 나눌 수도 있었다. 이들에겐 공산주의 독재자에게 책임을 전가할 자유도 있었고, 당시 이웃나라였던 서독을 우러러볼 자유도 있었다. 이들에게 서독은 꿈같은 나라였지만, 그렇다고 해서 감히 오르지 못할 나무는 아니었다.

어쩌면 지젝의 말이 맞는지도 모른다. 당시 체코슬로바키아 국민은 희망과 기대, 미래에 대한 목표, 집단적 프로젝트, 동경의 대상과 책임을 전가할 대상을 모두 가지고 있었다. 하지만 1990년, 혁명과 함께 민주적 자본주의가 들어서자 이 모든 것들은 한꺼번에 무너져버렸고, 동경과 꿈은 어디에서도 찾아볼 수 없게 되었다.

얼마 전 작가 에를렌 루$^{\text{Erlend Loe}}$가 현세대를 '국가를 세우지 않은 세대'라 묘사한 것이 기억난다. 이들은 이미 지어진 집에 이사를 온 사람들에 불과하다. 그는 어느 세대에나 존재하는 펑크족을 예로 들어 현세대를 진단했다. 일반적으로 1980년대의 펑크족들은 사회 비판에 열심이었다. 도대체 그들의 존재가 의미한 건 무엇일까? 그들 또한 과거와 미래를 통틀어 그 어느 때보다 더 풍요롭고 만족스러운 사회에서 살고 있었는데 말이다. 가죽점퍼를 입고 군화를 신고 술집 앞의 길바닥에 입맞춤하는 대신 바로 여기, 바로 이 시대에 태어나 살고 있다는 점에 오히려 감사해야 하지 않을까?

그래, 그럴지도 모른다. 하지만 행간의 의미를 살펴본다면, 이들은 어쩌면 둡체크 하의 체코슬로바키아 같은 사회를 동경하고 있다는 것을 느낄 수 있을 것이다. 노르웨이의 젊고 성난 펑크족들은 이 사회에 불평할 것을 찾을 수 없어서 성을 내고 울분을 표하는 것이다.

바꾸어 말해보자. 책임감 있고 이성적인 사람들이라면 복권이나 도박에 빠지면 안 된다고 입을 모을 것이다. 복권에 열중하는 사람들은 대부분 어려움을 겪기 마련이다. 어떤 이들은 집과 땅을 팔아가면서 복권을 구입하기도 하고, 또 어떤 이들은 언젠가는 당첨되겠지 하는 마음으로 매주 조금씩 복권을 구입하기도 한다. 이들은 설사 큰 당첨금을 탄다 하더라도 얼마 후면 이전과 비교해 조금도 변한 것이 없다는 것을 깨닫게 된다.

도박으로 돈을 벌어 잘살게 된 이들도 있을 것이다. 그러나 시간이 흐르다 보면 이들은 이전과 달라진 것이 없다는 걸 깨닫게 된다. 마치 성형수술대 위에 누워봤던 사람들처럼. 따라서 도박을 합법화하는 데 찬성하는 사람들은 승자에 초점을 맞추는 대신 평생 단 한 번도 도박에서 돈을 따지 못했던 이들의 이야기에 집중해야, 다른 사람들의 호응을 얻을 수 있을 것이다. 말하자면 도박이 평생 동안 희망을 지니고 살 수 있는 중요한 요소라고 선전한다면 어떨까.

희망은 강렬한 것이며, 기대감보다 훨씬 자기파괴적인 경향이 강하다. 기대는 앞으로 일어날지도 모르는 일을 바라고 동경하는 것이다. 성적이 들쭉날쭉한 축구팀을 응원하기 위해 경기장에 들어서면 기대감과 희망이 뒤섞여 들기 마련이다. 최하위권을 유지하고 있는 팀을 응원하는 사람들에게는 기대감보다 희망이 더 크게 작용한다. 하위권이긴 하지만 일단 프로 리그에 머물고만 있다면 팬들은 희망을 버리지 않는다. 하지만 성적이 더 떨어져서 프로리그에서도 사라지게 된다면, 이 희망은 낙관주의자들의 경우 기대감으로 변하고, 비관주의자들의 경우 절망감으로 자리바꿈을 하게 된다.

희망은 자신의 존재보다 큰 외부적인 것에 신뢰감을 두는 행위이다. 여기서 자신의 존재보다 큰 것이란 자신이 응원하는 노르웨이의 지역 축구팀이 아니라 영국 프리미어 리그의 첼시 정도, 또는 축구를 벗어나서 보자면 전지전능한 신 정도다. 신을 접해본 사람이라면 축구팀 따위보다는 훨씬 오래 지속되고 훨씬 깊이 있는 무언가를 경험했을 것이고, 신을 접해보지 않은 사람이라면 희망을 품기 위해 또 다른 무언가가 분명히 필요할 것이다.

한 축구팀을 신뢰하는 것이나 신을 믿는 행위 간에는 사실 따지고 보면 큰 차이가 없다. 두 경우 모두 같은 믿음을 지닌 사람들끼리 결속력과 동지애는 물론, 신뢰와 희망, 정을 나눌 수 있기 때문이다. 이들은 함께 응원하는 축구팀 또는 함께 믿는 신을 자신보다 더 크고 중요하며 의미 있는 외부적인 존재로 받아들이며, 설사 실망하는 경우가 생긴다 하더라도 그것을 신뢰하는 일을 멈추지 않는다.

한편 신과 축구팀 사이에는 커다란 차이점도 찾아볼 수 있다. 축구팀은 우리가 죽은 뒤에 생길 일이라든가 창세기의 비밀 등을 설명해주진 못한다. 축구의 열기는 종교적 신앙보다 피상적이기 마련이다. 하지만 동시에 축구 팬들은 희망과 기대감, 그리고 현대 종교에서는 찾아볼 수 없는 황홀감과 전율까지도 경험하는 게 사실이다.

희망은 장기적인 것과 단기적인 것이 있고, 꿈처럼 추상적인 것도, 현실적이고 심각한 것도 있으며, 세속적인 것도 있고 종교적인 것도 있다. **중요한 점은 우리가 믿음과 신뢰, 희망을 가지는 대상이 우리 자신보다 더 크고 중요하며 의미 있는 존재라야 한다는 것이다.** 그래야 거기에 따르는 불확실한 느낌을 견뎌낼 수 있다.

현대사회는 그다지 큰 희망을 주지 않는다. 너무나 세속적이기에, 종교 또는 사후 삶에 대한 관념은 있어도 되고 없어도 되는 부수적인 것에 지나지 않는다. 풍요롭고 조직적이며 거대한 사회적, 혁명적 프로젝트는 찾아볼 수 없다. 모든 일은 너무도 빨리 돌아가고, 원하는 것은 거의 즉시 손에 넣을 수 있기 때문에 사람들이 기대감을 유지할 수 있는 시간은 점점 더 짧아지고 있다. 우리에겐 더 나은 삶을 살기 위해 5년 또는 10년 이상을 기다릴 만한 끈기와 여유가 없다. 사람들은 지금 당장 미래를 경험하고 싶어 한다. 이런 사회에서는 현재의 고통과 어려움을 참고 이겨내기가 쉽지 않다. 하지만 사람들은 기다림이 나쁘지 않다는 것을 잘 알고 있다. 끈기와 인내심이란 거의 찾아볼 수 없는 사회에선 기대감이 더 달콤하게 여겨지기 마련이니까.

1950년대와 비교해 2000년대 선진 부국에서 주관적인 삶의 만족도가 더 낮은 이유는 바로 여기서 찾아볼 수 있다. **요구의 즉각적인 충족으로 인해 우리는 무언가를 오래, 끈기 있게 기다릴 수 있는 능력을 상실했다. 우리가 기다리는 것들이 허무하게 변했기 때문이 아니라, 아예 기다리는 일 자체를 포기했기 때문이다.** 이것은 돼지 삼형제를 모두 잡아먹으려는 늑대가 느꼈던 바로 그 패러독스와 무척이나 닮았다.

7
어떤 목표가 우리를 행복으로 이끄는가

현대 사회의 포커스는 다른 곳으로 옮겨지고 있다. 이제 발전의 의미는 더 이상 물질적 생산력을 의미하지 않는다. 하지만 우리는 새로운 발전의 의미가 정확히 무엇인지 모르고 있다. 아직 역사 속에서 이 비슷한 일을 경험해 본 적이 없으므로 정확한 이름을 붙일 수가 없는 것이다.

최고가 될 분야를 고르는 기준

고전적인 유토피아 사회는 구성원들 간의 경쟁 대신 협동을 바탕으로 생산력을 높인다는 꿈같은 논리를 바탕으로 이루어져 있다. 마르크스와 엥겔스의 초기 공산주의 이념은, 소유권이 발생하기 이전의 자연 상태를 언급한 루소에게서 영향을 받은 듯하다. 오늘날에도 국제 중산층들은 늦은 저녁 지인들과 술잔을 앞에 두고 대화를 나눌 때면 이런 이념을 입에 올리곤 한다.

이런 유토피아 같은 사회들이 정말 존재할 수도 있다. 문화인류학을 연구하다 보면 경쟁이나 개인적 관심보다 협동에 훨씬 큰 가치를 둔 소규모 사회를 종종 찾아볼 수 있다. 20세기 문화인류학에서 가장 중요한 텍스트를 하나 들자면 마르셀 모스의 《증여론》인데, 이 책에는 사회구성원들 간의 결속력을 유지하는 데에는 호혜성(서로 혜택을 누리게 되는 성질)이 매우 중요하다고 언급되어 있다. 비록 책이 쓰여질 1920년대의 프랑스에서는 이 개념이 빛을 잃기 시작했지만, 그 중심적 의미는 여전히 간과할 수 없다. 현대의 정치가들은 개인의 관심보다 단체의 이익과 관심에 더 큰 비중을 두고 있으며, 바로 여기에서 정치적 능력을 드러낸다. 이런 사회에서는 최상이나 최하인 그룹이 존재하지 않는다. 단지 성별과 나이에 따른 노동력의 구분만이 존재할 뿐. 생물학자인 앨프리드 러셀 월리스Alfred Russel Wallace는 1800년대 중반 보르네오섬에서 문화 인류학적 현장 연구를 했다. 그는 그곳 주민들의 삶을 연구한 후, 구성원들 간의 협력은 적응 능력과 깊은 관계가 있으며 바로 이 능력이 생존 능력을 강화한다고 결론을 내렸다. 또 1902년에 발표한 책에서 인간뿐 아니라 동물들도 생존을 위해 상호 협력한다고 밝혔다.

그럼에도 찰스 다윈과 그의 추종자들은 월리스의 해석에 회의감을 보였다. 다윈주의자들은 적자생존이라는 이론을 통해 개인 간의 경쟁이 가장 중요하다고 주장해 왔으며, 바로 이 경쟁력 때문에 세상이 발전할 수 있다고 믿었다.

둘 중 어떤 관점이 더 맞는지는, 어디에 더 중점을 두고 사안을 바라보느냐에 따라 달라질 수 있다. 인간이 천성적으로 이기적이며 경쟁 본능을 지녔다는 소위 과학적 이론은 진실이 아니다. 인간에 대한 존재론적인 주장은 예 또는 아니오, 혹 아니면 백이라는 대답을 할 수 없기에 과학적으로 증명을 할 수가 없다. 그건 마치 문지방을 밟고 서 있는 사람을 두고 방 안에 있는지 방 밖에 있는지를 토론하는 것과 마찬가지다. 물론 제3의 대안이 없을 때의 말이다.

　인간은 태어날 때부터 타인을 밟고 올라서려는 경쟁의식을 지니고 있다는 이론은, 인간이 태어날 때부터 상호 협동적인 존재라는 이론과 마찬가지로 인간을 지나치게 단순하게 정의한다. 사람들은 타인과의 비교를 통해 개인적인 도전이 가능한 사회, 신뢰와 안정과 소속감을 함께 경험할 수 있는 사회, 협동으로 성취할 때 함께 즐기고 축하할 수 있는 사회에서 비로소 좋은 삶을 경험할 수 있다. 따라서 **나는 인간의 본능 중에서 공동체 의식과 경쟁의식 중 어느 하나를 없애는 것은 불가능하다고 생각한다.**

　이러한 이야기들은 현실 사회와는 거리가 먼, 원죄 이전의 천국 같은 사회에 해당한다고 볼 수 있다(마르크스와 엥겔스는 이런 사회의 현실화를 주창했다. 그러나 이런 초기 공산주의적 사회와 비현실적인 미래 사회 사이에서만 삶의 행복과 만족을 찾을 수 있으며 그 사회 외에서는 매혹적인 요소를 찾을 수 없다는 주장은 어딘가 심각하게 잘못된 것이다). 현실 사회에 발을 붙이고 있는 이들은 저마다의 느낌과 사상, 가치와 이념을 지니고 있다. 인간 삶의 모든 요소가 완벽하게 딱딱 맞아들어가야 한다는 유토피아적 관념은 책상 위에서만 존재할 뿐이다. 인간의 보편적 정서인 악의적 즐거움을 예로 들어보자. 내가 아는 사람 하나는 자기가 응원하는 아스널 팀이 이겼을 때 기뻐하지만, 라이벌인 첼시 팀이 졌을 때도 똑같이 기뻐한다. 또는 질투심도 들어볼 수 있다. 욕심, 질투, 희생정신, 동정과 연민, 민망함, 또는 이름조차 붙일 수 없는 다른 50여 가지의 일반적이고 인간적인 정서는, 좋든 싫든 우리 힘으로 없앨 수 없다. 전두엽 제거 수술을 연상시키는 최첨단 의학 기술을 사용하지 않는 한 말이다.

이런 악의적인 즐거움이 아니더라도, 우리가 사는 사회만을 고려하여 충분히 유추할 수 있다. 이기주의자라 하더라도 열심히 노력해서 큰 성공을 이룬 사람이 있다면, 그 사회 내에서는 질투심이 어느 정도 축소될 수 있다. 하지만 비슷비슷한 사람들이 모여 사는 사회에서는 질투심이 서로에게 직접적인 악영향을 미치기 때문에, 사람들은 이 질투심을 경멸하고 혐오한다. 또한 어떤 사회에서는 지도자가 환경은 무시하고 오직 성장 정책에만 치중을 해도 사람들은 무관심으로 반응한다. 반면 그렇지 않은 사회도 다수 찾아볼 수 있다.

동일한 인간적 정서라 하더라도 그 유출과 표현, 결과는 제각기 다를 수 있다. 예컨대 질투심은 긍정적 야심으로 바뀔 수 있고, 연민은 존중으로 바뀔 수 있다. 항상 최고가 되고 싶어 하는 꿈은 사람들에게서 보편적으로 찾아볼 수 있다.

안전한 곳에서 자유롭고 배부르게 살고 있는 사람들은

각기 다른 면에서 최고가 되고자 하는 바람을 가지고 있다. 하지만 최고라 하더라도 암살이나 아동 학대 면에서 최고가 되고 싶은 사람은 없을 것이다. 후세를 파멸하면서까지 최고가 되고 싶은 사람들도 있을까? 스피드 보트를 전속력으로 모는 사람들은 그 부문에서 최고가 되겠다는 바람을 접고 다른 곳으로 관심을 돌릴 수도 있지 않을까? 예를 들어 컴퓨터 게임으로 스피드 보트 경기를 한다면 환경을 해치는 기름을 사용하지 않아도 된다. 온라인 게임을 한다면 비슷한 관심을 지니고 있는 전 세계의 다른 사람들과 경쟁할 수 있을 것이고, 이 게임에서 1등을 차지한다면 나름의 자신감과 타인의 존중도 받을 수 있을 것이다. 이건 기름 한 방울도 쓰지 않고 단 1밀리그램의 매연도 방출하지 않으며, 일요일 아침 보트의 엔진 소리로 주변 사람들의 신경을 거스르지 않고서도 충분히 가능한 일이다.

친환경주의자인 작가 요슈타인 가아더Jostein Gaarder는 현재 우리의 인권을 생각한다면 다음 세대의 인권도 함께 고려하는 것이 당연하다고 주장했다. 우리가 물려받아 삶의 터전으로 이용하고 있는 이 지구를 지금보다 더 살기 좋은 곳으로 만들지는 못하더라도, 적어도 현 상태로는 유지해서 후대에 물려주어야 한다는 것이다. 이것은 고속도로와 고층 빌딩, 쇼핑센터 건축을 지금 당장 중단하자는 말은 아니다. 적어도 조금 속도를 늦출 수는 있지 않을까. 이렇게 생각하자면 스피드 보트를 타고 해안을 휘젓는 사람은 방화범과 비슷한 수준으로 전락하고 말 것이다.

적어도 관심을 다른 곳으로 돌릴 수는 있다. 이런 일은 이전 세대에도 있었다는 걸 우리는 잘 알고 있다. 유럽에서는 더 이상 고대 로마에 시작된 검투와 공개 사형을 군중 오락으로 생각지 않는다. 스페인의 투우사를 용감하고 생기 넘치는 사람이라 생각하는 이들도 점점 줄어들고 있다. 여기에는 문화적 요소가 크게 작용한다. 어떤 이들은 전쟁에서 적군을 많이 죽인 용사를 우러러보지만, 어떤 이들은 두 눈을 가리고 뒷걸음질을 쳐서 남극에 도달한 이를 우러러본다. 우리가 직장에 있는 동안 집에서 아이를 봐주는 보모를 존경하는 사람들도 많을 것이다. 하지만 바다의 고기가 동이 나도록 잡아 올려서 지구 환경의 균형을 깨거나, 콩 농사를 짓기 위해 석탄을 때고 열대 밀림을 모조리 태워 밭을 개간하는 이들을 존경하는 사람들은 거의 찾아볼 수 없다.

우리는 살면서 가끔 주변인들로부터 존경을 받고 싶은 필요성을 느낀다. 다른 말로 하자면, 타인에게 받는 인정과 존경은 우리 사회에 만성적으로 부족한 요소이기도 하다. 인구가 늘어났는데도 이 만성적으로 부족한 요소는 충족될 기미를 보이지 않고 있다.

건강한 야망을 위하여

사람들은 동기 부여와 목표를 필요로 한다. 어떤 이들은 앞으로 일어날 일이 불 보듯 뻔하게 변하거나 관습화되면 목표를 잃어버리고 지루해한다. 또 어떤 이들은 다른 사람들보다 훨씬 더 큰 목표를 세우고 스스로 필요 이상으로 다그치기도 한다. 뮤지션 마이크 레틀리지$^{\text{Mike Ralledge}}$는 평범함과 중용에서 벗어난 특별한 사람 중 하나다. 최근 마이크 레틀리지가 어디로 잠적했는지 궁금했던 사람들은 나뿐만이 아닐 것이다. 그의 뮤지션 동료 한 명은 심지어 그의 잠적을 두고 곡을 쓰기도 했다. "우리 모두가 궁금해하는 게 하나 있어요. 도대체 마이크 레틀리지는 지금 어디서 뭘 하고 있는 걸까요?"(마침내 우리는 마이크 레틀리지를 찾을 수 있었다.)

1943년 켄트의 메이드스톤에서 태어난 레틀리지는 1970년대까지 리드미컬한 팝송을 작곡하며 음악계의 신세대로 활약했다. 그는 소프트 머신$^{\text{Soft Machine}}$이라는 프로그레시브 록 밴드에서 오르간을 연주했으며, 터프한 전자 리듬과 강렬한 알토 색소폰을 바탕으로 한 재즈 팝과 사이키델릭 팝(핑크 플로이드와 비슷한 분위기)을 하다가 재즈 분위기가 진하게 묻어나는 하모니와 록 리듬을 섞은 새로운 타입의 음악으로 전향했다. 소프트 머신은 초기에 폭발적인 창의력을 보여주었다. 이들은 1970년대 초에 혁신적인 재즈 앨범을 두 장 발표했다. 그런데 보컬리스트이자 드럼 연주자였던 로버트 와이엇이 밴드를 그만두고 나서부터 서서히 다른 멤버들도 하나둘씩 교체되기 시작했고, 결국엔 소위 창단 멤버 중 레틀리지만 남게 되었다. 그는 밴드 전성기에 대부분의 곡을 작곡했던 주인공이긴 했으나, 그 역시 결국 1976년 밴드를 떠났다. 그냥 밴드를 떠난 게 아니라 아예 잠적을 해버렸다. 대부분의 재즈 뮤지션 또는 록 뮤지션이 밴드를 그만두고 나서도 솔로로 활동을 계속하는 데 비해, 레틀리지는 모든 활동을 접고 어디론가 사라져 버렸다.

나중에 과거 팬의 노력으로 그의 행적이 세상에 드러나게 되었는데, 알고 보니 그는 은둔 생활을 하면서 텔레비전 상업 광고 음악을 전문으로 작곡하고 있었다. 이게 나쁘다는 말은 아니다. 누구든 해야 하는 일이기도 하니까. 하지만 20세기 중반 음악계에 혁명을 일으켰던 곡을 발표했던 그가 광고 음악을 만들고 있다고 생각해 보라. 소프트 머신의 멤버들은 음악으로 돈을 벌진 못했지만, 이들은 전 세계의 수많은 음악가들은 물론 음악 애호가들의 존경을 받았고 본보기로 여겨지지 않았던가.

　레틀리지는 한 인터뷰에서 소프트 머신의 세 번째 앨범이자 더블 앨범인 〈서드〉를 작업할 때 가장 즐겁고 열정적으로 임할 수 있었다고 고백했다. 이 인터뷰 기사를 읽으면서 나는 그 앨범 작업 당시의 분위기와 소리를 선명히 떠올릴 수 있을 것만 같았다. 이들의 네 번째, 다섯 번째 앨범을 제작했던 이들은 음악적으로나 기술적인 면에서 세 번째 앨범 제작진들보다 훨씬 앞서 있었을 것이다. 하지만 이들의 첫 번째부터 세 번째까지의 앨범에서는 멤버들의 열정을 첫 곡부터 마지막 곡까지 분명하게 느낄 수 있을 것으로 짐작된다. 이들은 시간과 공간을 잊고 오직 음악에만 매달려 작업에 임했을 것이고, 자신들이 사랑하는 일에 열정을 다하는 모습은 초기앨범 속에 고스란히 담겨 있었을 것이다. 흥겹고 복잡한 리듬과 더불어 기술적으로 고난도의 음악임에 틀림없지만, 이들의 초기 앨범을 들어보면 어디 한 군데도 삐걱거리는 데가 없이 물 흐르듯 자연스럽게만 느껴진다. 그런데 레틀리지는 자신이 추구하는 음악에 완벽함을 성취한 후, 후기로 접어들며 차츰 음악에 시들해져 버린 느낌이 있다.

　능력의 한계점, 성취감과 만족도의 한계점에 도달한 후에도 초기와 같은 열정을 균형 있게 유지하긴 결코 쉽지 않다. 만족감 하나만 두고 보자면, 매년 정원의 꽃밭에 정성 들여 물을 주는 일에서도 우리는 만족감을 느낄 수 있다. 만족감을 얻기 위해 킬리만자로 정상에서 번지 점프를 할 필요는 없다. 만족감이란 졸린 듯 나른한 듯, 알게 모르게 스며드는 것이니까. 그렇지만 가끔은 무언가 도전적이고 어려운 일을 해야 할 때도 있다. 희열감과 도취감은 스며드는 잔잔한 만족감과는 다르다. 두 느낌은 서로 밀접하게 연관되어 있고 매우 비슷하긴 하지만 말이다.

얼마 전 오슬로 시내의 한 아파트 단지에서 입주자 대표 선거를 하는데 치열한 경쟁이 벌어졌다는 이야기를 들었다. 대부분의 아파트 단지에선 입주자 대표직을 피하기 위해 갖은 수를 쓰는데, 유독 그 아파트에선 정반대의 현상이 벌어진 것이다. 사실 입주자 대표직은 맡아봤자 돈 한 푼 들어오는 것도 아니고 오히려 다른 입주자들에게 욕을 먹을 때도 자주 있으니 이를 피하는 것도 이해할 법한 일이다. 그런데 그 아파트의 주민들은 대부분 30대 전후의 젊은이들이었고, 고등교육을 받은 후 내로라하는 직업을 가지고 있었지만, 직장에서의 서열로 따지면 아직은 자기 아랫사람보다 윗사람이 더 많은 사람들이었다. 이런 사람들이 서로 입주자 대표직을 맡겠다고 아옹다옹했다는 이야기를 들으니, 나는 궁금해하지 않을 수 없었다. 이력서의 경력란을 채우기 위해서였을까? 하지만 곧이어 스쳤던 생각은, 이 나라에서 아직도 나름대로 야망을 가지고 있는 사람들을 볼 수 있어 다행이라는 거였다. 물론 이건 아이러니한 생각이었지만, 시간을 들여 다시 곰곰이 생각해보니 야망이 없는 삶을 산다는 건 참 슬프고 무미건조한 일이라는 생각이 들었다.

어느 누구도 단지 자신의 야망과 비슷하지 않다고 해서 타인의 야망을 자로 재듯 비판할 수는 없는 일이다. 우리는 종이접기 부문에서 최고가 되겠다고 결심한 사람의 야망이 당사자에게는 매우 중요하다는 걸 인정한다. 그렇다면 우리는 왜 금융업자들의 부자가 되겠다는 야망과, 도시의 반 이상을 점거하겠다는 부동산 업자들의 야망, 북유럽의 대도시에 슈퍼마켓 체인을 넓히겠다는 기업주들의 야망은 선뜻 인정하려 하지 않는 걸까? 이들의 야망 자체는 잘못되지 않았다. 그러나 일반적인 상식으로 따져보았을 때 여기서는 복잡하고 어려운 철학적 사고는 하지 않아도 된다, 타인을 짓누르고 억압하는 행위를 바탕으로 개인의 야망을 실현한 사람들에게 선한 눈빛을 보내기란 쉽지 않다.

자본가들이 성공을 위해 반드시 타인에게 피해를 준다는 말은 아니다. 설령 우리가 자본가들을 향해 타인의 부와 행복을 나락으로 떨어뜨리며 개인적 성공만을 추구하는 이기주의자라고 공격하더라도, 그들은 자신들이 사회의 가치와 일자리를 창조하는 데 큰 이바지를 하고 있다며 방어할 것이 틀림없다. 만약 그들이 생산 라인을 중국으로 옮긴다거나 중국에서 값싼 물건들을 대량으로 수입한다는 이유로 비난을 하는 사람이 생긴다 하더라도, 그들은 실직 상태에 있는 수만 명의 중국인들에게 저임금 일자리나마 일을 할 수 있는 기회를 주었다는 말로 자신들의 입장을 대변할 것이 분명하다. 이런 논쟁에선 누가 옳다 그르다 할 수 없다. 비록 소셜 덤핑(개발도상국이 저임금 저원가로 상품을 생산하여 해외에 덤핑하는 행위-옮긴이), 국제적 봉건 제도, 환경 파괴적 산업 등에 근거한 반대 의견이 너무나도 그럴듯해 보이긴 하지만 말이다.

일반적으로 사람들은 구성원들의 건강하고 자연스러운 야망을 파괴적이고 단편적인 방향으로 우회시켜 버리는 사회 시스템을 비판하기 마련이다. 현대 사회의 경제 시스템은 환경 파괴적 요소와 인간의 욕심으로 가득 차 있다. 그리고 이 경제 시스템은 세계적 또는 지엽적인 빈부 격차를 유발한다. 우리는 만족스럽고 안락한 삶을 살기 위해선 무엇이 필요하며 또 어떤 태도를 지녀야 하는지 알고 있다. 동시에 이러한 경제 시스템을 유지하는 것은 만족스럽고 좋은 삶을 사는 데 오히려 걸림돌이 될 뿐이라는 것도 알고 있다.

따라서 우리가 추구해야 하는 것은, 경쟁의 부정적인 면이 아닌 긍정적인 면을 보존하고 활성화시킬 수 있는 사회 시스템이다. 이런 사회 시스템 속에서는 타인에게 해를 끼치지 않으면서도 달성할 수 있는 야망을 가지는 것이 가능하다. 또한 사회 구성원들 간의 결속력을 무너뜨리지 않고도 얼마든지 개인적 목표를 세우는 것이 가능하다. 우리가 앞날의 희망을 잃지 않고 계속 살아갈 수 있는 것은, 바로 안정과 위험성, 예상 가능한 습관적 요소와 예상 불가능한 요소, 음과 양이 존재하기 때문이다. 이들 양극적 요소들 사이에서 어떻게 균형을 유지할 수 있는가는 개인의 사고방식과 태도에 전적으로 달려 있다 해도 과언이 아니지만, 개인이 어디에 살고 있느냐에 따라서도 결정될 수 있다.

이른 성취, 빠른 하강

적어도 한 가지는 확실하다. **정해둔 목표를 필요 이상으로 일찍 달성할 필요는 없다는 사실이다.** 프로 운동선수들의 운명을 떠올린다면 그 이유를 짐작할 수 있을 것이다. 이들은 이미 10대에 주위 사람들의 집중적인 관심을 받고 미디어에 노출되기 시작하며 어떤 이들에겐 영웅으로 추앙받기까지 한다. 이들은 자기 자신과 주변인들의 기대를 남보다 일찍 충족하고, 1인자로서의 위치가 어떤 것인지도 일찍 맛보게 된다. 신문의 1면을 장식하기도 하고, 길에서 만나는 낯선 사람들로부터 사인 요청을 받기도 한다. 이들은 세상의 지나친 관심에 대해 어떻게 생각하느냐는 질문에 그저 어깨를 으쓱 추켜 보이며, 가끔은 귀찮기도 하지만 그럭저럭 나쁘진 않다고 대답한다(여기서 가장 눈여겨볼 만한 사항은, 세상에선 오직 1등을 하는 사람들에게만 관심을 쏟는다는 점이다. 늘 다섯 번째로 결승점에 도달하는 이들 역시 그 삶과 노력을 책으로 내도 충분하건만, 세상에선 이들의 이름도 알려고 하지 않는다).

그러나 10대에 항상 1등을 하던 사람들이 30대에 이르러서도 그 수준을 유지하기는 어렵다. 미디어에서는 이런 사람들을 두고 현역에서 은퇴한 노장에 비유하기도 한다. 당사자들은 척추와 무릎이 건강하기만 하다면 계속 운동하고 싶을 것이다. 이들은 대부분 30대에 이르러 커리어를 접고 코치직이나 훈련원 등, 다른 일을 찾아 나서기 마련이다. 신문에서 이들의 기사를 자주 접할 수 없는 건 물론이다. 대신 골을 넣거나 메달을 따는 다른 젊은 선수들의 이름이 신문을 장식하기 시작한다. 40대가 되면 이들이 일찍부터 경험했던 유명세는 수많은 트로피와 메달, 빛바랜 신문 기사와 함께 장식장 속으로 사라지고 만다. **아직 삶의 중반에도 도달하지 않았건만, 이들은 이미 삶에서 가질 수 있는 최고의 목표에 도달해버렸고 내리막길을 걷고 있는 셈이다.** 한때 잘 나갔던 운동선수들은 은퇴하고 난 후에도 다른 여러 일 할 기회를 잡을 수 있다. 어쩌면 다른 분야에서 다시 전문가로 태어날 수도 있을 것이다. 그런데도, 우리는 일찍 꽃을 피웠던 선수들을 생각할 때면 마치 연회장의 연예인처럼 취급되었던 고대 로마의 검투사를 떠올리게 된다. 그건 무엇 때문일까?

음악계에는 이른 유명세를 경험하는 아티스트들이 더 많다. 이들이 10대에 세웠던 목표는, 성공할 경우, 이미 20대 중반에 달성할 수 있다. 이 경우에 당사자들은 미루어왔던 학업을 다시 시작할 수도 있고, 또는 다가올 40여 년 동안 서서히 내리막 곡선을 그리며 살아갈 수도 있다. 팝과 록 부문에서 기억할 만한 곡들은 거의 모두 아티스트들이 20대에 만든 것들이다. 비틀스는 멤버들이 30대에 이르자 그룹을 해체했고, 그 후 각각의 멤버들에게선 초기 비틀스 시대와 같은 눈부신 창의력을 찾아볼 수가 없었다.

수많은 밴드와 솔로 아티스트들은 대략 세 번째 앨범까지는 수준 높은 커리어와 세상의 주목 면에서 급격한 상승 곡선을 타고 소위 성공을 맛보지만, 네 번째 또는 다섯 번째 앨범(생산성과 효율성에 따라 개인적 차이는 있겠지만)에서는 서서히 하강 곡선을 그리기 시작한다. 이때, 곡의 수준과 질은 하강 곡선을 그리지만 유명세는 어느 정도 유지하는 경우도 많다. 그 후엔 창의력도 제자리걸음을 하거나 오히려 뒷걸음질을 치기 마련이다. 공연장에서의 팬들이 운동 경기장의 팬들을 연상시킬 만큼 채워지고 나면, 아티스트들은 팬들에게 더 이상 보여줄 게 없다. 이런 현상의 대표적 아티스트의 예를 지금 당장 몇 명 들어보라고 한다면, 퀸, 록시 뮤직, 10cc, 레드 제플린, 예스 등을 거론할 수 있다. 이들의 음악은 동시대의 다른 음악과 비교했을 때 깊이와 내용 면에서 매우 출중했기 때문에 소위 '인텔리전트 뮤직'이라 분류되기도 했다. 엘튼 존의 음악 중에서 가장 뛰어난 곡 다섯 개를 꼽은 후, 이 곡들이 언제 만들어졌는지 한번 따져보라. 스티비 원더와 핑크 플로이드, 프린스의 음악도 마찬가지다. 하지만 케이트 부시 Kate Bush만큼 슬픈 운명을 지녔던 음악가도 찾아볼 수 없다. 그녀는 전 생애를 통틀어 가장 아름다운 곡 〈워더링 하이츠〉를 불과 열아홉 살 때 작곡했고, 마이크 올드필드 Mike Oldfield는 〈튜뷸러 벨스 Tubular Bells〉를 작곡했던 열여덟 살 때 창의력의 전성기를 경험했다. 이들은 이 곡들을 발표한 직후부터 내리막길을 걸었다. 후기 30년 동안에도 눈에 띌 만한 훌륭한 곡들을 만들긴 했지만, 이전 곡의 수준에는 미치지 못했다. 한마디로 정상에 너무 빨리 오른 셈이었다.

나는 자연의 법칙을 두고 왈가왈부하진 않을 생각이다. 하지만 록과 팝 아티스트들은 대부분이 젊은 시절에 전성기를 맞고 정상을 경험한다. 물론, 조니 미첼, 로버트 와이엇, 밥 딜런, 프랭크 자파 등과 같은 예외적인 경우도 있다. 하지만 일반적으로 록 음악계는 청년기의 열정, 하늘을 찌를 듯한 높은 야망, 무지에서 나오는 거만함, 천성적으로 타고난 음악성을 복합적으로 섞어놓은 세상이다. 엘비스도 말기에 가선 그저 그런 가수로 받아들여지지 않았던가. 이렇게 보면 록 음악계는 체육계보다 정상을 경험할 수 있는 시기가 훨씬 이르다고 말할 수도 있다. 롤링 스톤스처럼 말기에도 전성기 때와 다름없이 꾸준한 콘서트 등 음악 활동을 유지하고 있는 아티스트들은, 팬들에게 멜랑콜리와 노스탤지어를 선사하는 것으로 말기의 음악가적 생명을 유지하고 있다 해도 과언이 아니다. 30여 년 전, 록 밴드 롤링스톤스의 리드보컬 믹 재거는 한 인터뷰를 통해 그루피들과 잠자리를 같이한 횟수는 팬들과 악수를 나눈 횟수와 거의 비슷하다고 실토하기도 했다 (우리는 여기서 그가 경험했던 한계효용을 떠올려볼 수 있다). 같은 밴드의 기타리스트 키스 리처즈는 의학계의 예외적 경우로 주목을 받기도 했다. 수년 동안 온갖 약물을 정기적으로 복용한 그가 몇 분씩 쉬지 않고 걸을 수 있다는 사실만으로도 의학계에서는 기적으로 여겼으니까.

과도한 운동과 훈련으로 몸이 상한 운동선수들은 내리막길을 걷는 동안 서서히 생물학적으로 자연스러운 치유를 경험한다. 반면 전성기에 마약을 복용한 록 뮤지션들은 시간이 흘러도 몸을 치유하기가 어렵다. 어쨌든, 젊고 역량 있는 음악인들의 대부분이 나이에 비해 너무 일찍 몸을 망치는 예가 많다. 내가 일하고 있는 대학에선 50대까지도 젊고 역량 있는 사람으로 여겨진다. 나이가 들기도 전에 몸이 상하는 것이 아니라, 나이가 들고 나면 그때 가서야 서서히 몸이 말을 듣지 않게 된다. 나도 앞으로 몇 년 동안은 건강이 갑자기 악화되지 않는 한 활발한 활동을 계속할 수 있으리라. 하지만 내가 교수가 아닌 축구 선수였다면 아마 지금쯤은 텔레비전에서 축구 경기 해설위원으로 일을 하고 있을 것이다. 중

년 이후에 떠올리는 전성기의 기억은 아주 까마득하게 여겨질 것이고, 전성기에서 벗어나 몸이 더 말을 듣지 않는 생의 갈림길에 서 있는 이들은 다른 분야로 눈을 돌려야 하는 것이다.

3피트 신드롬

성장의 상승 곡선과 그 뒤를 잇는 하강 곡선은 급작스러운 것보다 서서히 이어지는 것이 가장 좋다. 문화계를 살펴보면, 작가들은 첫 번째 책보다 두 번째 책을 쓰기가 훨씬 어렵다고 토로한다. 내가 잘 알고 지내던 나이 많은 피아니스트의 경우, 2차대전 직후 데뷔 콘서트를 성공적으로 마치고 다음 콘서트에 대비해서 집중적인 연습 프로그램에 돌입했다. 하지만 얼마 지나지 않아, 그 자신은 물론 주변인들조차도 그의 데뷔 콘서트가 생애를 통틀어 가장 뛰어난 것이었다는 것을 깨달았다. 그에겐 한마디로 뛰어난 피아니스트가 될 자질이 없었다.

이 경험으로 그 피아니스트는 좌절을 겪었다. 하지만 천성적으로 낙관적이고 꽤 열린 성격을 지니고 있었던 그는 이러한 경험을 주변인들에게 공개적으로 털어놓았다. 만약 그가 취미로 피아노를 쳤다면, 의무 교육을 받은 후 일반 사무직을 얻어 생계를 꾸리는 동시에 가끔 사람들이 모인 장소에서 자신이 피아노 실력과 베토벤 피아노 소나타 이야기를 하면서 관련 지식을 자랑할 수 있었을 것이다.

기대감에 따른 목표는 상대적이다. 또한 피할 수 없는 한계효용으로 인해 사람들은 매번 더 큰 목표를 세워야 만족감을 얻을 수 있다. 자신의 논문이 생애 처음으로 인쇄되어 학계에 소개될 때, 당사자는 마치 비타민 주사를 맞은 것처럼 큰 힘을 얻을 수 있을 것이다. 하지만 60번째의 논문이 활자화되었을 땐 처음과는 상당히 다른 느낌을 얻을 것이 분명하다. 학술지에 제출한 논문이 98퍼센트의 탈락률을 보이다가 마침내 60번째의 논문이 받아들여졌다면 또 모르지만 말이다.

헤로인 복용자가 생명을 잃는 경우, 그 원인의 대부분은 약물 과다 복용으로 나타난다. 그것은 헤로인 복용이 계속됨에 따라 그 효력이 서서히 감소하기 때문이다. 따라서 당사자는 복용할 때마다 조금씩 그 양을 늘리게 되고, 결국은 과다 복용으로 목숨을 잃는 경우가 생긴다. 만약 이것이 정말이라면, 약물 복용의 증가는 차를 바꿀 때마다 더 좋은 차로 바꿔야 성이 차는 차주의 심리와 비슷하다 할 수 있을 것이다. 보트 소유자도 마찬가지다. 소위 '3피트 신드롬'이라고 하는데, 보트를 바꿀 때마다 이전의 것보다 3피트 더 큰 보트를 구입해야 만족한다는 심리를 설명한다. 매번 더 큰 목표를 세우는 건 다른 분야에서도 흔히 볼 수 있다. 이건 익숙함과 적응, 만족감의 인플레이션 때문에 생기는 현상이다. 사람들은 '더 빨리, 더 높이, 더 강하게'를 끊임없이 추구한다 (올림픽의 모토를 이용해보았다). 번지 점프하는 사람들은 매번 더 큰 위험을 무릅쓴다. 암벽 등산가들이나 래프팅을 하는 사람들도 마찬가지다. 포커 게임을 하는 이들은 매번 칩을 더 많이 건다. 매번 같은 양의 칩을 걸고 게임을 할 경우, 이들은 얼마 가지 않아 빅 배드 울프 패러독스를 경험하게 될 것이 뻔하니까.

이러한 메커니즘이 지식 사회나 예술계에도 적용될까? 그럴 것이다. 아무도 같은 그림을 죽을 때까지 반복해서 그리려 하진 않는다. 수년 동안 같은 그림을 그리면서 잘못된 점을 찾아내고 완벽한 작품을 창조해 내려는 마음이 아니라면 말이다. 일반적으로 재능 있는 작가들은 '매번 비슷한 작품을 쓴다'고 알려져 있다. 하지만 내 경험에 비추어본다면 이건 오히려 반대다. 즉, 재능 있는 작가들은 매번 이전과는 다른 소설을 쓰려 노력하고, 자주 이런 시도에 성공적 결과를 경험한다. 반면 그렇지 못한 작가들은 매번 비슷한 작품을 계속해서 쓰고 있다.

매번 더 큰 목표를 정하는 것이 정말 중요한 일인가? 나는 그렇다고 본다. 하지만 목표에는 여러 가지가 있을 수 있다. 어떤 이들은 매우 복잡하고 멋진 요리를 만들어내는 데서 만족감을 얻을 수 있을 것이고, 또 어떤 이들은 척박한 스칸디나비아 기후 속에서 포도 재배에 성공함으로써 만족감을 얻을 수 있다. 난생처음 보는 곡을 받아 들고 첫 시도에서 완벽하게 악보를 읽고 노래를 함으로써 만족감을 얻는 사람도 있을 것이다. 따라서 모든 가능성을 열어두는 것은 매우 중요하다. 종이접기 프로젝트가 당사자에게는 그 무엇보다 중요한 것이듯 말이다.

단, 만족감을 얻기 위해 매번 더 큰 목표를 달성하면서 타인에게 해를 주는 일은 피해야 할 것이다. 이웃보다 더 멋진 옷을 소유하고 있으니, 자기 삶이 이웃보다 더 가치 있다고 생각하는 것은 잘못된 일이다. 자신의 일에 최선을 다한다면 그 부분에서 1인자가 되지 않더라도 그 삶은 얼마든지 가치 있는 삶이 될 수 있다.

무언가 도전적이고 힘든 일을 하기가 어렵다면, 힘들진 않더라도 세상에 도움이 될 수 있는 필요한 일을 해보는 것도 좋을 것이다. 인간은 천성적으로 이기적인 본능을 지니고 있다는 말이 비판 없이 당연하게 받아들여졌던 때도 있다. 이때 사람들은 사회 속에서 타인과 연계를 이루며 삶의 가치를 찾으려 했다. 조용한 해안에서 거대한 스피드 보트를 타고 요란하게 지나다니던 괴짜들은 다른 보트 소유주들이 보내는 부러움 가득한 눈길을 받고 싶어 했을 거다. 하지만 그 일을 계속하면 그 지역에 살던 주민들의 눈총을 받게 될 것이고, 결국은 요란하게 보트를 모는 일을 그만두어야 한다.

독자들의 의견을 무시하는 작가들은 천재가 아니면 실력 없는 무지한 작가에 불과하다. 대개는 실력 없는 무지한 작가들이다. 권력을 추구하는 이들은 사회의 발전을 이루고 싶거나 타인의 위에 서고 싶은 욕구 때문에 권력을 추구하고, 부자가 되고 싶어 하는 이들은 남들 앞에서 자신을 드러내고 싶어 하는 욕구 때문에 기를 쓰고 돈을 벌며, 타인의 우러름과 존경을 받고 싶어 하는 이들 중엔 운동선수의 길을 택하는 이들도 있다.

삶의 만족감을 표현하는 방법 중에 매우 개인적이고 비사회적인 것도 있다. 자연 속에서의 갖가지 경험 또는 약물 복용이 그 예다. 하지만 대부분, 우리가 어떤 사람인가 하는 것은 타인과의 비교 또는 무리 속에서의 생활 환경에 영향을 받는 것이 일반적이다. **모든 상황은 비교적이라는 말이다.**

그는 홀로 항해하다 죽었다

야심 가득한 삶의 프로젝트 중에서는 매우 비사회적이고 개인적인 것도 있는데, 어떤 경우는 조금 병적이라 할 수 있는 면도 있다. 스웨덴의 안데르스 스베들룬$^{Anders\ Svedlund}$의 경우가 그렇다. 그는 평생 항해를 하며 보냈는데, 사람들은 그가 왜 끊임없이 항해하는지 전혀 이해하지 못했다. 안데르스 스베들룬은 항상 사회를 벗어나 도피 생활을 추구했다. 청년 시절 자전거를 타고 스웨덴을 떠난 그는 죽을 때까지 고국으로 돌아가지 않았다. 유럽을 거쳐 북아프리카에 이른 그는 몇 년 후 오세아니아로 옮겨 갔다. 호주와 뉴기니를 거쳐 폴리네시아에 도착해 그곳에서 결혼하고 마오리족이 사는 뉴질랜드 아오테아로아에 정착했다. 하지만 그는 가정과 직장, 도시 생활에 적응하지 못해 안절부절못했고, 결국 이혼하고 다시 항해를 시작했다. 자신이 직접 건조한 배 '로스라간'을 타고 인도양을 건너갔으며, 칠레의 발파라이소에서 폴리네시아로 여행을 계속했다. 그리고 수년 후 오클랜드의 자택에서 경미한 사고로 인해 불운하게도 숨을 거두고 말았다.

세상은 스베들룬에게 크게 관심 갖지 않았다. 그가 처음 항해를 시작했을 때는 스웨덴과 세계 각국의 미디어에서 다투어 취재하긴 했지만, 두 번째 항해에 올랐을 때는 항해 부문에서 세계 기록을 세웠는데도 아무도 관심을 보이지 않았다. 그는 살아생전 수백 페이지에 이르는 책을 쓰기도 했지만, 무슨 이유에선지 그 책은 끝내 세상의 빛을 보지 못했다. 그의 노력과 성취는 이처럼 세상의 관심을 제대로 받지 못했으나 그는 전혀 개의치 않았다. 한마디로 그는 개인적 유명세엔 전혀 관심이 없는 사람이었다.

그는 어린 시절엔 로빈슨 크루소처럼 외로운 한 개인이 아무것도 없는 상태에서 무엇을 이룩하고 존재감을 찾아나간 이야기에 관심을 보였고, 청년기에는 스웨덴의 과학자 아레 바에를란드의 청교도적 윤리에 빠지기도 했다. 바로 여기서 우리는 스베들룬의 삶에서 중요한 열쇠를 찾을 수 있다. 바에를란드는 나태함과 근대 산업에 광적으로 반대한 사람이기도 했다. 스베들룬이 남긴 원고와 서신을 보면 유럽인들의 나태한 삶과 산업 등에 혐오감을 보인 것을 알 수 있다. 그가 푹 빠져 있던 자연은 강경하고 비타협적이고 요구가 많았으며, 따라서 자연은 청정하고 진실할 수밖에 없다는 것이 그가 주장하는 바였다. 자연히 그는 주변인들과 잘 어울리지 못하는 외골수로 평생을 지낼 수밖에 없었다.

하루 평균 열두 시간 노를 저어 항해하던 그는 찬밥과 물로 끼니를 때웠으며, 세상 소식을 들을 수 있는 라디오 한 대조차 가지고 있지 않았다. 그저 노를 저으며 문명의 때를 씻어내려 했다. 그가 청년기에 폴리네시아로 여행을 떠났던 것은 결코 우연이 아니다. 토르 헤위에르달$^{\text{Thor Heyerdahl}}$(노르웨이의 인류학자이자 탐험가—옮긴이)도 폴리네시아에 발을 디뎠고(폴리네시아인들의 민족적 계보를 연구하기 위해 그곳 주민의 무덤을 몰래 파기도 했다), 폴 고갱을 비롯한 많은 자연주의자도 폴리네시아로 떠나지 않았던가. 이렇듯 폴리네시아는 서유럽의 문명사회에 염증을 느껴 청정함과 진정한 자연을 맛보려 했던 이들에겐 자석처럼 작용했다. 따라서 스베들룬이 폴리네시아로 향했던 것은 전혀 이상한 일이 아니다.

그런데 그는 앞서 언급했던 이들보다 훨씬 일관적인 태도를 보였다. 로빈슨 크루소가 남반구의 한 작은 섬에서 사회를 이루는데 기여했다면, 헤위에르달은 키치 고고학을 바탕으로 한 제국을 형성했다고 할 수 있을 것이다. 고갱은 유럽의 화랑을 위해 그림을 그렸고, 스베레 홀름센$^{\text{Sverre Holmsen}}$(스웨덴 작가—옮긴이)은 그 지역의 삶을 주제로 소설을 썼다. 하지만 스베들룬은 그곳에서조차 벗어나려고 발버둥을 쳤다. 폴리네시아의 한적한 섬에서도 찾을 수 없는 더 큰 공허감과, 완벽한 자연과 자유를 찾기 위해서였다. 망망대해에서 바닷

새와 물고기만을 벗 삼아 몇 주, 몇 달이고 홀로 항해하는 이 외로운 남자에게서 진한 멜랑콜리를 느끼기는 어렵지 않으리라.

21세기를 살고 있는 사람들은 망망대해를 가로지르면서도 인터넷에 접속할 수 있다. 혹여 무인도에 홀로 떨어진다고 하더라도 결국은 헬리콥터에 의해 구제되기 마련이다. 휴대폰 접속이 안 되는 지역이라 하더라도 GPS 신호는 송신될 것이니까. 스베들룬은 이런 것들에 전혀 관심이 없었다. 그는 미디어의 집중적인 관심이 쏟아졌을 때도 단지 어깨를 으쓱해 보인 후 말없이 외로운 항해를 계속했다.

그는 사회에 적응하지 못하는 한 개인의 이상을 나름대로 실현했다고 할 수 있다. 그것이 가능했던 이유는 그가 미디어의 관심에서 벗어나 세상에서 빨리 잊힐 수 있었기 때문이 아닐까. 사실 스베들룬은 집합적 영국 문명사회를 두 어깨에 짊어지고 있었던 로빈슨 크루소보다 오히려 명상을 하기 위해 가족과 고향을 떠나 산중으로 들어가 버린 인도의 산냐신^{sannyasin}(힌두교의 남성 출가자-옮긴이)에 더 가깝다고 할 수 있다. 스베들룬과 산냐신은 순전한 정신적 청결과 내면적 무의 세계를 찾아 나선 개인이다. 이들의 운명은 소위 좋은 삶을 살기 위해 아등바등하는 문명사회의 우리 모습과는 큰 차이가 있다. 스베들룬은 어디를 따져보아도 사회에 적응하지 못했던 불행한 사나이라 할 수 있다. 인도의 산냐신은 나름대로 사회생활을 맛본 후 스스로 떠나, 죽기 전까지 홀로 있고 싶어한 사람이다.

사람들에게 좋은 삶이란 타인과 연계된 삶 속에서 자신의 꿈과 목표를 현실화하는 것이다. 우리는 타인에게서 존중을 받기 위해선 타인을 존중해주어야 한다는 것을 잘 알고 있다. 값비싼 차와 항공사의 보너스 포인트를 더 많이 소유한 사람들을 우러러보기를 그만두었을 때, 우리의 관심은 물질이 아닌 다른 것으로 향하게 된다. 이런 예는 역사 속에서도 수없이 찾아볼 수 있다. 거대한 뱃살과 많은 노예가 신분과 지위를 상징하던 때가 있었다. 하지만 요즘에는 이런 경우를 찾아볼 수 없다. 동물의 혀를 넣은 아스픽(수육이나 물고기를 젤리로 굳힌 요리-옮긴이)을 고급 전채 요리로 여기던 때는 지났다. 반면, 어렵고 도전적인 일을 달성했을 때 주변으로부터 그 노력을 인정받게 된다면 그것보다 더 큰 선물은 없을 것이다. 그렇다고 해서 세상 모든 이들의 부러운 눈길을 받을 필요는 없다. 우리의 노력과 그 가치를 진정으로 인정하고 존중해주는 단 한 사람이라도 있다면, 우리는 만족할 수 있다. 그렇다면 주변인들의 인정과 존중도 마다하고 반평생 동안 홀로 바다에서 노를 저었던 스베들룬의 동기는 과연 무엇이었을까. 무언가 힘들고 도전적인 일을 할 필요성을 느끼는 사람들은 주변인들의 이해를 쉽게 얻지 못할 때가 종종 있다. 사람들은 어렵고 힘든 삶보다 편안하고 쉬운 삶을 선호하기 때문이다. 여기서 100여 년 전 베르겐 철도를 건설했던 사람들의 예를 들어보고자 한다. 작년 여름 자전거로 산을 넘던 나는 난생처음으로 베르겐 철도의 한 부분을 가까이서 살펴볼 수 있었다. 노르웨이의 가장 큰 두 도시를 잇는 그 철로는 지상 수천 미터 위에서 뾰족한 산맥과 절벽을 아래에 두고 건설되었다. 철로 변에는 돌조각들 수천 톤이 흩어져 있었고, 터널은 기계 없이 인부들의 손에 의해 뚫어진 것이었다. 그러니까 전 철로가 수작업 또는 말의 힘을 바탕으로 건설되었다. 산꼭대기에는 철도 감시원들이 살던 집들이 철로를 따라 3킬로미터마다 한 채씩 자리하고 있었다. 당시 철도 감시원들이 하던 일은 겨울에 철로 위에 쌓인 눈을 치우는 것이었다. 그들이 일용품을 구하기 위해 자전거를 타고 시내에 있는 가게에 다녀오려면 온종일이 걸렸다. 오늘날 이 베르겐 철도에는 여기저기 새 터널이 생기고 노선도 많이 바뀌었다. 그래서 산꼭대기에 있던 이 집들은 이제 개인의 가정집으로 쓰이고 있다.

　베르겐 철도를 건설에는 나랏돈이 엄청나게 들어갔고, 공사 기간도 무려 10년이나 되었다. 당시 베르겐 철도는 인간의 대담함과 엔지니어 기술의 대명사로 여겨졌다. 그때 사용되었던 기술은 오늘날의 관점으로 보아도 혀를 내두를 정도로 앞선 것이었다. 아니, 특히 오늘날의 관점으로 보았을 때 더욱 그렇게 느껴지는 것이리라. 그렇다면 오늘날의 건축 기술은 어떠한가. 온갖 종류의 첨단 기계와 전자 측정 기구를 이용해 험난한 산꼭대기도 아닌 평평한 지대에 터널을 뚫는데도 2, 3년만 지나면 여기저기 허물어지고 부서지는 곳이 태반이다. 눈부신 건축 기술을 소유한 세대라고 하건만 우리 사회는 어딘가 잘못된 길을 가고 있는 것 같지 않은가.

현대 사회의 포커스는 다른 곳으로 옮겨지고 있다. 이제 발전의 의미는 더 이상 물질적 생산력을 의미하지 않는다. **하지만 우리는 새로운 발전의 의미가 정확히 무엇인지 모르고 있다.** 아직 역사 속에서 이 비슷한 일을 경험해 본 적이 없으므로 정확한 이름을 붙일 수가 없는 것이다.

오늘날 정치가들이 10년이라는 긴 시간을 두고 국고를 털어가며 장대한 프로젝트를 진행하겠다고 나선다면, 사람들은 어떤 반응을 보일까. 이러저러할 말은 많지만, 이쯤에서 다시 한 발짝 뒤로 물러서서 살펴볼 필요가 있다. 내겐 독자들에게 갚아야 할 빚이 있으니까.

8

행복에 대한 농담

좋은 삶을 살기 위해선 고전철학, 종교, 문학, 사회 연구, 개인적 경험, 서로 다른 문화권의 역사 등도 함께 접할 수 있어야 한다. 글쎄…여기까지 생각이 미친 나는 그간 쌓아두었던 책 무더기를 서재 한구석으로 치워버리기로 결심했다.

행복을 셀 수 있다는 착각

　이 책이 나오기 전에도 '행복에 대한 책'은 여기저기서 수없이 찾아볼 수 있었다. 그리고 엄밀히 말해서 나는 이런 '행복에 대한 책'을 쓸 필요도 없었다. 우리 모두는 이미 자신의 삶에 관해서 전문가라고 할 수 있다. **좋은 책 나쁜 책을 막론하고, 삶과 행복에 대한 책들은 다른 사람들의 생각과 사고를 적은 것에 불과하다.** 연구자의 한 사람으로서 '물질 만능 사회에서 행복하기 위해선 어떻게 해야 하는가'라는 질문에 어떤 형태로든 결론을 내리기 위해 나는 다른 학자들이 이 주제를 두고 무슨 말을 했는가를 찬찬히 살펴볼 수밖에 없었다. 나는 이 책을 쓰기 위해 온갖 자료를 모아왔다. 이렇게 하다 보니 이 프로젝트가 처음 예상했던 것보다 훨씬 방대하다는 사실을 깨닫게 되었다. 또한 행복에 대해 쓰려고 결심한 즈음엔 비슷한 책들 수십 권이 시장에 난무하고 있었다. 한정된 시간에 그 책들을 모조리 읽어본다는 것은 거의 불가능한 일이다. 지난 몇 년 동안 내가 모은 자료들을 처음부터 끝까지 찬찬히 읽어보는 것도 쉽지 않으니 말이다.

그간 서재에 쌓아온 자료들을 볼 때마다 막막한 느낌이 들었던 것도 사실이다. 그렇다 보니 단 한 줄도 쓸 수가 없었고, 컴컴한 구석에 밀쳐두었던 서적과 논문들에는 먼지가 쌓이기 시작했다. 결국 나는 자료 검토는 뒤로 미룬 채 당장 머리에 떠오르는 말, 가슴 속에 있는 말만을 먼저 적어 내려가기 시작했다. 그러자 놀랍게도 글이 술술 풀리는 게 아닌가. 하지만 하고 싶은 말만 쓴다면 그건 일기나 수필에 불과할 뿐. 그간 책에 인용할 문구를 수집하려고 꽤 많은 관련 서적과 논문을 살펴보았다. 단순한 인용 작업을 떠나, 정말 그간 모아왔던 자료들을 체계적으로 조사해 볼 필요성을 느꼈다. 그러지 않으면 이 책은 웃음거리로밖에 남지 않을 테니까. 그래서 나는 어느 누구도 첫 줄부터 마지막 줄까지 찬찬히 읽지 않는 책, 저자 자신도 다시 읽어보지 않는 그런 책까지도 처음부터 끝까지 열심히 읽어보았다.

사회학적으로 보았을 때, 세상에는 양적인 연구자와 질적인 연구자, 두 부류가 존재한다. 양적인 연구자는 수많은 대상을 연구해서 아주 적은 결과를 도출해내는 사람들이다. 이런 연구자들은 정부 예산 기관 등에서 선호하는 경향을 보인다. 이들은 수에 근거한 뚜렷한 결론을 내놓으니까. 반면 질적인 연구자들은 다소 표준에서 벗어난 경향을 보인다. 이들은 통계자료나 그래픽으로 결론을 내리지 않기 때문에 정부 기관들에서 그리 환영받지 못한다. 이들은 장기간의 연구를 통해 삶의 만족도 또는 인간적 발전 등과 같이 추상적인 것들을 숫자로 측정하는 방법을 개발한다. 가장 단순한 예를 들자면 소득과 평균 수명의 관계가 바로 그것이다(사실 이것도 회의적이긴 마찬가지다. 질적인 삶과 양적인 삶은 분명히 다르다. 또한 삶이란 단순히 인간의 흥을 돋울 수 있는 오락적 가치보다 더 큰 무엇을 지니고 있다. 우리는 부자들이라고 해서 모두 만족스럽고 좋은 삶을 살진 않는다는 걸 잘 알고 있다). 유엔은 이런 요소들에 근거한 데이터를 장기간 수집해왔고, 물질적 발전 단계를 바탕으로 각국 국민의 삶의 만족도를 측정해왔다.

이 측정 방법은 해를 거듭할수록 정교함을 더했고, 이를 바탕으로 UNDP 즉 유엔개발계획에서는 해마다 각국의 남녀 1000명을 기준으로 실직률, 의료 상황, 식수 공급 상태, 범죄율, 환경문제, 에너지 소비량, 등을 조사해 그 결과를 발표한다. 여기서는 '긴 수명과 안정된 삶, 지식 수용, 기본적 삶을 살 수 있는 가능성, 다음 세대를 위해 이를 유지할 수 있는 능력, 안전 및 남녀평등 등에 대한 요소' 등을 비교 조사한다. 나는 좋은 삶을 이루기 위한 필요조건을 조사하기 위해 수집한 많은 책과 자료들 중에서 이 UNDP 자료를 가장 먼저 살펴보았다.

UNDP 자료에 따르면 노르웨이는 매년 메달을 획득

할 만한 성적을 냈다. 특히, 소득, 평균 수명, 교육을 중심으로 한 인간적 발전에 대한 사항에서는 수년간 1등을 하기도 했다.

이런 등수 매김이 무슨 의미가 있는지 궁금한 사람은 나만이 아닐 것이다. 자료를 살펴보면 병들고 가난한 것보다는 부유하고 건강한 게 더 낫다는 걸 말하고 있을 뿐. 하지만 이런 식의 관점으로 삶의 질에 대한 객관적인 척도를 찾기는 쉽지 않다. 부부가 함께 직장에서 풀타임으로 일을 해서 가계 소득이 높아지면 돈 걱정 없이 안락하게 살 수는 있을 것이고 이를 행복이라 여기는 사람들도 없지 않을 것이다. 하지만 이것은 이들 부부가 가지고 있는 대안에 따라 얼마든지 달라질 수 있다. 그린란드에서 사냥으로 생계를 꾸려나가던 에스키모들이 어느 날 갑자기 월급이나 연금으로 생활하게 된다면, 삶의 질이 급격히 하락했다고 느낄 것이다. 이들은 수세대를 걸쳐 이어오던 가업을 그만두고 불확실한 미래를 걱정하다 결국 자존심과 자신감마저 잃어버린 채 술에 절어 지내게 될 수도 있다. 위험한 사냥을 하지 않아도 되니 평균 수명은 늘어날 것이고, 월급 생활을 하니 고정 소득도 늘 것이다. 휴대폰 사용자도 늘 것이고 성역할의 균등화도 이루어질 것이다(이전에는 남자들만 밖에서 사냥했다). 그러니 UNDP 자료에서는 상위권에 오를 수 있을지 모른다. 하지만 정말 짐승 가죽으로 만든 카약을 타고 작살을 이용해 해마를 사냥하는 것보다, 위스키 병을 들고 플레이스테이션 게임기 앞에 앉아 있는 게 더 나은 삶이라 할 수 있을까.

유엔에서 발표하는 '인간 개발 지수'는, 인간이 현대 사회 속에서 자신의 역량을 발휘할 기회를 얼마나 얻을 수 있는가를 보여주는 자료다. 하지만 이 자료는 각각의 개인이 자기 앞에 놓여 있는 기회를 어떻게 이용하는지 아무것도 설명하지 않는다. 어쩌면 유엔의 '인간 개발 지수' 지표에서 73위에 해당하는 국가의 국민도 매년 삶이 서서히 나아질 것이라는 희망만 있다면 11위 국가의 국민보다 더 행복하게 살 수 있지 않을까? 또 61위의 국가에선 국민이 좋은 기후 조건 속에서 안정된 가정생활을 영위하고 있으므로, 15위 국가보다 더 행복하게 살 수 있지 않을까? 46위의 국가 국민은 대부분이 신의 자비를 믿고 있으므로 12위 국가보다 정신적으로 더 행복한 삶을 살고 있을지도 모른다. 앞서도 이미 말했듯이, 행복이란 것은 신형 휴대폰과 신발장을 가득 채운 고급 구두를 반드시 의미하진 않는다.

아무도 유엔의 '인간 개발 지수'가 무의미한 자료라고 주장하진 않는다. 이 자료는 특히 미래를 설계하는 이들과 정치가들에겐 객관적이고 중요한 정보가 될 수 있다. 이 지표의 하위 24개국에 해당하는 대부분의 아프리카 국가 국민은 고되고 위험한 삶을 살고 있는 것이 사실이다. 이들 나라 국민의 평균 수명은 지난 몇 세대를 거치는 동안 에이즈로 인해 대폭 줄어들었다. 이 국가들의 지도자는 나라의 자원을 개인 소유로 빼돌리는 약탈형 정치가 아니면 권력에 눈이 먼 독재자가 대부분이다. 또한 이 국가들은 80년대 초기부터 병원, 도로, 교육 시스템을 개선한다는 목적으로 여러 유럽 국가의 수동적이고 비효율적인 도움을 받아왔다. 그런데, 이 국가들을 방문한 관광객들은 고국에 돌아오자마자 창백한 피부에 멜랑콜리한 표정으로 자신을 맞는 친지들과 활기차고 상냥한 미소로 가득한 아프리카 국민의 얼굴을 대비해 보지 않을 수 없게 된다. 도대체 유럽 사람들은 고픈 배를 움켜쥐고 억지로 잠자리에 드는 것이 어떤 것인지 알기나 하는 걸까?

부족한 것 없이 살고 있는 우리가 세 벌이나 되는 외투를 두고 가죽 외투를 한 벌 더 구입한다고 해서 더 행복해지지는 않는다. 반면, 아프리카 국민의 천진하고 순수한 미소를 보면 전반적으로 그들이 행복한 삶을 살고 있다는 느낌을 주기에 충분하다. 그들은 더 좋은 대안이 없기 때문에 현 상황에서 최선을 다해 살고 있다. 이에 비해 말 그대로 모든 것을 다 가지고 있는 우리는 이게 과연 전부인가 하는 심정 때문에 만족할 수가 없다. 어쨌든, 이런 삶에 대해 객관적이고 과학적인 대답을 줄 수 있는 사람은 없다. "소유물이 7000개를 넘어서면, 그때는 내가 물건을 소유하는 것이 아니라 물건이 나를 소유하게 된다."라는 지인의 말이 문득 떠오른다. 물론 이 말은 세 가지 소유물을 언급했던 노자의 말을 조금 바꾼 것이다.

이런 금언들은 사실 어딘지 모르게 진부한 느낌을 준다. 몇 년 전, 세계 곳곳의 가족들이 각자 가지고 있는 모든 물건을 자기 집 앞에 차곡차곡 세워놓고 찍은 사진들을 본 적이 있다. 쌓인 소유물들의 크기는 가족마다 달랐다. 소위 부국이라 알려진 미국과 벨기에에서도 상류층에 속하는 가족들의 얼굴 표정은 크로아티아나 트리니다드 토바고 공화국 출신 가족들의 표정과 그리 다를 게 없었다. 어쩌면 부유한 가족들은 사진을 찍은 후 그 많은 물건들을 다시 집 안으로 옮겨야 한다는 생각에 미리부터 걱정해, 그다지 행복한 표정을 짓지 않았는지도 모른다.

마르크시즘의 여러 원리 중 가장 이상한 것을 들자면 '노동 시간 가치 이론'이다. 이 이론에서는 노동력을 재생산하는 데 필요한 가치가 어느 정도인지에 따라 노동력의 객관적인 가치를 측정한다. 노동자들은 다음 날 다시 건강하고 활기차게 일터로 가기 위해 적절한 휴식과 정당한 대가를 필요로 한다. 마르크스를 읽는 현대인들은 아직도 술자리에서 노동 시간 가치 이론을 심각하게 논의하기도 한다. 그런데 각 개인의 노동력을 재생산하는 데 얼마만큼 투자해야 하는지를 정확하게 알 수 있는 방법이 과연 있기나 한 것일까? 일주일 동안 온천에서 휴양을 하면 한 달간의 고된 일로 지친 몸이 과연 회복되는 것일까? 매년 한 달씩 지중해의 파도를 보며 명상을 하면, 사회 속에서 지식인의 역할을 계속해 낼 수 있는 걸까? 북유럽의 매서운 겨울 날씨에 얼어붙은 몸을 녹이기 위해 매년 3주씩 남유럽에서 휴가를 보내지 않으면, 일을 계속할 수 없는 걸까? 노동력을 재생산하는 데 드는 가치는 사회마다 다르다. 따라서 노동력의 객관적인 가치를 측정하는 것은 불가능하다.

각 개인이 어떤 삶을 살고 있는지 측정하는 것은 불가능하다. 당사자들에게 직접 물어보면 또 모를까. 실제로 최근 몇 년 동안, 여러 나라 정부 기관에서는 국민을 상대로 설문 조사를 실시해왔다. 대부분의 사람들은 이런 종류의 설문 조사에 회의적인 태도를 보였다. 그도 그럴 것이, 누군지도 모르는데 정부 기관에서 나온 사람들을 어떻게 믿고 이런저런 사적인 대답을 해준단 말인가. 또한 어느 날 갑자기 대문 앞에 찾아온 낯선 질문자를 대한다면 누구든, 설사 실제로는 그렇지 않더라도, 잘 살고 있다며 환한 얼굴로 긍정적인 대답을 하고 싶을 것이다. 간혹 감상적인 예술가를 자처하며 고통스러웠던 유년기를 과장되게 포장해서 마치 세상의 고통은 혼자 짊어지고 있는 것 마냥 둘러대는 사람도 있을지 모른다. 따라서 사람들의 주관적 행복을 측정하는 이런 양적인 '행복 설문 조사'에 회의감이 드는 건 당연한 일이다.

정답이 없는 문제는 공허하다

하지만 이 양적조사를 하는 학자들은 나름대로 매우 심각하게 연구에 임하고 있다. 이들은 〈행복 연구 저널Journal of Happiness Studies〉이라는 학술지도 발간하고, 여타의 학계와 마찬가지로 저명인사를 초청해 각종 컨퍼런스도 개최하고 있다. 이 학문은 2000년대 초 싹을 틔운 젊은 학문이지만 분위기를 살펴보면 앞으로 크게 성장할 수 있을 것 같기도 하다.

관련 학자들 역시 흥미진진한 연구를 해왔던 것이 사실이다. 행복 연구는 지금까지 경제학자들과 심리학자들을 주축으로 이루어져 왔다(철학자들을 배제한 것은 매우 현명한 일이라 생각한다. 행복에 대해 질문한다면, 철학자들은 열이면 열, 하나같이 행복이 일반적이고 평범한 개념이라 대답할 것이 뻔하므로, 사회인류학자들을 배제한 것도 역시 현명한 일이다. 이들은 두 마리의 염소와 젊은 아내·선한 남편·관대하고 너그러운 시어머니만 있다면 모두 행복해질 수 있다고 대답할 것이므로). 학자들은 여러 가지 방식으로 행복을 연구한다. 그중 하나는 연구 대상자들에게 손바닥만 한 기구를 일정 기간 빌려주고, 하루 중 임의의 시간에 이 기구가 '삐' 소리를 내면 그 순간 연구 대상자의 기분이 어떤지 입력한 자료를 검토하는 것이다(순간적 감정과 기분에는 여러 가지가 있을 수 있다. 예를 들어 희열, 행복, 무덤덤함, 불만, 자살 욕구 등). 또 다른 방법은 보편적인 설문조사를 하는 것이다. 이 방법에는 설문지를 돌려 대답을 얻어내는 간접적인 방법과, 조사자가 연구 대상자를 찾아가 개인적으로 질문을 던지는 직접적인 방법이 있다.

  미디어와 일반인들의 관심을 얻고 있는 이런 연구에 참여해 보면, 조사자들은 그간 미처 생각해보지 못했던 여러 가지 일들에 대해 사고해볼 기회를 얻을 것이다. 대부분은 행복에 대해 다음과 같이 정의를 내린다. 좋은 책 한 권을 읽는 것, 신뢰할 수 있는 자료들을 바탕으로 한 자세한 역사 연구서를 읽는 것, 또는 장기간의 현장 연구를 통해 한 지역의 주민들과 자연스럽게 친분을 나눌 수 있는 것 등.

  설문조사를 통한 연구에서는 다수의 양적 자료를 통해 간단한 소수의 결과를 얻어낼 수 있다. 그러나 설문조사에 사용된 질문은 물론 대답의 질적인 척도에 대해선 자세히 조사된 바가 없는 것이 사실이다. 1995년에서 2000년까지의 기간 동안 전 세계 65개국을 대상으로 행해진 조사 결과에서는 나이지리아가 1등을 차지했고 탄자니아, 멕시코, 엘살바도르가 그 뒤를 차례차례 이었다. UNDP자료를 보면 이 나라들은 각각 158, 164, 53, 104위를 차지하고 있다. 즉, 나이지리아와 탄자니아는 유엔의 인간 개발 지수를 바탕으로 본다면 최하위에 자리하고 있다는 말이다. 1999년에 행해진 이와 비슷한 조사에서는 방글라데시가 1위를 했고, 미국은 46위를 차지했다. 방글라데시는 UNDP 지표에서 139위에 머무르고 있을 뿐이었다. 노르웨이에 대해 궁금해하는 사람도 있을 것이다. 주관적 행복을 조사한 국제적 연구 결과를 살펴보면, 노르웨이는 22위를 차지했다. 21위와 23위를 차지한 나라는 오스트리아와 싱가포르였다.

이들 조사에서 나이지리아가 스웨덴보다 앞서 있고, 베네수엘라가 영국보다 앞서 있다는 결과를 본 사람들은 조사 방식이 잘못된 게 아니냐며 의아한 표정을 지었다. 어쩌면 정말 조사 방식에 문제가 있었는지도 모른다. 그도 그럴 것이, 설문 대상자의 대답이 정확히 무슨 의미를 지니고 있는지 이해하기가 어려울 때도 있었으니 말이다. 어떤 문화권에서는 삶이 힘들다고 푸념하면 매우 무례하다고 여기는 반면, 다른 문화권에서는 행복하게 잘 살고 있다고 말하면 오히려 이를 무례하고 건방지다고 여기는 경향이 있다. 즉, 주변의 존중을 받기 위해선 살짝 삶에 대한 불평을 해줄 필요도 있다. **살아생전 너무도 행복해 더 바랄 게 없다면 죽은 후의 천국을 염원할 필요도 없을 것이다.** 어떤 종교권에서는 신자들에게 행복하라고 강요하며, 항상 불행해하고 불평만 늘어놓으면 신의 은혜도 모르는 배은망덕한 사람이라고 몰아세우기도 한다. 또 다른 종교권에서는 이 세상은 단지 거쳐 가는 정류장 같은 것일 뿐이며, 삶은 시험에 불과하다고 말한다. 이런 종교의 세계에서는 만족하고 행복해하는 사람들을 자주 죄인 취급하기도 한다.

2007년에 실시되었던 국제 만족도 조사에서는 인도가 스웨덴을 앞지르고 1위에 올랐다. MTV에서 주최한 이 조사는, 세계 14개국 수천 명의 청소년들에게 직접 질문을 하는 방식으로 실시되었다. 조사 결과를 보면 어쨌든 물질적 부와 만족도 사이에는 깊은 연관성을 찾아볼 수 없다는 사실만큼은 분명하게 알 수 있다. 영국과 북아메리카의 청소년들은 일반적으로 현재보다는 삶이 좀 더 나아졌으면 좋겠다고 바란 반면, 아르헨티나와 멕시코의 청소년들은 평균 이상이 지금의 삶에 만족한다고 대답했다. 특히, 8세에서 15세 사이에 해당하는 조사 대상자들은 부자 나라보다 가난한 나라에서 살면 앞으로 더 재미있고 흥미롭게 살 수 있을 것 같다고 대답했다. 16세에서 34세 사이의 사람 중 가장 낙관적인 태도를 보였던 국민은 인도와 중국 국민이었다. 이로 미루어보아, 종교적 신앙과 안정된 가족 관계는 삶의 만족도 면에서 매우 중요하다고 짐작할 수 있다. 하지만 이런 조사로 명백한 결과를 얻는 것은 불가능하다. 스웨덴 국민은 종교적이지도 않고, 대가족이나 안정된 가족 관계와도 거리가 먼 사람들이다.

행복에 관한 연구는, 숫자로 측정할 수 없는 것들을 측정한다는 한계점에도 불구하고 괄목할 만한 결과를 보여왔다. 이 흐름을 지켜보고 있자니, 그간 왜 서로 다른 학계의 학자들이 인간 삶에 만족감을 주는 것들이 무엇인지에 대해 앞다투어 연구해 왔는지 이해할 수 있을 것 같기도 하다. 이 학자들이 동의한 사항 하나를 들자면 바로 '돈으로는 사랑을 살 수 없다'라는 것이다. 평균 소득의 증가가 어느 정도까지는 풍요로운 삶과 만족을 증진한다는데 에는 이견이 없다. 하지만 빈곤 국가의 상위 1퍼센트에 속하는 부자들이 국민 평균 이상의 행복과 만족감을 느낄 수 있느냐 하는 질문에는 한마디로 잘라 대답하기가 쉽지 않다.

소위 삶의 질과 만족감을 측정했다는 자료들은 갖가지 도표와 그래프로 가득하다. 이것들을 보고 있으려니 문득 사회학자인 라이트 밀스$^{C.\,Wright\,Mills}$의 말이 떠올랐다. "자료 없는 이론은 공허하고, 이론 없는 자료는 무의미하다." 그러나 삶의 만족도 측정 자료에서 국민의 절반 이하가 무신론자인 스웨덴도 상위를 차지하고, 국민 대부분이 종교를 가진 또 다른 국가에서도 역시 상위를 차지한다는 사실을 따져보았을 때, 만족과 행복의 열쇠가 무엇인지 정확히 이해하기란 결코 쉽지 않다. 그렇다면 이러한 숫자들을 논리적으로 이해하기 위해서 우리는 삶의 만족과 행복을 창조하는 근본적인 요소가 무엇인지부터 찾아야 할 것이다.

저술을 위해, 작은 도서관을 방불케 할 만큼의 책을 구입하게 되었다. 우연인지 아닌지는 모르겠지만, 대부분은 미백한 듯 눈부시게 하얀 치아를 지닌 중년의 영국인들이 쓴 책, 캘리포니아의 햇살에 멋지게 피부를 그을린 학자형 남성들이 쓴 책들이었다. 그 제목은 《행복: 신과학 레슨Happiness: Lessons from a New Science》《진보의 역설:우리는 왜 더 잘살게 되었는데도 행복하지 않은가The Progress Paradox:How Life Gets Better While People Feel Worse》《완전한 행복Authentic Happiness》, 《어플루엔자Affluenza》(인플루엔자 Influenza와 어플루언스affluence를 합친 단어) 등, 다양하기가 이루 말할 수 없었다.

도서관 자료와 인터넷 서점을 조회한 결과, 행복과 만족스러운 삶에 대한 책은 최근 몇 년 동안 폭발적으로 시장에 소개된 듯했다.

개중에는 이전 시대에 출간된 학자적 냄새가 짙은 책들도 더러 찾아볼 수 있었다. 인도의 경제학자(노벨 경제학상을 받기도 했다) 아마르티아 센Amartya Sen은 수년 동안 삶의 질과 만족도에 관심을 보여왔다. 미국의 철학자인 마사 누스바움Mrtha Nussbaum, 영국의 의학·사회학자 리처드 윌킨슨, 헝가리의 심리학자 미하이 칙센트미하이$^{Mihály\ Csikszentmihalyi}$ 외에도 다수가 이런 종류의 책을 썼다. 다그 하레이데$^{Dag\ Hareide}$가 1991년에 발표한 《살기 좋은 노르웨이$^{Det\ gode Norge}$》도 여기에서 빼놓을 수 없다. 이 주제를 두고 심리학적 연구를 해온 에이브러햄 매슬로$^{Abraham\ Maslow}$는 1950년대에 전개된 '욕구 단계설'로 유명한 학자이다. 매슬로에 의하면, 인간은 신체적 건강과 만족감을 필수적으로 먼저 이루어야 하며, 자아실현은 그 후에 보너스처럼 얻을 수 있는 선택 사항으로 여겨야 한다.

어떻게 돌려 말한다고 하더라도, 최근 몇 년 동안 행복 방면의 연구가 크게 발전해온 것은 무시할 수가 없다. **소위 행복학은 21세기 초기 가장 왕성한 발전을 보여온 학문이라 할 수 있다.** 특히 경제학자들과 심리학자들은 전임 학자들의 잘못을 지적하는 데 주저하지 않았다. 즉, 이전 시대의 학자들은 삶의 질과 만족감을 가치 있는 연구 주제로 인정하지 않았고, 따라서 좋은 삶을 이룩하기 위해 기본적으로 무엇이 필요한지도 이해할 수 없었다고 주장했다. 심지어 행복학에 관심을 둔 학자들마저도 그 대답이 진부하고 유치할 것이라고 얕보지 않았던가. 사실은 전혀 그렇지 않은데도 말이다.

행복학 연구가 학계에서 존중받는 학문으로 제자리를 찾을 수 있었던 중요한 이유는, 오늘날 국제 중산층의 삶이 역사상 그 어느 때보다 더 풍요로워도, 당사자는 예나 지금이나 항상 불평불만을 토로하고 걱정하는 일을 그치지 않기 때문이다. 그렇다면 현대 정치가들 또는 이전 시대의 사회학 연구가들이 간과했던 것은 무엇일까. TV를 세 대나 소유하고 엄청난 규모의 부동산을 소유하고 있다 하더라도 매일 걱정이 끊이지 않는다면 그건 결코 좋은 삶이라 할 수 없지 않은가.

이 질문에 대한 답은 수도 없이 많다. 종교가들과 철학가들은 지난 수천 년 동안 좋은 삶을 영위하는 방법을 제시해 왔으나, 세대의 TV를 소유해야 행복해진다는 말은 그 어디서도 찾아볼 수 없다. 반면 이들은, 부자가 천국에 들어가기란 낙타가 바늘구멍으로 들어가기보다 더 어렵다고 말했다 (나는 이 말을 떠올릴 때마다 예수가 상당히 현실적인 사람이었다는 생각을 하게 된다. 참고로 '바늘구멍'은 예루살렘으로 들어가는 가장 비좁은 성문을 지칭하는 애칭으로 사용되기도 했다). 역사 속에서 부자들은 항상 경멸을 받아왔다. 여러 나라에서 부자들이 존중을 받기 시작했던 건 최근의 일이기도 하다. 플라톤과 동시대에 살았던 시노페의 철학자, 유머 가득한 디오게네스의 일화 중 유명한 것이 있다. 알렉산더대왕이 그에게 다가와 소망이 있다면 들어주겠다고 하자 그는 화창한 햇살을 받고 싶으니 조금만 옆으로 비켜서 달라고 부탁했다.

푸시핀 게임과 시문학 중 어느 것이 더 가치 있는가?

연구를 깊이 파고들지 않더라도, 행복과 만족에 대한 주제가 고전 철학과 종교적 사고와 어느 정도 관련이 있다는 걸 이해하긴 어렵지 않다. 실제로 어떤 학자들은 종교적 신앙을 행복학 연구 자료의 도표나 그래프에 포함하기도 한다. 하지만 대부분의 학자는 아리스토텔레스나 부처, 예수와 행복학을 연결 지어 생각하는 것에는 주저하는 경향을 보이는 게 사실이다. 영어권의 경제학자와 심리학자들 중에서 행복을 주제로 연구했던 초기 연구가 중 가장 두드러진 업적을 보인 사람은 바로 제러미 벤담이다.

벤담은 영국 진보주의 전통사에서 스코틀랜드의 데이비드 흄, 애덤 스미스 등으로 대표되는 1700년대 계몽주의 시대와, 존 스튜어트 밀로 대표되는 빅토리아 시대의 진보적 사상을 잇는 다리 역할을 하는 중요한 학자이다. 관점에 따라 다를 수도 있겠지만, 어쨌든 세계의 내로라하는 사상가들과 어깨를 나란히 하고 있다는 건 벤담 자신에게도 결코 나쁘지 않은 일일 게다. 이들은 이성과 과학을 신뢰했으며, 이

성적인 사회 시스템, 정확한 언어와 진보된 기술을 중시했다. 바로 여기에서 이들은 프랑스의 철학자들과 구분된다. 혁명 이후 시기의 프랑스 철학자들은 혁명 이전 시대처럼 낙관적이질 못했다. 혁명적 몽상가라 할 수 있는 독일 철학자들도 마찬가지다. 이들은 주로 추상적 사고와 이해 불가능한 원리에 집중했으며, 완고한 비관주의에 빠져 있었다(칸트는 예외라 할 수 있다. 흔히, 음악계에 베토벤이 있다면 철학계에는 칸트가 있다고 하지 않는가).

벤담은 강한 사회 의식을 지닌 철학가였으며, 사회진보주의 사상에 심취해 당시 남녀평등과 노예 해방을 앞장서서 주장하기도 했다. 그는 부부의 이혼도 받아들여야 하며 동성애도 범죄 대상에서 제외해야 한다고 말했다(그의 조국에서 동성애가 합법화된 것은 그로부터 160년이나 지나서였다). 정치철학가로서 벤담은 공리주의를 주창하였으며 도덕의 최고 원리가 개인의 쾌락이라고 정의하기도 했다. 그의 관점에서 보자면 정치의 목적은 '**최대 다수의 최대 행복**'을 추구하는 것이었다. 로버트 오웬의 고전적 유토피아 사상도 벤담의 행복 철학에서 연유한 것이라 알려져 있다.

그의 이러한 철학은 확고하고 강건하며 뚜렷한 목적을 지닌 정치적 개념처럼 상당히 고차원적으로 보이기도 한다. 벤담은 각각의 인간 행위를 측정할 수 있는 실질적 방법론을 선보이기도 했다. 즉, 그에 의하면 우리가 하는 모든 행위는 쾌락과 고통의 정도, 그리고 당사자와 주변인들에게 미치는 영향의 정도에 따라 수적으로 측정할 수 있다고 했다.

벤담은 연구에서만큼은 항상 중립적인 태도를 유지했다. 그는 흔히 고급 문화 행위로 분류되는 오페라와 저급 문화 행위로 분류되는 뜨개질, 술주정, 사냥 등에 똑같은 가치를 부여했다. 특히, 그는 "푸시핀 게임$^{pushipin\ game}$(모자와 압정을 가지고 하는 영국 아이들의 놀이)도 음악과 시처럼 높은 가치를 지니고 있으며, 특히 당사자들에게 이 푸시핀 놀이가 더없이 큰 즐거움과 만족감을 준다면, 음악이나 시문학보다 훨씬 더 높은 가치를 지니고 있다고 할 수 있다"라고 주장했다. 정치가들 또한 최대의 만족과 최소의 고통을 추구하지 않는가. 그런데 과연 그의 주장이 정말 이성적이라 할 수 있을까?

벤담의 행복 측정 계산법에는 몇 가지 문제점이 있다. 예를 들어, 한 사회의 전체 구성원 중 스스로 행복한 삶을 살고 있다고 생각하는 사람들이 51퍼센트, 그렇지 않다고 생각하는 사람들이 49퍼센트에 해당한다고 했을 때, 불행한 사람들이 수적으로 적지 않음에도 불구하고 다수를 이루지 못하기 때문에 전체적으로 봤을 때 그 사회는 행복한 사회라고 감히 말할 수 있다. 이 상황은 특히 마거릿 대처 수상 치하의 영국에서 볼 수 있었다. 유권자의 반 이상이 그녀의 철강 진보 정치를 지지했던 반면, 반 이하의 국민은 그녀의 집권 하에서 오히려 더 불행한 삶을 맛보았던 게 사실이다. 이들에게는 시장경제의 보이지 않는 손이, 보이지 않는 손톱으로 여겨졌을 것이다. 그럼에도 마거릿 대처는 연이어 집권할 수 있었다. 그건 반대 정당의 후보자보다 그녀를 지지하는 유권자들이 수적으로 조금 더 많았기 때문이었다.

문제는 또 있다. 벤담은 삶이 쾌락과 고통으로 이루어져 있다고 분명하게 잘라 말했다(이처럼 초기 자유주의자들은 헤겔이나 쇼펜하우어와는 달리 단도직입적으로 자신의 주장을 피력하는 경우가 많았다). 나는 여기서부터 조금씩 회의가 들기 시작했다. 세상일 대부분이 흑과 백의 중간인 회색 지점에서 결정되는 경향이 있다는 걸 고려할 때 그의 주장은 너무도 단순하게 여겨지지 않는가. 정말 삶이 쾌락과 고통으로 양분될 수 있단 말인가? 이 문제는 우선 넘어가 보자. 삶의 의미는 쾌락을 최대한으로 증진하고 고통을 최소한으로 감소시킨다는 데 있다는 벤담의 주장에서, 가장 큰 문제점은 이 쾌락과 고통을 측정할 수 있는 개체를 어떻게 정의해야 하는가이다. 색소폰을 즐겨 연주하는 이웃이 있다고 가정해보자. 그런데 그의 가족들과 이웃집 사람들, 그의 집 앞을 지나가는 사람들도 그의 형편없는 연주에 귀를 막고 고통스러워한다고 했을 때, 그 색소폰 연주자를 전체적으로 어떻게 평가할 수 있을까? 색소폰을 연주하는 당사자의 만족도가 +10이라고 치자. 하지만 그의 연주를 듣는 이들이 느끼는 것은 고통과 불쾌감 때문에 각각 −2라고 했을 때, 이 마이너스 지수는 그의 집 앞을 지나가는 행인들까지 합친다면 더 커질 것이다. 하루건너 들려오는 색소폰의 소음에 이웃은 몇 시간씩 잠을 설쳐가며 음악성이라곤 전혀 없는 그 연주자에게 어떻게 복수를 할까 이를 갈며 고민할지도 모른다. 또한 소음에 불과한 그 색소폰 음악을 매일 듣던 그의 아들은 치를 떤 나머지 천성적으로 타고난 음악적 소질에도 불구하고 음악가의 길을 아예 일찍감치 포기할지도 모른다. 이 경우, 장래 음악가로 크게 성공할지도 모르는 자식의 길을 미리부터 막은 그의 책임은 어떻게 설명할 수 있을까.

행복을 측정하는 것은 원칙적으로 불가능하다. 하지만 벤담과 그의 이론을 따르는 학자들은 아직까지도 이를 포기하지 않고 있다. 물론 벤담의 주장을 비판하는 학자들도 다수 찾아볼 수 있다. 우리는 생태학자이자 철학가인 아르네 네스Arne Naess의 저서 《생태학, 사회구조와 생활 방식》에서, 그가 벤담의 이론을 맹목적으로 따르고 있다는 것을 볼 수 있다. 그는 주거 단지 한가운데를 가로지르는 고속도로 건설을 예로 들었다. 고속도로 건설에 따른 먼지와 소음, 불쾌한 냄새 등을 바탕으로 한 주민들의 불만을 −10이라고 가정했을 때 고속도로를 이용하는 사람들의 편리함은 +1로 측정한 것이다. 네스는 소위 '만족 예산'은 사용할 수 없다는 것을 보여주기 위해 이 예를 들었다. 그는 유쾌함과 불쾌함, 만족과 불만족을 비교 측정하기 위해선 '공식적이고 전반적인 가치에 대한 순위를 매길 수 있는 것'을 자료로 삼아야 한다고 결론을 내렸다. 하지만 그의 결론은 오해의 여지가 있을뿐더러 매우 불분명하기 짝이 없다. 따라서 그의 말은 코에 걸면 코걸이, 귀에 걸면 귀걸이처럼 결국엔 대다수의 동의를 얻어낼 수 있을 것으로 보인다.

벤담의 철학에서 논의의 여지가 있는 또 다른 사항은(사실 이것은 지난 200여 년 동안 논의되어온 사항이기도 하다) 서로 다른 행위와 생활 방식에 동일한 가치를 부여하고 등수를 매기는 것이 과연 옳은가 하는 것이다. 만약 대부분의 사람들이 시를 읽을 때보다 푸시핀 게임을 할 때 더 큰 즐거움과 만족감을 얻을 수 있다면, 사회적으로 볼 때 푸시핀 게임이 당연히 시문학보다 더 큰 가치를 지닌 게 맞다. 하지만 정말 이런 식의 사고가 옳은 것일까. 시문학은 푸시핀 게임보다 훨씬 오래 지속되는 즐거움을 주며, 장기적으로 볼 때 한 나라의 언어를 발전시키는 역할도 한다. 그리고 전체적으로 보았을 때 시문학에는 수천 편의 시가 있는 데 비해, 푸시핀 게임은 단 하나밖에 없다. 여기서 푸시핀 게임과 시의 가치를 비교한다는 것은 무언가 이상하지 않은가.

푸시핀 게임의 논리는 정치계에서도 자주 찾아볼 수 있다. 정치가들 중에는 자신의 의견이 국민 다수의 의견을 대변한다고 착각하는 사람들이 더러 있다. 노르웨이의 오페라 하우스를 한번 예로 들어보자. 건립 당시 몇몇 정치가들은 노르웨이 국민 다수는 오페라에 관심이 없어서 여기에 엄청난 예산을 투입할 필요가 없다고 주장하기까지 했다. 이 외에도 찾아보자면 비슷한 예들은 수도 없이 많다.

벤담의 후계자 중 가장 유명한 이는 존 스튜어트 밀이다. 그의 아버지는 공리주의 학자이자 철학가인 제임스 밀이다. 존 스튜어트 밀은 어렸을 때부터 신동으로 알려졌으며, 또래 학생들이 푸시핀 규칙을 배우기 위해 애를 쓰고 있을 때 이미 라틴어 등의 고전 언어와 철학에 통달했다고 한다. 그럴 뿐만 아니라 겨우 걸음을 걷기 시작했을 때, 이미 개인 교사이자 대부였던 벤담은 물론 그의 아버지에게서 주입받은 공리주의 사고방식에 익숙했다고 한다.

사춘기에 접어든 밀은 청소년기에 흔히 겪는 10대 우울증을 경험했고 이 시기에 낭만주의를 대표하는 시문학에 빠져들기 시작했다. 온갖 책과 지식을 흡수한 밀은 훗날 벤담의 공리주의적 원칙에 대해, 인간이 최대의 행복과 쾌락을 추구하는 것을 삶의 목표로 잡는다면 결코 행복해질 수 없을 것이라고 비난하기도 했다. **행복과 만족감은 개인이 각자의 일에 열정을 다했을 때 비로소 느낄 수 있는 보너스 같은 것이라고 그는 주장했다.** 또한 시문학이 실제로 푸시핀 게임보다 훨씬 높은 가치를 가지고 있다고 말했다(그가 그 유명한 푸시핀 게임을 단 한 번도 해본 적이 없으며 시문학에 청년기를 모두 바쳤다는 사실을 봤을 때 그의 이런 결론이 과연 객관적일 수 있을까 하는 생각도 든다).

20세기 초 원칙적 이유를 들어 밀보다 더 크게 반발했던 이는 앙리 베르그송이다. 그는 한 국가의 전체 국민이 최대의 안전과 행복을 누린다고 했을 때, 이를 유지하기 위해 한 사람이 끊임없이 고문을 당하고 고통을 경험해야 한다면 어떨까 하는 실험적 사고를 해보기도 했다. 다수의 행복이 한 개인의 끊임없는 고통을 바탕으로 이룰 수 있는 것이라면, 과연 그 다수의 행복이 정말로 가치 있다고 할 수 있을까? 대답은 '아니다'이다(베르그송의 논리는 감옥 체제에 흥미로운 시선을 돌리게 된 이유로 작용하기도 했다. 다수가 만족스러운 삶을 살기 위해 한 사회가 범죄자에게 부여할 수 있는 고통은 어디까지가 적절한 것이라 할 수 있는가).

이러한 문제 제기를 바탕으로 이와 비슷한 대안들은 그 후에도 여기저기서 선을 보였다. 어떤 이들은, 한 사회가 소수 약자와 범죄자들을 다루는 방식이 그 사회의 인간적 질과 수준을 결정한다고 주장했다. 또 다른 이들은 사회 내에서 하위 20~30퍼센트에 속하는 사람들이 어떤 취급을 받는지 조사해보면 그 사회가 어떤 사회인지 알 수 있다고 말했다. 상위 70퍼센트에 속하는 이들은 어떻게든 잘 살아갈 것이 틀림없으니 말이다. 우리는 여기서 이들의 주장이 전혀 근거 없는 무의미한 것이라고 반박할 수만은 없다.

'긍정의 힘'으로는 할 수 없는 것들

벤담의 접근법은 후대 학자들에게 직간접적으로 영향을 미쳤다. 긍정 심리학Positive Psychology도 그중 하나라고 할 수 있다. 행복에 대한 저서들은 과학적이거나 실용적 성격을 막론하고 모두 최근 급작스러운 관심을 받는 이 긍정 심리학 도서에 속한다. 이 부분의 전형적 대표자는 심리학자인 마틴 셀리그먼Martin Seligman이다. 그는 비록 유전자가 인성을 결정짓는다고는 하나, 인간이 스스로 결정할 수 있는 일이 많다고 주장했다. 컵에 물이 반쯤 들어 있을 때, 컵의 반이 비어 있다고 생각하는 대신 반이 차 있다고 생각하는 것이 바로 그 예다.

이런 종류의 책들은 벤담의 개념을 그대로 이어왔다. 이들은 행복에 대해 이야기하고 있지만, 행복이 무엇인지 정의하거나 그 의미에 문제를 제기하지는 않는다. 경제학자인 리처드 레이어드Richard Layard는 행복의 가치를 측정하는 것이 가능하다고 주장한다. 즉, 어떤 사람에게 행복하냐고 물어본 다음, 그 주변인들에게도 이에 동의하느냐고 물어봐서 결론을 내리면 된다는 것이다. 하지만 레이어드 역시 셀리그먼과 마찬가지로 행복에 대한 명확한 정의를 내리지 않았다. 레이어드는 최근 의학계에서 소위 '행복 알약' 이라고 부르는 항조울증 약이 인간의 행복 증대에 큰 영향을 끼쳤다고 주장하는 사람 중의 하나다.

글쎄…. 나는 그의 주장에 선뜻 동의할 수가 없다. 삶에는 높낮이가 있어서, **가끔은 삶의 바닥을 경험해보기도 해야 꼭대기에 올랐을 때 희열을 진정으로 맛볼 수 있는 것이 아니던가?** 또한 인간의 상반되는 양극성 기분이 자주 교차하는 현상을 이전 시대에는 일반적이라 받아들였던 데 반해 최근에는 정신병으로 정의하고 화학적 약품을 이용해 치료하려는 현상이 나타나고 있는데, 이건 걱정스러운 일이 아닐 수 없다. 프로작을 찬양하는 레이어드의 태도는 벤담의 이상이 실현된 사회를 그린 올더스 헉슬리의 《멋진 신세계》를 연상시킨다. 이 사회에서는, 따뜻한 남유럽으로의 휴가 여행, 텔레비전에서 방영되는 오락 프로그램을 보고 즐기는 일, 우울증에 시달리는 환자들에게 낙관적 생각을 심어주는 화학적 약품 등을 통해 얻을 수 있는 그런 '행복'이 인간의 기본적 권리로 그려지고 있다. 그래서 그런지, 책 속에서 셰익스피어를 인용하고 불행할 수 있는 권리를 요구하는 한 등장인물이 유독 눈에 띈다. 그는 디오게네스를 연상시키기도 한다(확실하게 해두기 위해서 여기서 한마디 부언하고자 한다.《멋진 신세계》는 프로작과 남유럽 여행이 유행하기 훨씬 이전인 1932년에 쓰였다).

레이어드는 생각이 많은 사람이었다. 그는 인간 삶의 질과 행복을 결정짓는 일곱 가지 요소를 다음과 같이 정의했다. 가족 관계, 개인 경제, 직업, 결속력과 우정, 건강, 개인적 자유, 그리고 개인의 인간적 가치가 바로 그것이다. 이것이 전부는 아니었다. 그는 여기에 더해 이혼율, 실업률, 구성원들 간의 신뢰 정도, 비종교 단체에 속해 활동하는 사람들의 비율, 정치 형태, 종교를 지닌 사람들의 비율 등도 함께 언급했다. 이러한 요소들은 분명 무언가 의미 있는 점을 포함하고 있다. 하지만 과연 그것이 무엇인지를 알아내기는 절대 쉽지 않다.

긍정 심리학에 흥미로운 공헌을 한 사람으로는 미하이 칙센트미하이를 들 수 있다. 그는 1980년《몰입[Flow]》이라는 책을 출간했다. 그 내용은 인간이 어떤 일에 몰입할 경우 물 흐르듯 편안하고 하늘을 나는 듯한 자유로운 느낌을 가지게 되며, 바로 이때 인간은 최상의 만족감을 느끼게 된다는 것이다. 우리는 여기서 칙센트미하이가 일상의 습관적인 일과는 다른 창의적인 활동을 염두에 두고 있다는 것을 알 수 있다. 오래전 나는 킹 크림슨[King Crimson]의 바이올린 연주자로 활동했던 데이비드 크로스[David Cross]와 대화를 나눈 적이 있다. 클럽 콘서트를 마친 자리에서 그는 어떤 날은 무대 위에서 연주하는 것이 너무 힘들지만, 어떤 날은 너무 쉽게 술술 연주할 수 있다고 토로했다. 그에게 전자는 힘든 노동으로 여겨질 것이고, 후자의 경우는 바로 몰입의 상태를 의미할 것이다.

벤담의 관점을 이어받긴 했지만 다윈주의 쪽에 좀 더 가까운 것으로 진화설에 바탕을 둔 연구 작업도 있었다. 여기에 속하는 대표적 도서는 비외른 그린데[Bjoern Grinde]가 쓴 《다윈주의적 행복》이다. 이 책에서 인간의 진화를 통해 이어져 내려온 본능적 행복과 만족감의 필요성을 간과하면 안 된다고 학자들과 정치가들에게 당부하는 저자의 입장이 꽤 흥미롭다. 그는 인간의 천성적 욕망과 사회·문화적 현실 사이에 있을 수 있는 불협화음은 다윈주의의 메커니즘을 올바로 이해하지 못한 데서 온 것이라 주장했다. 예를 들어, 우리는 남성이 여성을 '사냥'하고 여성이 남성을 '유혹'하는 인간의 본능적 행위를 이해하고 받아들이는 동시에, 인간을 행복하게 만드는 것이 바로 결속력과 동지애 같은 객관적 요소라는 것도 이해해야 한다는 것이다. 그는 서구 사회가, 강력한 사회적 제재와 규칙을 바탕으로 굳건한 결속력을 유지하는 일본 사회를 본받아야 한다고 말하기도 했다.

그린데 그가 노르웨이 사람이라는 점을 감안했을 때, 다원의 사상을 사회민주주의적 관점에서 해석했다는 것을 이해할 수 있다. 그의 관점은 다윈주의적 치열한 경쟁이 이루어지는 사회를 옹호하는 앵글로색슨 계열의 신다윈주의 학자들의 관점과는 조금 다르다. 여기에 속하는 어떤 학자들은 인류 전체의 관점에서 보았을 때 심지어 전쟁도 그리 나쁘지 않다고 주장하기도 한다. 전쟁이 일어나면 약한 자들은 결국 자취를 감추게 되니 말이다. 우리는 여기서 생존경쟁 이론에 주입된 왜곡된 도덕 가치를 볼 수 있다. 나는 이런 신다윈주의 학자들보다 오히려 사회적 결속력과 문화적 경험이 좋은 삶의 바탕이 된다는 그린데의 이론을 더 선호한다. 사실 그린데도 다른 다윈주의 학자들과 마찬가지로 여자들은 20세 이전에 자식을 낳아야 생물학적으로 긍정적인 사회를 이룰 수 있다고 주장할 수도 있었을 것이다. 그 대신 그는 일본 사회를 긍정적 예의 하나로 들었다. 그런데 우리는 여기서 일본의 실제 현실을 간과할 수 없다. 삶의 주관적 만족도를 조사한 연구에서 일본은 비슷한 소득 수준을 지닌 다른 국가와 비교해 상당히 낮은 수치를 기록했다. 따라서 다윈주의 학자들은 여느 종교 해석가들과 마찬가지로 선택적이고 부분적인 해석, 즉 코에 걸면 코걸이, 귀에 걸면 귀걸이 식의 모호한 방식으로 자기들에게 편한 대로 해석한다는 비판을 피할 수가 없는 것이다.

사실 나는 인간의 행복과 불행은 다윈주의적 사고방식으로 설명할 수 없는 것이라 확신하고 있다. 그린데의 주장은 이런 나의 확신을 다시 한번 뒷받침해 준다. 관련 학계에 난무하는 각종 심리학 서적과 자기계발 도서들은 대부분 40퍼센트 정도의 이성적 논리와 40퍼센트 정도의 과학적 연구 결과, 그리고 20퍼센트 정도의 논란의 여지가 많은 결론으로 이루어져 있다. 이상과 종교에 회의적 태도를 지닌 사람들은 종교적 신앙이 인간의 행복과 관계가 있다는 주장에 단호하게 고개를 저을 것이다. 물론 나는 다윈주의적 문화인류학자(창조론보다 진화론을 믿는 사람)이며, 코페르니쿠스적 문화인류학자(태양이 지구를 도는 것이 아니라 지구가 태양을 돈다고 믿는 사람)인 동시에, 뉴턴적 문화인류학자(구토를 했을 때 그 오물이 위로 치솟지 않고 지구 중력의 영향으로 땅으로 떨어진다는 아주 다행한 사실을 믿는 사람)이다.

행복학이 만든 수십억 개의 천국

행복학을 다룬 소위 학술 서적들은 크게 두 가지로 나눌 수 있다. 하나는, 인간의 행복은 개인적 요소(타고난 성격, 살아가며 내리는 선택과 결정 등)에 따라 결정된다는 것이고, 다른 하나는 사회적 관계와 시스템 속에 인간의 행복을 결정짓는 요소가 있다는 것이다. 전자의 관점에 동의하는 사람들은 '긍정 심리학'을 주장하는 셀리그먼 같은 학자들이며, 이들은 주로 개인적 일상과 직장 생활에서의 예에 초점을 맞추고 있다. 이들은 부부간의 대화 부족이 불행한 결혼생활을 초래하며, 무능한 상사 때문에 능력을 제대로 발휘하지 못할 경우 불행한 직장 생활을 하게 된다고 주장한다. 이들은 천성적으로 타고난 개인의 낙관적 태도가 사회와 주변 사람의 영향을 받아 변하는 비율은 극히 낮다고 말한다. 이런 형태의 연구 중에서 눈에 띄는 결과를 발표한 이는 심리학자인 랑힐 방 네스Ragnhild Bang Nes를 들 수 있다. 그녀는 수천 쌍의 쌍둥이들을 대상으로 연구했으며, 개인의 만족과 행복은 천성적으로 타고난 성격에 의해 결정된다고 결론을 내렸다. 다윈주의적 연구도 이와 다르지 않다. 하지만 다원주의 학자 중의 하나인 그린데는 사회의 영향과 역할을 크게 강조한 것이 특징적이다.

삶의 질과 만족의 원인을 사회, 문화, 정치 등에서 찾는 이들은 방대한 설문 조사와 관련 자료를 바탕으로 국가 간 상황을 비교하는 연구 방법에 집중한다. 이들은 물질적 삶의 수준에서 매우 높은 수치를 기록한 일본인들이 주관적 행복과 만족도 연구에서는 왜 낮은 수치를 기록하고 있는지 큰 관심을 보인다. 이것은 유전자와는 관련이 없는 사항이기도 하다. 리처드 월킨슨이 바로 이 방향의 연구를 대표하는 학자이다. 그는 일간지의 칼럼과 휴가 여행지, 범죄율, 평균 수명 등 각종 경험주의적 자료를 바탕으로 연구했으며, 사회학 부문에서 가장 눈여겨볼 만한 학자의 한 사람으로 성장했다. 그의 연구 프로젝트는 지적일 뿐 아니라 도덕적이기도 하다. 따라서 그의 연구를 통해 단순하고 일관적인 견해나 결론을 도출하기는 결코 쉽지 않다. 바로 그 때문에 그의 연구 결과는 신뢰할 수 있고 흥미롭기까지 하다.

월킨슨의 결론은 신뢰와 소득의 평준화라는 두 단어로 정의할 수 있다. 그는 서구 사회의 범죄, 정신병, 자살 등 사회 부적응과 관계된 요소들이 사회 분열 및 경제 불균등과 직접적 관련이 있다고 주장했다. 그는 1980년대 고르바초프의 혁명 시기에 수많은 동유럽국가 국민의 삶의 만족도가 급격히 하락했는데 유독 알바니아만 높은 만족도를 유지했다는 결과를 발표하기도 했다.

당시 알바니아는 다른 동유럽권 국가들과는 달리 여전히 일당 전체국가 형태를 유지하고 있었다. 구성원들의 소득 차이는 거의 없었고 개인적 자유도 거의 존재하지 않았기에 그들은 기본적으로 매우 열악한 환경 속에서 살고 있었으나, 러시아인들처럼 더 악화된 상황을 경험하진 않았다. 러시아가 공산주의 형태에서 자본주의 형태로 옮겨 가고 있었을 당시, 국민의 평균 수명은 눈에 띄게 하락하기도 했다. 인도 남쪽에 위치한 연방주 케랄라 주민들의 평균 소득은 인도 평균보다 조금 낮지만, 평균 수명과 교육 수준, 건강과 복지 수준은 미국과 비슷하다. 달리 말하자면, 연간 평균 소득이 1000달러도 되지 않는 나라의 국민이, 연간 평균 소득이 4만 달러에 육박하는 미국 국민과 비슷한 삶의 만족도를 경험하고 있다는 것이다.

윌킨슨은 이 경우를 다음과 같이 요약했다. "케랄라 주민들은 높은 자긍심을 지니고 있으며, 양성평등과 평등 교육, 생산수단의 사회화와 사회의 무계급화가 높은 수준으로 진행되고 있다. 따라서 이러한 요소들과 경제적 요소들이 깊은 관련을 지니고 있다는 일련의 결론에 우리는 회의를 품지 않을 수 없다." 눈여겨볼 만한 또 다른 예는 인도 카슈미르 주 산맥 지방에 위치한 라다크의 경우다. 자동차와 쇼핑센터라 곤 찾아볼 수 없는 이곳에는 자연 자원도 거의 나지 않고, 주 민들은 열악한 산악 기후 속에서 생활하고 있으며, 국내총생 산은 거의 제로에 가깝다.

라다크는 이 책에서 앞서 언급했던 샹그릴라 또는 랄랄 라 같은 나라들에 비견할 실제 나라라고 할 수 있다. 이곳에 다녀온 많은 학자들은, 티베트의 수도승이 국민의 대부분인 이 나라에서는 대다수가 각종 문화생활을 바탕으로 좋은 기 분을 유지하고 있으며 매우 행복해 보이는 것이 사실이라고 입을 모았다(만약 의학계의 학자들이 이 연구에 동참했더라면 영아 사 망률을 들어 삶의 수준을 끌어내렸을 수도 있겠지만 말이다). 라다크에 대해 연구했던 학자들은 개발과 발전의 의미를 완전히 수정 할 필요성이 있다고 결론을 내리기도 했다. 이러한 관점은 가난과 기아를 낭만적으로 묘사하기 위한 것이 아니다. 오히 려 부와 풍요를 반 낭만화하는 것이라 말할 수 있지 않을까. 관련 학자들은 (라다크 주민들의 예를 제외한) 대부분의 국가에서 는 최저 소득자의 경우가 아닌 이상, 경제 발전으로 인한 소 득 수준의 증가가 삶의 만족도나 행복에 큰 영향을 미치지 않는다고 주장한다. 대부분의 구성원이 극도의 빈곤 속에서 살고 있지 않은 한, 그 사회에서는 오히려 소득의 평준화가 삶의 만족도에 더 큰 영향을 끼치기 마련이다.

　행복학 연구에 관해 심리학자들과 사회학자들은 자주 동의하는 편이다. 주관적 행복과 만족에 초점을 맞추고 있는 심리학자들은, 어떻게 하면 긍정적인 사고를 할 수 있는지, 또 어떻게 하면 가난한 사람들도 부유한 사람들과 다름없이 심리적으로 만족하며 살 수 있는지에 대해 주로 조언한다. 경제학자들을 포함한 사회학자들은 삶의 만족도를 살펴볼 수 있는 측정 가능한 요소로 주로 연구한다. 이러한 요소들은 주로 질병과 정신병, 평균 수명 등을 포함하고 있다. 하지만 80세까지 살지 못한다고 하더라도 그 당사자의 삶은 얼마든지 만족스럽고 가치 있는 삶이라 볼 수 있는 사례는 많다. 그래서 어떤 학자들은 순간의 희열과 만족감에 연구 초점을 맞추고, 또 다른 학자들은 전 생애를 걸쳐 경험할 수 있는 전체적 만족도에 초점을 맞춘다.

　개인적 차이는 분명 존재한다(예컨대 평생 그 어떤 일에도 만족하지 못하는 사람도 있다). 따라서 개인의 주관적 행복과 만족감에 초점을 맞춘 심리학자들의 연구가 더 성공적으로 보이기도 한다(긍정적인 생각을 해라, 현실적인 목표를 세워라, 주변인들에게 애정을 보여라. 등등). 그러나 사회와 사회, 국가와 국가 간에도 차이점은 존재한다. 어떤 사회에서는 억압적 정치 형태로 구성원들이 전반적인 불행을 맛보고 있으며, 또 다른 사회에서는 가난한 자들과 부유한 자들이 하늘과 땅처럼 큰 차이를 보이기도 한다. 후자의 예에서는 개인이 타고난 능력과 천성이 삶의 행복이나 만족감과는 관련이 없다는 것을 보여준다.

행복학 연구에서 주요 학자로 대두된 이는, 로테르담의 에라스무스 대학 교수인 루트 벤호벤Ruut Veenhoven이다. 그는 행복학 연구가 유행하기 훨씬 전에 이미 이 부분에 큰 관심을 쏟았던 사람이다. 〈행복 연구 저널Journal of Happiness Studies〉에서 그는 행복에 대한 경제적, 사회적, 심리학적 연구에 큰 신뢰를 보인다며 낙관적인 견해를 발표했다. "우리는 인간을 불행하게 만드는 요소가 무엇인지 알고 있다. 의학적 연구를 통해선 개인의 건강을 해치는 요소가 무엇인지 알 수 있다. 따라서 나는 개인의 천성과 성향에 따라 어떤 스타일의 삶이 적절한지도 학문적 연구를 통해 알아낼 수 있으리라 확신한다."

학자들은 각 개인에게 맞는 최선의 삶의 방식을 알아낼 수 있다는 말인데, 이건 최근에 대두된 학계의 입장이기도 하다. 1776년에 발표된 미국의 독립선언문을 보면, "모든 사람은 평등하게 태어났고, 창조주는 인간에게 몇 개의 양도할 수 없는 권리를 부여했으며, 그 권리 중에는 생명과 자유와 행복의 추구가 있다"라고 적혀 있다. 토머스 제퍼슨과 벤저민 프랭클린을 포함, 독립선언문에 서명한 사람들은 국민의 행복 추구 기회를 만들어주는 것이 바로 정부와 정치가의 역할이라고 말했다. 즉, 국민의 행복은 인간의 당연한 권리가 아니며, 정부의 역할은 단지 국민이 행복을 추구할 수 있는 기회를 보장하는 것이라는 것이다.

이 말의 저변에는, 내게 유익하고 좋은 것이 반드시 남에게도 유익하고 좋은 것이라 할 수는 없다는 의미가 포함되어 있다. 각각의 개인은 서로 다른 욕구를 지니고 있다는 말이다. 따라서 우리는 각 개인이 영위할 수 있는 최선의 삶이 어떤 것인지 잘 알고 있다고 주장하는 학자나 전문가들을 전적으로 신뢰할 수 없다.

행복학 연구는 난센스로 가득하다

어쩌면 현대인들은 과학과 기술의 발전에도 불구하고 100년 전이나 200년 전의 사람들보다 훨씬 무지한 삶을 살고 있는지도 모른다. 어쩌면 우리는 기술자들과 온갖 통계자료로 무장한 전문가들이 우리에게 앞으로 무엇을 어떻게 해야 할지 말해주기만을 기다리고 있는 바보로 변해버렸는지도 모른다. 정말 그럴까? 자료와 통계를 바탕으로 한 연구는 대부분 세상과 거의 접촉을 하지 않는 학자들에 의해 이루어지고 있다. 어떤 면에서 보면 그들이 길거리를 헤매며 방황하는 대신 국가 자금으로 연구실에 틀어박혀 이런저런 자료 조사를 하는 것이, 우리에겐 더 나을지도 모른다. 그러면 그들은 '주관적인 만족도와 행복에 대한 자료를 바탕으로 각 개인에게 도움을 줄 수 있는 연구 결과'를 낼 수 있었다고 스스로 만족할 수도 있을 테니까. 사회의 각 개인들은 이들의 연구를 심각하게 받아들일 책임도 없다. 그저 '흥미로운 경험적 연구' 대상으로 받아들이면 된다.

이런 형태의 행복학 연구 특성은 어떤 면에서 유머러스

하게 보이기까지 하지만, 결코 옳다고 할 수 없다. 이들의 연구가 대부분 진부하게 여겨지는 결과를 도출하고 그 결과에 논의의 여지가 충분히 있다 하더라도, 이들과 같은 숫자와 통계적 언어를 사용하는 정치가들과 관련자들은 그 결과를 심각하게 받아들이고 있기 때문이다. 이런 숫자를 신뢰하고 이용하는 이들은 철학자나 작가들이라기보다는 경제학자나 심리학자들이 대부분이다. 그리고 정치가들에게 영향을 끼칠 수 있는 자들은 바로 이들 경제학자와 심리학자들이다.

정치가들은 '흥미로운' 메시지보다는 '중요한' 메시지에 귀를 기울이기 마련이다. 리처드 레이어드는 신 노동당의 고문관을 역임했으며, 당의 지도자들이 국민의 복지를 최우선으로 하는 정치적 목표를 세우는 데 큰 영향을 끼쳤다(어떤 사람은 그를 200년 전의 벤담과 비교하며, 벤담의 화신이라고 표현하기도 했다). 사실 이런 형태의 정치적 목표는 상당히 주제넘어 보이기도 한다(누가 무슨 권리로 국민의 행복을 결정할 수 있단 말인가?). 하지만 이런 목표는 결코 국민에게 해를 끼치진 않는다. 특히, 전 세계의 자연 자원을 기록적으로 짧은 시간 내에 소비하는 건 인간의 행복에 결코 긍정적 영향을 미치지 못한다는 단순하고 명확한 사실을 결론으로 도출하는 이상, 행복학 연구가 해가 된다고 말할 수 있는 사람은 아무도 없을 것이다.

행복학 연구에서 가장 짜증 나는 요소는 소위 전문가 또는 학자라고 하는 연구자가 독자에게 무엇을 가르쳐주기라도 하듯 거만한 자세를 유지한다는 사실이다. 이 연구자는 자신의 텅 빈 머릿속을 상대적 자료와 해석적 모델로 가득 채운 후, 독자에게 세상 일이 어떻게 서로 연관되어 돌아가는지를 가르쳐주려 한다. 비록 소수이지만 단순한 사고방식을 지닌 독자는 더 비싼 자동차와 더 큰 성적 만족과 더 많은 돈을 가질수록 더 행복해진다고 생각하기 마련인데, 연구자는 주관적 만족도가 이러니저러니 하며 독자의 머릿속에 무언가 다른 생각을 심어주려 한다는 것이다.

다행히도, 대부분의 독자는 전혀 단순하지 않다. 내가 아는 사람 중에 어제 막 태어난 아기처럼 취급받는 것을 좋아하는 사람은 아무도 없다. 문제는 무엇이 우리를 행복하게 만들어 주는지 우리가 아직도 이해하지 못하고 있다는 점이다. 그러므로 학자들이나 전문가들의 도움이 필요하다. 그런데 행복과 삶의 만족을 연구하는 수많은 학자는 하나같이 같은 출처, 같은 예를 사용하고 있어서 참신한 결과를 도출해 내지 못하고 있다. 개중에는 꽤 그럴듯한 결론을 내린 학자들도 있다. 세상에서 가장 북쪽에 위치한 대학인 트롬쇠 Tromsoe 대학의 심리학 교수인 요아르 비테르쇠 Joar Vittersoe 는 특히 행복의 자체적 의미에 문제를 제기해 왔다.

그는 '주관적 만족'과 '자아실현'의 의미를 분명히 구분했다. 그에 의하면, 자아실현을 위해 노력하는 사람들은 나름대로 무언가 의미 있는 일을 하고 있을 뿐이지, 그렇다고 해서 스스로의 삶에 반드시 만족하는 건 아니다. 그 전형적인 예는 바로 어려운 생계를 꾸려가는 고통스러운 예술가들을 들 수 있다. 여기서 흥미로운 점을 찾아볼 수 있다. 그렇다면 만족과 행복을 구별해 정의를 내릴 수도 있다는 것. 이들은 각각 강렬하고 단기적인 것, 그리고 전 생애를 걸쳐 서서히 이룰 수 있는 그 무엇으로 나눌 수 있지 않을까.

그간 행복에 대한 수많은 책과 논문, 통계자료와 기사 등을 살펴보면서, 솔직히 나는 대동강 물을 팔았던 봉이 김선달 혹은 에펠 탑을 팔았던 마르스 광장의 사기꾼을 떠올리지 않을 수 없었다. 행복학 연구가들은 인류 전체가 행복을 찾기 위해 지난 2000년 동안 눈먼 장님처럼 헤매온 것처럼 말한다. 그뿐만 아니라 최근에서야 비로소 (문자 그대로) 현대 과학을 바탕으로 해서 문제를 정의하고 그 문제를 해결하기 위해 정확히 무엇이 필요한지 알게 되었다고 주장하고 있다. 그런데 이 말을 들으면서, 마치 이제야 사회학자들도 무언가 할 일이 생겨서 좋아하고 있는 듯한 느낌이 드는 건 왜일까? 현대사회에서는 개별 인간의 희망과 필요에 따라 적절한 삶의 방식을 찾을 수 있다는 벤호벤 교수의 주장을 정말 믿어야 하는 걸까?

"산이나 바다 등 자연이 두렵게 느껴집니까? 그렇다면 우리를 찾아오십시오. 당신에게 적절한 배우자와 직장을 알선해드릴 수 있습니다. 이 서류에 서명만 하십시오. 도전적인 스포츠와 건강에 큰관심을 가지고 있습니까? 그렇다면 번지점프나, 뒷걸음질로 남극까지 스키 여행을 해보십시오. 너무 똑똑하고 현명해서 삶이 지루하게 느껴집니까? 그렇다면서 체스를 두고 고대 그리스어를 배우십시오."

이런 예를 보고 등골이 오싹해지는 사람도 있을 것이다. **과연 우리는 정말 스스로의 문제조차 알지 못해서 그걸 해결하기 위해 온갖 진단과 전략 등으로 무장한 전문가들의 도움을 받아야 한단 말인가?** 이처럼 행복학 연구는 온갖 어리석은 난센스로 가득하다. 물론 그중에는 다음과 같이 꽤 그럴듯한 연구도 눈에 띈다. 미국인들의 실질 소득은 1946년부터 1991년까지의 기간 동안 무려 250퍼센트나 증가했다. 그런데 이 기간 동안 미국인들의 삶은 눈에 띄게 달라지지 않았다는 연구 결과가 나왔다. 또 직장을 잃은 사람들은 갑자기 많은 돈을 잃었을 때만큼 불행해 하지는 않는다는 연구 결과도 볼 수 있다. 복권에 당첨돼 큰돈을 받으면 행복한 기분이 드는 건 사실이지만, 이 기분은 평균적으로 반년 이상 지속되지 않는다는 결과도 접할 수 있다(삶의 만족도와 사회구조에 대한 더 장기적인 연구 결과도 얼마든지 볼 수 있다). 이 외에도 관련 전문가들은 수많은 연구를 해왔고 눈에 띄는 결과도 도출해낸 것이 사실이지만, 그들이 여전히 거대한 강의 조그마한 한 물줄기에서 서성이고 있다는 느낌을 지울 수가 없다.

좋은 삶을 살기 위해선, 고전 철학, 종교, 문학, 사회 연구, 개인적 경험, 여러 문화권의 서로 다른 역사 등도 함께 접할 수 있어야 할 것이다. 그간 미국 대학생들을 상대로 해왔던 수많은 실험과 연구, 엄청나게 많은 비교 통계자료에도 불구하고, 진정으로 좋은 삶을 살기 위해선 무엇을 해야 하는지 실질적으로 알아낸 사람은 아무도 없다.

가끔은 할머니에게서 들었던 옛날이야기의 한 구절이 좋은 삶으로 향하는 지름길이 될 수도 있다. 어떤 이들에겐 고문으로 여겨지는 당근 섭취와 조깅이 다른 이들에겐 좋은 삶으로 여겨질 수도 있다. 기름진 이탈리아 음식과 와인, 시가가 좋은 삶의 정점이라 생각하는 이들도 있다. 사실 매일 채소를 먹는다 하더라도 시가와 와인을 선호하는 사람들보다 그리 오래 살진 못한다. 어떤 이들은 장기간의 절망과 좌절을 선선히 받아들이는 대신 순간적인 희열과 기쁨을 선호한다. 반면 어떤 이들은 정기적이고 규칙적인 일상과 예상 가능한 미래를 더욱 선호하기도 한다. 글쎄…여기까지 생각이 미친 나는 그간 쌓아두었던 책 무더기를 서재 한구석으로 치워버리기로 결심했다.

9
만약 우리가 천국에 산다면 행복할 수 있을까?

사랑의 반대는 증오가 아니라 무관심이라는 말이 있다. 그렇다면 행복의 반대는 불행이 아니라 지루함이라 할 수도 있지 않을까? 어쨌든 가난한 나라보다 부유한 나라의 자살률이 높다는 사실은 눈여겨볼 만하다.

행복의 필수조건 : 필요한 존재가 되기

그 부부에게는 집, 자동차, 별장, 요트 등 없는 것이 없었다. 주택융자금 등의 빚도 모두 갚았다. 자식들도 성장해서 외국으로 유학을 떠났다. 저녁 식사 시간이 되었다고 소리를 지르면 돌아오는 건 빈 집 벽에 부딪혀 오는 메아리뿐. 이제 그들에게 필요한 것은 문제를 만들어내는 일밖에 없다. 그러니까, 오늘날의 낙관적인 사회에서 유행하는 말을 빌리자면 그들에게는 이제 무언가 도전할 일만 남아 있다. 여유 속에서 아이들이 태어나기 전의 시간을 되돌아보거나, 30대 중반에 시간이 없어 도중에 손을 떼야만 했던 프로젝트를 다시 시작해볼 수도 있을 것이다.

그동안 결혼생활 속에서의 행복과 만족도에 대한 수없이 많은 연구가 있었다. 이들 연구의 대부분은 자식이 과대평가되어 왔다고 결론을 내리고 있다. 소위 행복한 결혼생활을 하고 있다는 부부들을 보면, 대부분 자식을 낳기 이전의 상황에 있거나 자식이 성장해 독립한 상황에 놓여 있다. 큰아이가 12세에서 16세 정도에 있을 때 부부들의 절망은 최고

조에 이른다는 연구 결과도 볼 수 있다. 이 연구는 육아 휴가라고는 거의 볼 수 없고 결속력보다는 경쟁을 중시하는 미국에서 이루어진 것이다.

"생각했던 것보다 훨씬 피곤해요. 하지만 훨씬 재미있기도 해요." 신생 부모들은 곧잘 이런 말을 한다. 이 말은 자식을 둔 부부들의 경험을 잘 요약한 것이다. 국제 중산층에 속하는 가정에서는 대부분 맞벌이를 하기 때문에 자식을 둘 여유를 얻기 힘들다. 또한 많은 부부는 자식이 희생이나 포기를 의미한다고 믿고 있다. 자식을 두면 자아실현을 하기 힘들 뿐만 아니라 성인으로서 즐길 수 있는 자유도 억제를 받기 마련이다. 양육으로 인한 만성피로를 느끼며, 자식들을 위해 아무리 노력해도 최선을 다하지 못했다는 이상한 기분에 빠지기도 한다. 직장에 다니다 보면 아이들과 함께 할 시간이 적어지기 때문에 아이들이 자라는 모습을 제대로 지켜보고 도와주지 못했다는 죄책감까지 느낄 때도 있다. 한편, 어떤 이들은 자식이 커리어에 걸림돌이 된다고 불평하며, 정부에서 출산 휴가를 보장하는 대신 차라리 보모를 지원하는 게 더 낫다고 말하기도 한다.

아이를 낳아 키우는 것이 의미 있는 일이라는 데에는 모두 동의한다. 또한 아이를 낳아 키우기 전과, 아이들이 독립해 나간 후의 시기가 가장 의미 있는 시기라고 말하는 부부들도 있다. 요컨대 대부분의 사람은 자식을 낳아 키우는 것은 그 무엇보다 의미 있는 일이지만, 성장기의 아이들을 보살피는 것보다 더 피곤한 일은 없다는 데에 동의한다.

삶의 질은 변화 가능하고 융통성 있는 것으로, 시간 및 지속성과도 큰 관련이 있다고 한다. 순간적 희열을 느꼈다는 말은 하루를 잘 보냈다거나 좋은 삶을 살았다는 말과는 다르다. 젊은 부부들은 자식을 낳고 싶어 한다. 하지만 막상 아이를 낳고 키우는 부부들은 만성피로에 시달리기 일쑤다. 나이가 들기 시작하면 자식이 없는 부모들은 후회에 젖기도 한다. 어떤 조사에서는 젊은이들보다 노년의 사람들이 전체적이고 전반적으로 삶에 대해 느끼는 만족감이 더 크다는 결과를 보였다. 동시에 노년의 사람들은 지금 이 순간의 삶에 대해서는 그다지 만족하지 않는다는 결과도 보여주었다. 수용소에서 지내는 포로들도 초콜릿 한 조각이나 담배 한 개비를 손에 넣을 수 있다면 순간적 만족감과 희열을 맛볼 수 있다. 그가 초콜릿 한 조각을 먹으며 느끼는 기쁨과 희열은, 노년에 접어든 사람들이 자신의 지난 삶을 되돌아보며 느끼는 만족감과는 다르다.

좋은 하루 또는 전체적으로 좋은 삶을 영위하는 데 필요한 것은, 내가 다른 사람들에게 필요한 존재라는 사실, 그리고 그 필요를 충족했을 때 받는 인정과 존중이라고 할 수 있다. 이런 말을 들으면 언뜻 수컷 공작새의 화려한 날개 또는 거대한 성당, 웅장한 오케스트라가 떠오를 정도로 장황하게 느껴질지도 모른다. 하지만 결코 틀린 말이라고는 할 수 없다. 다른 사람들에게 필요한 존재가 되고 또 다른 사람들로부터 인정과 존중을 받는다는 것은 순간적 기쁨과 희열보다는 장기적인 만족감에 더 가깝다. 만약 아무도 나를 필요로 하지 않는다면 삶을 포기하고 싶은 기분마저 들 수 있다.

남녀를 막론하고 병가조차 한 번도 내지 않는 근면한 이들은 스스로를 사회나 직장에서 꼭 필요한 존재라고 생각하는 경우가 많다. 그것은 권력이나 돈, 사회적 지위와는 상관없이 당사자에게 만족스러운 느낌을 줄 수도 있다. 불필요한 존재로 전락하는 것을 좋아하는 사람은 아무도 없다. 언젠가 노르웨이 망명자 수용소에서 생활하는 이들과 만나 대화를 나눈 적이 있다. 그들은 부족한 것 없이 모든 것을 지원받아 살고 있었지만, 받은 것을 되돌려줄 수 없어 좌절하고 있었다. 안전하게 살 수 있는 거처, 옷과 음식 등을 모두 정부에서 지원받았지만 감사하는 마음을 보일 방법이 없었기 때문이다.

무언가 되돌려줄 수 있는 게 없다는 것을 깨달았을 때, 이들은 무기력하게 변해버렸다. 그 수용소의 한 남자는 자국에 있을 때 대학 교육까지 받은 사람이었지만, 노르웨이에선 무슨 일이라도 할 수 있다고 말했다. 페인트칠, 수선, 잔디밭 손질 등등 자기가 할 수 있는 일이라면 모두 무보수라도 하고 싶은 것이 솔직한 심정이라고 토로했다. 그러나 그에게는 이런 일들을 할 기회가 전혀 주어지지 않았다. 말을 배우러 학교에 갈 수도 없었다. 왜냐하면 노르웨이 정부에서 그를 곧 자국으로 되돌려 보낼 계획이었으니까.

나는 이쯤에서 거의 60만 명에 이르는 사람들이 자신의 노동력을 사용하지 못하고 있는 노르웨이의 현실을 언급하지 않을 수 없다. 전체 인구가 500만 정도밖에 안 되는 시점에서 60만이라는 숫자는 상당히 큰 부분을 차지하고 있다. 이들은 실업자로 등록되어 있지도 않으며, 대부분 장기 병가 중이거나 사회 복귀 프로그램 또는 사회 연금으로 생활하고 있다. 물가가 비싼 반면 인건비는 낮은 다른 나라들은 이런 노동력을 두 팔 벌려 환영할 것이다. 하지만 노르웨이의 현실을 보면, 이들의 능력을 유용하게 쓰기보다는 이들에게 음식과 옷, 살 집과 텔레비전, 알약과 휴가 여행 등을 제공하고 있다. 후자에 들어가는 비용이 더 적기 때문이다. 이건 한마디로 비도덕적이며 근심스러운 일이 아닐 수 없다.

우리는 무언가 도전적인 일을 할 때, 그리고 타인에게 유용한 존재가 될 수 있을 때 좋은 삶을 살고 있다고 감히 말할 수 있다. 노르웨이에서 가장 유능하다고 알려졌던 축구 코치

닐스 아르네 에겐$^{Nils\ Arne\ Eggen}$은 10년 이상의 성공적인 코치 생활을 돌이켜보며 자서전을 출간했다. 그는 이 책에서, 칙센트미하이의 몰입 이론에서 많은 것을 배우고 깨달았다고 고백했다. 그러면서 하나의 축구팀은 팀원들 간의 신뢰와 존중을 바탕으로, 각 개인의 특성을 인정하는 동시에 전체적 발전을 위해 함께 노력한다는 점에서 한 사회에 비교할 수 있다고 했다. 각각의 선수들은 개인적 능력과 목표에 적합한 일에 도전하며, 서서히 그 목표를 늘려가는 것으로 발전을 이룰 수 있다. 만약 도전하는 일이 과도하게 어려울 경우, 이들은 목표를 달성하지 못해 좌절하게 된다. 반대로 도전하는 일이 필요 이상으로 쉬울 경우, 선수들은 지루함을 느끼게 된다. 따라서 각각의 선수들은 능력에 맞는 목표를 부여받고 팀원들에게 유용한 존재로 활약할 수 있다는 걸 느낄 때 비로소 만족할 수 있다.

이러한 에겐의 훈련 철학은 매우 좋은 성과를 가져왔다. 좀 더 단순하긴 하지만 이와 비슷한 철학을 포용하고 있는 개체의 예로, FIFA 비디오 축구 게임을 들 수 있다. 이 게임은 국제 중산층 가족들 사이에 번져 있는 축구 열기에 힘입어 제작된 것으로, 해마다 업그레이드되는 등 큰 인기를 얻고 있다. 이 게임의 전반적 원리를 살펴보면, 좋은 성적을 낸 팀은 일반적으로 계속 좋은 성적을 거두며 승승장구한다. 골을 넣고 점수를 따면 추가 포인트를 얻어서 등수가 올라가고, 골을 넣은 팀은 점수를 잃지 않기 위해 정확한 패스와 밀착 플레이에 집중하게 된다. 한마디로 게임에 '통달'한다는 것인데, 이 경지에 오르게 되면 게임에 더욱 몰입하게 되고, 따라서 더 좋은 결과를 얻으며 승승장구하게 된다는 것이다.

부유한 나라의 자살률이 높은 이유

불행한 일을 겪은 이들은 초기에는 실망하고 좌절하지만 어느 정도 시간이 지나면 다시 이전의 정상 심리 상태로 돌아오게 된다는 미국의 조사가 있다. 하지만 갑작스럽게 직장을 잃은 사람들은 훗날 다시 직장을 얻게 된다 하더라도 이전의 행복한 심리 상태로 돌아오지 않는다는 예외적 결과도 있다. 이것은 미국이나 노르웨이나 거의 비슷할 것이라 짐작한다. **어쩌면 우리는 서로의 고통을 나누는 차원에서 가까운 미래에 좀 더 나은 복지 국가를 이룩할 수 있지 않을까.**

그 첫 단계로 우선 시민 연금 제도를 생각할 수 있다. 즉 실직자들에게 최저 연금을 지속해서 지급하되, 당사자가 직장을 얻고 수입을 올리게 되면 이 연금을 점차 줄여나가는 것이다. 물론 직장을 얻지 못하는 이들에겐 계속 최저 연금을 지급해야 할 것이다. 동시에 이 연금으로 생활할 수 있도록 국가적으로 충분히 보장하는 것은 매우 중요하다.

연금을 받으며 취미로 여러 자원봉사를 하며 사회에 이바지하는 사람을 많이 찾아볼 수 있다. 시청과 도청의 자원봉사 센터는 항상 이들이 필요하다. 양로원의 노인들을 위해 장을 봐주거나, 간단한 문서 작성이나 이메일 프로그램 등 컴퓨터 교육을 해줄 수 있는 이들도 필요하다. **현대사회는 생산적인 구성원과 그렇지 않은 구성원들의 차이가 너무나 크고 분명하다.** 생산적인 구성원들은 직장에 나가 유용한 일을 하고 수입을 얻지만, 이들은 개인적으로 취미 생활을 하거나 외국어를 공부할 여분의 시간을 얻기 힘든 것이 사실이다.

소말리아 출신의 홀어머니와 그 이웃집에서 독신으로 살아가는 노르웨이 남자 중에 누가 더 나은 삶을 살고 있다고 생각하는가? 소말리아 여인에게는 네 명의 자식이 있고, 노르웨이 남자는 이혼 후 홀로 살고 있다. 그녀는 노르웨이 말을 거의 못하며, 세금 결산 시기가 다가오면 국세청에서 나온 서류가 광고 전단지인 줄 알고 휴지통에 던져버린다. 온몸을 가린 부르카를 쓰고 길을 걸을 때면 사람들의 호기심 어린 눈초리를 받아내야 하고, 가끔은 상소리를 하며 지나가는 행인과 마주칠 때가 있다. 그런데 그녀의 핸드폰에는 친구들의 번호가 수도 없이 많이 저장돼 있다. 그래서 즐거울 때나 슬플 때나 이를 함께 나눌 수 있는 사람들이 상당히 많다. 그녀는 유럽 전역에 퍼져 살고 있는 소말리아 사람과도 연락하고 지내며, 노르웨이 정부에서 나오는 연금을 아껴 쓰면 한 달에 한 번 정도를 고국에 남아 있는 가족들에게 1000크로네 지폐 한 장 정도는 충분히 보내줄 수 있다. 그녀는 소말리아에서는 꿈도 꿀 수 없었던 든든한 미래를 자식들에게 보장해줄 수 있어 행복하다. 그리고 안정되고 풍요로운 삶을 살 수 있어 매일 창조주에게 감사한다. 열다섯 살 때 소말리아에서 어떤 생활을 했는지 돌이켜볼 때면, 현재의 삶에 불평할 거리를 아무것도 찾을 수 없기 때문이다.

반면, 이웃집 남자는 완벽한 노르웨이어를 구사하며, 매일 텔레비전의 각각 다른 채널에서 어떤 프로그램이 방송되는지도 훤히 알고 있다. 부르카를 사용하지도 않으며, 거리에서 상소리를 들을 이유도 없다. 그는 노르웨이 사회 속에서 물 흐르듯 자연스럽게 적응하고 생활하고 있다. 단 한 가지 문제가 있다면, 그에겐 가까운 친구가 한 명도 없다는 점이다. 그러니 울고 싶을 때가 있어도 어깨를 빌릴 사람을 찾을 수가 없다. 기쁠 때도 마찬가지다. 전화를 걸어 이런저런 사소한 대화를 나눌 사람도 없다.

자, 그렇다면 이 두 사람 중에서 누가 더 나은 삶을 살고 있다고 할 수 있을까? 아니, 이들 중에서 누가 더 원만한 삶을 살고 있는 것일까?

천국은 행복한 곳이라고 단순하게 잘라 말할 수 없다. 그곳에서는 삶이 지루해 못 견디는 사람도 있고, 따라서 우울증과 자살 충동도 시간이 지남에 따라 더 커지기 마련이다. 천국에서는 사랑하는 사람들 간의 결속력이 희미해지기도 한다. 왜냐하면 너무 풍요로운 삶을 살다 보면 감정과 기분을 제쳐두고 눈앞에 보이는 물질적인 것들에 더 관심을 집중시키는 경우가 허다하기 때문이다.

어렸을 때 참 재미있게 읽었던 동화 중에《쌀죽을 먹은 올레$^{leRisen\ Gryns\ Groet}$》라는 책이 떠오른다. 주인공인 올레와 마릿은 온갖 이상한 일들을 경험한 후 마침내 소위 천국으로 불리는 나라, 슬라라펜에 도착한다. 하지만 막상 그곳에 도착하고 보니 눈앞에 보이는 광경은 이상하기 짝이 없었다. 그 나라 사람들은 뱃속에 서랍을 달고 돌아다녔다. 온갖 진귀하고 맛있는 음식을 다 먹어보려면 그것들을 찬찬히 씹을 시간이 없었기 때문에, 배에 서랍을 달아 음식을 거기에 바로 부어 넣었던 것이다. 그러면 음식을 씹지 않아도 되고 삼킬 필요도 없으니까. 그들은 엄청난 배 무게를 이겨내지 못해, 손수레를 끌고 다니며 그 위에 자신의 배를 얹어놓기도 했다. 이 나라의 강과 바다는 과일 주스로 이루어져 있었고, 나무에서는 사탕과 과자들이 열매처럼 주렁주렁 달려 있었다. 들판에서는 바비큐가 된 통돼지들이 등에 포크를 꽂은 채 돌아다니고 있었다. 지나가던 사람들이 손만 뻗으면 고기를 먹을 수 있도록 말이다.

올레와 마릿은 이 광경을 보고는 너무도 역겨워서 집으로 다시 돌아가야겠다고 결심했다. 결국 올레가 그 나라의 국경을 둘러싸고 있던 쌀죽을 먹어 없애서 길을 만든 후 집으로 돌아올 수 있었다. 부모들은 아이들이 그날부터 음식 투정을 하지 않는 것을 보고 이상하게 여겼다. 이 이야기는 일곱 가지 죄악 중에서 탐욕을 묘사하고 있다.

가끔은 더 적은 것이 더 나을 때도 있다. 이것은 한계효용이 마이너스로 떨어지는 것을 방지하기 위해 정점 또는 절정의 순간에 느낄 수 있는 만족감을 분산시켜야 한다는 말로 이해할 수도 있다. 만약 엄청나게 뚱뚱한 사람이 있다면, 기름지고 맛있는 음식을 먹는 일이 부정적으로 여겨질 것이다. 천국에서의 삶이 안정되고 풍요로울지는 몰라도 결국 그 삶은 지루하고 무덤덤하게 여겨질 것이 틀림없다.

사랑의 반대는 증오가 아니라 무관심이라는 말이 있다. **그렇다면 행복의 반대는 불행이 아니라 지루함이라 할 수도 있지 않을까? 어쨌든 가난한 나라보다 부유한 나라의 자살률이 높다는 사실은 눈여겨볼 만하다.**

역사적으로 중요한 일들은 그 당사자나 국가를 크게 성장시키기도 한다. 2차 세계대전과 그 직후 20여 년 동안 독일인들은 드라마틱한 일을 경험했다. 이들은 전쟁에서 가장 큰 피해를 보았으며 1950년대에는 그 대가를 톡톡히 치러야만 했다. 전 세계인들에게서 악의 화신, 전쟁의 주범으로 몰렸던 독일은 전쟁 패배 후 밑바닥에서부터 다시 시작했고, 오늘날에는 유럽에서 가장 본보기가 되는 민주주의 사회, 세계 산업계를 주름잡는 경제 세력으로 성장했다. 도덕적으로도 마찬가지다. 이를 두고, 심지어는 전 시대의 동독 국민 조차도 자주 이렇게 말하지 않았던가. "시스템적인 운영에 있어선 독일인을 따를 국민이 없어!"

반면 어떤 역사적 일들은 그 당사자나 국가를 여러 면에서 후퇴시키기도 한다. 이런 현상은, 중요한 사회적 문제가 무시되거나 왜곡되어 다루어졌을 때 자주 발생한다. 어떤 학자들은 고대 로마의 멸망 직전 사회적 현상이 오늘날에도 대두되고 있다는 점을 들어 우려를 표하기도 한다. 오늘날에는 매스미디어가 대중에게 큰 영향을 미치고 있다. 매스미디어는 특히 대중의 가장 본능적인 욕구, 즉 음식과 섹스, 폭력 등을 기본적 공격 요소로 삼고 있다. 비전 없는 정치가들, 심각하고 중요한 토론 방송을 죽이려고 같은 시간대에 방송되는 저급 오락 프로그램들이 난무한다. **우리 시대의 영웅들은 떠들썩하고 말 많은 웅변가가 아닌 회의주의자들이라 할 수 있다.** 현실 사회에는 여러 가지 심각한 문제들이 많다. 하지만 풍요롭고 안정된 국제 중산층에 속한 사람들은 이 현실을 실질적으로 무시하거나 피해버린다. 이런 일들이 과연 얼마나 오래 지속될 수 있을까. 세상은 점점 더 좁아지고 우리는 모두 한배를 타고 있는데 말이다.

무언가 어렵고 도전적인 일을 하고 현실적인 목표를 세우는 것은 어쩌면 필수적인 일일지도 모른다. 돈은 그 자체만으로 우리를 행복하게 만들어 주진 못한다. 하지만 돈이든 물건이든 내가 다른 사람들보다 조금 더 많이 소유하고 있다면, 기분이 좋아지는 건 사실이다. 문제는 바로 이런 물질적 방식의 좋은 삶은 제로섬 게임의 성격을 지니고 있다는 점이다. 내 상황이 조금 더 나아지면, 다른 사람들의 상황은 상대적으로 조금 더 나빠진다. 신뢰와 공동체 의식, 남녀평등 등은 이런 등수 매김보다 더 중요하다. 구성원들이 여러 면에서 균등한 삶을 살고 있는 사회에서는 그렇지 않은 사회와 비교했을 때, 정신질환을 앓는 이들의 숫자가 상대적으로 더 적고 평균 수명은 상대적으로 더 높다. 이런 여러 사항들을 바탕으로 봤을 때 중요한 건, 구성원들의 욕구와 이들이 무언가 도전적인 일을 해서 성취감을 느끼는 일, 그리고 구성원들 간의 삶 사이에 적당한 균형이 필요하다는 것이다.

주관적인 행복과 만족도를 조사하는 연구에서 미국은 예상외로 항상 상위를 차지해왔다. 그래서 유럽인들은 미국인들이 무엇 때문에 그토록 행복해하는지 의심 어린 눈길로 지켜봤다. 그도 그럴 것이, 유럽인들의 눈에 비친 미국 사회는 전 국민의 무려 1퍼센트나 되는 사람들이 감옥에 간 적이 있는 데다, 사회적 신분 격차가 유럽 사회보다 훨씬 크고 노동 보장권이나 노동자의 권리도 유럽과 비교해 형편없는 수준에 있으며 범죄율 또한 세계적으로 높기 때문이다.

그렇다면 미국인들의 만족도와 행복감은 도대체 어디에 바탕을 두고 있는 걸까? 그건 누구든 노력만 하면 성공할 수 있다는 '아메리칸 드림' 때문일 것이다. 아메리칸 드림이 사회적 이상으로 자리매김하고 있는 이상, 미국인들은 현재의 실망과 좌절을 딛고 새로운 내일을 기약하는 낙관적인 희망을 품을 수 있다.

바닐라 아이스크림에 바닐라가 없어도

그렇다면 이쯤에서 낙관적이고 좋은 기분, 희망과 만족감에 대해 한번 살펴보자. 이런 정서가 인간의 타고난 천성인지, 아니면 사회적 영향으로 형성되는지 정확히 대답할 수는 없다. 어떤 연구는 사회적 균등 또는 구성원 간의 차이에 중점을 두고 있다. 또 어떤 연구에서는 복지와 풍요의 패러독스에 더 무게를 둔다. 이것은 다시 말해서, 사회 구성원들은 모두 앞날과 관련된 야심적이고 집합적인 프로젝트에 참여하고 거기서 개인의 능력을 최대로 발휘할 수 있을 때 비로소 만족감을 얻을 수 있다는 말이다.

이들은 동시에 주관적 행복과 만족감은 사회적 신분이나 재산 차이, 성별과 민족성 등과는 거의 연관성이 없으며, 대체적으로 개인적 성격이나 천성과 더 큰 관련을 맺고 있다고 주장하기도 한다. 이들은 낙관주의자들이 비관주의자들보다 훨씬 오래 산다고 주장하는 '긍정 심리학'의 추종자들이기도 하다. 그러나 마틴 셀리그먼처럼 개인의 성격이 모두 타고난 것이라는 주장에 동의하지 않는 학자들도 더러 볼 수 있다. 이들은 사회 속에서 절망과 무기력함만 얻을 수 있는 것이 아니라, 삶에 대한 낙관적인 태도도 배울 수 있다고 주장한다.

오래전 나는 우간다 북쪽 지방에서 현장 연구를 마치고 돌아온 한 동료와 함께 삶의 질과 만족도 등에 대해 토론을 한 적이 있다. 그때 나는, 불평등은 인간을 좌절시키지만, 어느 정도의 상대적 차이는 오히려 자기 만족도에 긍정적 영향을 미칠 수도 있다는 평범한 논리를 펼쳤다. 그런데 대체로 내 의견에 동의할 줄로만 알았던 그가 전혀 예상치 못한 말을 하는 바람에 적잖이 놀랐다. "어떤 사회든 구성원의 약 25퍼센트는 항상 만족하고, 25퍼센트는 항상 무언가에 불평하고, 나머지 사람들은 그냥 아무 생각 없이 왔다 갔다 하는 게 일반적이지 않아?"

그는 사회적 상황은 사람들의 기분이나 만족감에 비교적 적은 영향을 끼친다고 주장했다. 문화인류학자인 그는 평범한 인간은 제대로 생활을 해낼 수 없을 정도의 열악한 환경 속에서 현장 연구를 해왔다. 그곳에서는 수천 명의 사람들이 황량한 사바나의 한가운데에 집중적으로 모여 살고 있었다. 거주지는 높은 울타리로 둘러싸여 있었으며, 울타리 주변에는 무장한 군인들이 소위 '국왕의 저항군'이라 불리는 게릴라들로부터의 공격을 막아내고 거주민을 보호하기 위해 밤낮으로 보초를 서고 있었다. 그런데 너무도 오랜 갈등에 시달려왔던 이 게릴라들은 원칙적으로 누구를 위해 싸우고 누구를 보호해야 하는지 잊고 있었다. 그저 중앙 정부의 무력에 대항해 싸우고 있을 뿐. 그것이 그들이 할 수 있는 단 한 가지의 일이기도 했으니까.

그는 이런 문화적 상황 속에서도 그곳 주민들이 그리 좌절하지 않는 듯 보였고, 여느 다른 사회의 구성원과 비슷한 생활을 하고 있다는 느낌을 받았다고 말했다. 그의 경험과 말에는 분명 무언가 중요한 요소가 숨어 있겠지만, 나는 그의 말이 순전히 옳다고는 믿지 못했다. 실제로 어떤 사회는 다른 사회보다 훨씬 더 활동적이고 낙천적인 분위기를 지니고 있으며, 또 어떤 사회에선 구성원들 간에 서로를 보살피고 위해주며 칭찬하고 기운을 북돋우는 결속적 분위기를 두드러지게 볼 수 있다. 반면 어떤 사회에서는 서로를 비하하고 얕잡아 보며 상대방의 능력과 재능을 인정하는 데 인색한 분위기가 주를 이루기도 한다. 오늘날에는 사회마다 건강과 의학적 요소, 삶의 기회 부여 등의 요소가 큰 차이를 보인다. 그렇다면 모든 것이 상대적이라는 한마디로 덮어버리기에는 무언가 부족한 느낌이 들지 않는가.

우리는 살아가면서 늘 불평불만만 늘어놓는 사람들을 자주 만난다. 결혼한 지 수십 년이 되어도 면도한 후에 세면대를 깨끗이 치워놓지 않는 배우자 때문에 짜증을 부리느라, 기아와 빈곤에 시달리는 이들을 걱정할 여력이 없는 사람들도 있다. 조금 여유가 생기면, 도시 생활을 접고 전원생활을 하기 위해 시골로 내려가는 이웃 가족들과 비교하며 불평을 늘어놓기도 한다.

'그것도 돈이 있는 사람들이나 하는 일이지. 우린 어느 세월에 전원생활을 할 수 있을까. 정말 짜증 나!' 오늘 오후에는 휴대폰 회사 때문에 짜증이 나서 죽겠다며 불평을 하는 한 여성을 만났다. 그녀는 회사 측에서 수리를 약속해 놓고서도 약속을 지키지 않았으며, 질문을 해도 제대로 대답을 해주지 않는다고 화를 냈다. 이렇게 머리끝까지 화를 내고 있던 차에, 그녀는 마침 인권 문제 변호사로 일하고 있는 또 다른 여성을 우연히 길에서 만나게 되었다. 이 변호사는 다음과 같은 사람들을 위해 일하고 있었다. 독일의 삼촌을 만나게 해주겠다거나 영국 비자를 받게 해주겠다는 말에 솔깃해 브로커에게 거금을 주고 뗏목에 몸을 실었는데 예상과는 달리 이상한 이 노르웨이라는 나라에 도착한 후 불법 입국자로 몰려 감옥에 갇히거나 강제 추방을 당할 입장에 처한 사람들. 그녀는 그간 140건의 케이스를 맡았지만 재판에서 이긴 경우는 단 여섯 건밖에 없었다면서 쓸쓸한 미소를 지었다.

볼테르는 "만약 신이 존재하지 않는다면, 우리가 믿는 신은 인간들이 창조해낸 것이 틀림없다"라고 말했다. 이 말은, 노력한 만큼의 대가를 받지 못해 더 나은 삶을 살 수 없다고 항상 불평하는 사람들, 항상 핑계를 만들어내고 누구에게 책임을 덮어씌워야만 직성이 풀리는 사람들이나 문화권에 적용할 수도 있을 것이다.

얼마 전 이곳 지역신문에서는 식품에 들어가는 첨가물에 관한 기사를 발표했다. 이 기사의 주된 내용은 여러 식품 제조회사에서 바닐라 맛을 내는 식품(바닐라 아이스크림 등)에 진짜 바닐라를 넣지 않고 '바닐린'이라 불리는 것을 넣는데, 이것이 썩은 나무둥치라는 것이었다. 해당 아이스크림 회사에서는 소비자들이 바닐라보다 바닐린의 맛과 향을 더 선호하기 때문이라고 변명했다. 같은 기사에서는 오렌지 주스에 쓰이는 오렌지들은 대부분 1년 이상 된 것들이라 발표하기도 했다. 나는 이 기사에 1년 이상 된 오렌지 또는 바닐린이 소비자들의 건강에 해를 끼친다는 직접적인 조사 결과가 나와 있는지 찾으려고 몇 번이나 꼼꼼하게 읽어보았다. 하지만 눈을 씻고 보아도 기사에는 그 비슷한 말도 찾아볼 수 없었다.

그렇다면 뭐가 문제란 말인가? 내가 좋아하는 바닐라 밀크셰이크에 뉴저지의 한 실험실에서 제조된 딸기 맛 첨가물이 들어 있는데, 이것이 진짜 딸기를 사용하는 것만큼 맛도 있고 건강에도 해를 끼치지 않는다면 문제 될 것은 전혀 없지 않은가? 그렇다. 어떤 사람들은 짜증을 내고 불평을 하기 위해 필요 이상으로 많은 시간을 소비하는 게 사실이다.

한편, 프로테스탄트 국가에서는 참고 인내하며 사는 것을 미덕으로 여긴다. 그래서 열심히 일을 하고 마침내 여유롭게 살 수 있을 때가 되면 이미 그것을 즐기기에는 늦었다고 느끼는 사람들이 많다. 이런 나라의 미덕에 젖어 살고 있는 사람들은 삶을 인내의 시험장으로 여기기도 한다. 하지만 다음 생의 천국을 믿지 않는다면 왜 현세에서 이토록 힘들게 참아가며 살아야 하는 걸까? 그저 예부터 이어져 내려온 문화적 전통이기 때문에?

비록 채소를 먹고 조깅해도 선조들보다 엄청나게 오래 살지는 못한다는 것을 알지만, 그래도 우리는 비프스테이크를 먹는 와중에 당근을 먹고 있다. 절대 해가 되는 일은 아니니까. 이것은 한계효용 하락의 법칙과 관련된 문제만은 아니다. 여기서 오래된 유머 한 토막을 선보이고자 한다. 옛날, 공원의 벤치에 노인 셋이 앉아 대화를 나누고 있었다. 그때 지나가던 젊은이가 그들에게 다가가 세상을 오래 살아온 느낌이 어떤지 물었다. "난, 매일 아침 산책을 하고, 하루도 빠짐없이 오메가3를 먹었지." 첫 번째 노인의 말에 이어 두 번째 노인은 다음과 같이 대답했다. "난 50년 동안 한 번도 바람을 피우지 않았어. 오직 아내 한 사람에게만 정성을 다했지.

담배는 입에 대지도 않았고." 그러자 세 번째 노인은 이렇게 대답했다. "나는 담배도 피우고 바람도 수없이 피웠어. 거기다 채소라곤 입에 댄 적이 없지." 젊은이는 이들 노인에게 각각 나이가 몇 살인지 조심스레 물어보았다. 첫 번째 노인은 89세, 두 번째 노인은 91세, 그리고 세 번째 노인(?)은 29세였다.

그러니 인생은 살기 나름이다. 오래 사는 사람도 있고 그렇지 않은 사람도 있다. 지금 한순간 느끼는 기쁨과 만족감은 긍정적일 수도 있고 부정적일 수도 있다. **그렇다 하더라도, 항상 짜증과 불만으로 살아가기에는 인생이 너무나 짧지 않은가.** 캘커타를 배경으로 인간의 절망과 좌절을 그린 센티멘털 소설이 있다. 〈시티 오브 조이City of Joy〉라는 영화로도 유명한 소설(《La Cité de la joie》-옮긴이)의 작가 도미니크 라피에르Dominique Lapierre는 고통과 죽음 사이에서 미묘하고 섬세한 균형을 유지하며 살아가는 존재가 바로 인간이라고 했다. 소설의 주인공이라고 할 수 있는 남자는 캘커타에서 인력거를 끌며 생계를 유지한다. 캘커타는 인도에서 가장 큰 도시인데도 여전히 손으로 끄는 인력거들을 여기저기서 볼 수 있다. 이 남자는 딸을 결혼시켜 내보내는 것을 삶의 목표로 삼고 있었다. 우여곡절을 거쳐 마침내 딸을 시집보낸 이 남자는 그로부터 얼마 지나지 않아 숨을 거둔다. 40세를 조금 넘긴 나이였지만 그의 피곤한 심신은 삶을 더 견딜 수 없을 정도로 망가진 상태였다. 작가는 책의 말미에 곁들인 후기에서, 캘커타에서 지낸 삶이 자신에게 어떤 영향을 미쳤는지 적었다. 캘커타에서 돌아와 다시 프랑스의 파리에 안주한 그는 주차 위반 벌금 따위에 성을 내고 불평하는 일은 하지 않게 되었다고 고백했다.

기분과 느낌은 비교 대상에 따라 달라질 수 있다. 가령 장님들만 사는 나라에선 애꾸눈을 지닌 사람이 대통령이 될 수 있듯 말이다. **모든 것은 상대적이고 비교적이다.** 이렇게 본다면, 감옥에서 탈주한 죄수보다 더 자유로운 사람도 없을 것이다.

기분과 느낌은 무엇을 우선적으로 고려하느냐에 따라 달라질 수도 있다. 몇 년 전, 한 신문에서 드람멘^{Drammen}(노르웨이 동부의 항구도시-옮긴이)에 사는 15세 청소년들을 대상으로 설문 조사를 벌였다. 만약 복권에서 10억 크로네를 상금으로 타게 된다면 무엇을 할 생각이냐는 질문에, 대부분의 응답자는 예상 가능한 답을 돌려주었다. 고급 스포츠카를 장만하겠다는 이도 있었고, 세계 여행을 하겠다는 이, 친구들과 함께 원 없이 쇼핑하겠다는 이도 있었다. 그런데 이 중에서 한 여학생은 상금을 타면 커다란 집을 사서 가족은 물론, 삼촌, 사촌, 고모, 이모, 할아버지, 할머니와 모두 함께 살고 싶다고 대답했다. 그녀는 자신에게 의미 있는 사람들과 가까이서 정을 나누며 함께 사는 것이 가장 큰 꿈이라 말했다. 그녀는 터키에서 이민을 온 여학생이었다. 여기서 오늘날엔 문화의 차이를 찾아볼 수 없다고 말할 수 있는 사람은 없을 것이며, 또 어떤 가치에 바탕을 둔 삶이 좋은 삶이라 단정적으로 말할 수 있는 사람도 없을 것이다.

신은 진보적 인간과 닮았다

이제 뭔가 감을 잡을 수 있을 것 같기도 하다. **좋은 삶, 만족스러운 삶을 산다는 것은 바로 지금 이 순간 삶에 최선을 다하고, 자기도취와 자기희생, 평등과 경쟁, 안정과 자유, 단기적인 것과 장기적인 것, 금욕과 즐거움 사이에서 균형을 유지하며 산다는 말과 같다.** 상호 간의 신뢰는 매우 중요하다. 지금, 이 순간을 즐기는 것도 매우 중요하다. 하지만 장기적인 앞날의 일을 염두에 두는 것도 간과할 수 없는 일이다. 예를 들어, 현재의 사회를 그대로 유지한다는 생각에서 지금까지 해오던 대로 자연을 지속해서 파괴해도 양심의 가책을 받지 않는다면 그건 좀 문제가 있지 않을까. 조금 어려운 듯한 일을 하면서 최선을 다하고 능력을 발휘한 후에 주변인들로부터 인정을 받을 수 있다면, 그것이 바로 기쁨이요 행복이라 할 수 있을 것이다. 목표나 정상에 이르고 나면 그 후엔 안티클라이맥스를 겪게 된다. 하지만 장기적인 일을 염두에 두고 목표를 세운 다음 천천히 앞으로 나아갈 경우 이 내리막 곡선은 얼마든지 다시 상승시킬 수 있다.

행복과 삶의 만족감을 다룬 수없이 많은 책에서는 에세이, 철학서, 학술서 등 그 장르를 막론하고 금기시하는 주제가 있다. 그것이 삶의 만족감과 행복에 큰 영향을 끼치는데도 말이다. 여기서는 **섹스, 약물, 종교**를 예로 들어보고자 한다. 제목에 '행복' '패러독스' '복지' '선택' '풍요' '신화' 등이 포함된 책들은 인류의 행복과 불행을 이야기하면서도 이 세 가지 요소를 간과하고 있다. 섹스, 약물 또는 술, 종교는 인간 사회에서 빼놓을 수 없는 것들임에도 행복 연구가들은 이것들 대신에 낙관적 천성, 복지 정책 등을 이야기하고 있다. 그렇다면 도대체 이들 세 가지 요소를 건드릴 수 없는 장애 요인은 무엇일까?

　현대에는 섹스, 마약, 술에 대한 책이 엄청나게 많다. 그러나 삶의 행복과 만족을 연구하는 학자들은 이들 요소를 건드리지 않는다. 이런 책들을 읽는 이 시대의 독자들은 대부분 섹스에는 긍정적인 태도를 보이고 있고, 약물이나 술에 대해선 부정적인 경향을 보인다. 하지만 역사를 살펴보면 항상 이렇진 않았다. 빅토리아 시대에는 대부분의 사람이 섹스에 부정적인 반면 약물이나 독주에는 상당히 긍정적이었다. 그 시대에는 교육받은 상류층의 고상한 사람들이라면 섹스를 부정적으로 보아, 후세를 보기 위한 목적이 아닌 이상은 거의 금기시해야 하는 일로 받아들였다. 반면 토닉 와인이나 독주는 달랐다. 셜록 홈스의 모르핀 사용에 대해 왓슨 박사는 부정적이나, 다른 모든 의사는 아편이나 코카인 등에 매우 열정적으로 긍정적인 반응을 보였다. 프로이트도 수년간 코카인을 선호하고 옹호했고 그 자신도 자주 애용하지 않았던가.

종교는 역사를 통틀어 가장 많은 사람이 공유해왔던 취미다. 그러니까 인간의 생존과 직접적인 관련이 없는 활동 중에서 종교 활동은 가장 왕성한 움직임을 보여왔다. 종교는 한 개인의 뿌리, 정체성, 세상의 이치, 삶의 목적, 옳고 그름을 구분하는 잣대를 말해줄 뿐 아니라, 심지어 죽음 이후의 세상에 관해서도 설명해 주지 않는가. 종교는 우리의 미미한 삶 위에 존재하는 광대한 우주와 끝없는 진화적 역사를 이야기한다. 이 세상의 희망이 사라졌다고 생각할 때, 종교는 우리가 미처 깨닫기도 전에 다음 생의 희망을 불어넣는다. 희망과 관련해, 신을 믿지 않는 사람들은 선택의 여지가 없다고 해도 과언이 아닐 것이다. 하긴 현대사회에선 배가 터지도록 돼지고기를 먹은 후에 소파에 기대앉아 내일은 뭘 할지 확신하지 못 하더라도, 그것이 세속적이라 비하할 수 없다.

종교는 신앙인들에게 개인보다 더 큰 무언가를 경험할 기회를 제공하며, 우리가 살고 있는 세상에 의미를 부여한다. 인본주의적 관념에서 본다면, 신이 존재하지 않는 종교에 가장 가까운 것은 환경과 생태라 할 수 있다. 인본주의의 본질은 자연과 환경이다. 우리의 삶은 지구 환경에 전적으로 의존되니 말이다. 자기가 앉아 있는 나뭇가지를 쳐내지 않아도 살 수 있는 삶을 꿈꾸는 사람들에겐 생태와 환경을 완벽하게 보존해 후세에게 물려줄 수 있다는 생각만으로도 영생을 약속하는 종교에 비할 만한 희망을 가질 수 있을 것이다. 과소비와 환경 파괴가 우리를 더 행복하게 만들어 주지 못한다는 것을 잘 알고 있는 이상, 이런 희망에 의지한다 해도 해가 될 일은 없다. 그렇지 않은가?

더욱이 우리는 종교 안에서 세속의 사회에서는 찾아볼 수 없는 안정감과 선함을 경험할 수 있다. 종교는 인간의 약한 면을 보듬기도 한다. 자비와 용서는 기독교의 중심 가르침이다. 이것은 오늘날 숨을 쉬며 살아가고 있는 진보적 이상주의자들이 직접적으로 선호하는 사항이라 할 수는 없다. 우주의 전지전능한 일인자는 겸손함과 수치심을 지니지 않은 진보적 인간과 많이 닮아 있다. 만약 신을 창조한 존재가 인간이라고 한다면, 이 사실은 바로 우리 인간의 약한면을 스스로 인정하는 것과 다르지 않다.

녹아내리는 빙산, 늘어나는 슬럼가 등을 보고 있노라면, 종교를 잃어버린 현대인들이 무엇을 위해 앞으로 나아가야 할지 방향을 찾을 수 있을 것도 같다. 과거의 실수를 인정하고 앞날을 위해 지금부터라도 두 팔을 걷어붙인다면 우리가 떳떳하게 무언가 새롭게 창조할 수도 있을 것이라는 생각이 들지 않는가.

10

인생의 의미에 대한
흥미로운 대답

행복이란 다른 어떤 일을 하던 중에 얻을 수 있는 전혀 예상하지도 못하는 긍정적 부작용 같은 것이다.

행복은 인생의 긍정적인 부작용이다

삶의 의미를 묻는 질문에는 **세 가지 유형의 답**이 존재한다. 일단 여기서 나는 삶의 의미가 행복을 추구하는 것이라는 대답은 제외하고자 한다. 행복은 적어도 단기적 개념으로 볼 때 어떻게든 얻을 수 있는 것이니까. 최악의 경우엔 알약의 도움을 받아야 할 때도 있긴 하지만 말이다.

그 첫 번째 대답은 '42' (또는 이와 비슷한 것)이다. 더글러스 애덤스의 사이언스 픽션인 《은하수를 여행하는 히치하이커를 위한 안내서》를 보면 삶과 우주, 그리고 이 세상의 모든 것들에 대한 궁극적인 대답을 찾아내기 위해 낯선 행성에 자리한 거대한 컴퓨터가 오랜 세월에 걸쳐 작업을 계속해 왔다. 대답으로 얻어낸 것은 42였고, 이를 본 최고도의 지능을 소유한 컴퓨터 창조주는 더 완벽한 대답을 얻기 위해 더 큰 용량의 고급 컴퓨터를 제작하였다. 그는 선량하고 순진한 이들의 호기심을 채워주고 그 대가로 돈을 벌기 위해 '한 사람이 걸어야 하는 길은 얼마나 많은가?'와 같은 얼토당토않은 질문을 생각해 냈다. 어쨌든, 적지 않은 사람들이 가장 궁극적인 질문의 대답이 42라는 데 혐오감을 표시했던 건 사실이다. 하지만 더 중요한 건 그 대답의 질문이 구체적으로 무엇이냐 하는 점에 대해선 아직 아무도 명확히 설명해주지 않았다는 것이다. 문제를 심각하게 고려해보는 척하던 현대의 철학자들(쇼펜하우어와 니체 이후의 철학자들)은 얼마 가지 않아 삶의 의미는 42라는 데에 동의해 버리고 만다. 어쩌면 그들은 정말 즐겁게 웃을 때의 기분이 어떤지 잊어버린 건 아닐까.

두 번째 대답은 몇 년 전 함께 술 한잔하던 동료에게서 들었다. "삶의 의미가 뭐냐고? 그건 세 가지로 요약할 수 있지. 첫째는 신을 믿는 것이고, 둘째는 자식을 낳는 것이고, 셋째는…잊어버렸어." 그의 관점은 많은 사람의 머리에 있는 생각과 비슷할 것이라 짐작한다. 그렇다고 해서 이 두 번째 대답이 만족스럽다는 이야기는 아니다. 잊어버린 세 번째 요점이 뭔지 기억해 낼 수가 없어 짜증이 나는 사람들도 많을 것이다.

세 번째 대답은 앞의 두 대답보다 훨씬 기발하고 그럴듯하게 들린다. 이것은 소위 지식인이라 자처하는 이들이 반대 의견을 무마하기 위해 자주 사용하는 테크닉이기도 하다. 즉, 질문 자체의 문제점을 바탕으로 새로운 논리를 끄집어내는 것이다. '삶의 의미는 무엇인가?'라는 질문은 마치 또 다른 삶이 존재하기라도 하는 듯한 의미를 행간에 내포하고 있다. 따라서 이들은 삶 속에서는 의미를 찾을 수 없다고 대답한다. 삶 자체가 바로 의미니까.

틀린 말은 아니라고 생각하는 이들도 있을 것이다. 하지만 이 대답의 뒤에 숨어 있는 진정한 의미는 무엇인가? 나는 이 세 번째 대답 속에 꽤 깊은 의미가 숨어 있다고 생각한다. 하지만 이 대답 역시 어중간하게 도중에 사고를 멈춰버린 듯한 느낌을 준다. **도대체 '삶 그 자체가 의미'라는 말은 무슨 뜻이란 말인가?**

나는 이미 이 질문에 대답을 해보려 시도했다. 그리고 수백 페이지에 걸친 대답을 단 몇 페이지로 줄여 표현하는 것도 가능할 것이다. 그러나 그보다 먼저 동메달과 은메달을 차지한 대답부터 명확히 정의해보자. 42라는 대답의 추종자들은 동메달을 차지했다. 이들은 제대로 된 질문조차도 만들어내지 못했기 때문이다. 대답은 만들어냈지만, 질문 없는 대답은 물 없는 물고기, 생명 없는 지구라 할 수 있지 않을까?

철학자 페터 베셀 자페$^{\text{Peter Wessel Zapffe}}$는 지구에 생물이 존재하지 않는다 하더라도 그걸 비극적으로 볼 수는 없다고 말했다. 이것은 세상과 존재의 개념이 추상적인 것에 불과하다고 주장한 대표적인 학자의 말답다. 인간은 다른 동물들과 마찬가지로 본능적 욕구를 지니고 있다. 즉, 인간에게는 먹을 것과 마실 것, 수면, 안정적 삶과 섹스 등이 반드시 필요하다. 이 외에도 인간은 의미를 찾기 위한 불타는 욕구로 무장되어 있다. 그런데 이 욕구는 불행히도 자기기만을 통해야 이룰 수 있으며, 그 일반적인 형태는 바로 종교다. 이 자기기만 욕구를 자세히 들여다보면, 우리는 절망의 딜레마에 갇혀있는 존재라는 것을 인식할 수 있다. **삶은 무의미한 것이지만, 그럼에도 불구하고 인간은 존재하지 않는 삶의 의미를 끊임없이 추구하도록 프로그램화되어 있다.** 바로 여기에 자폐의 철학 주제인 비극의 원천이 자리하고 있다.

그러니까 자폐는 '42' 대답의 추종자들과는 정반대라 말할 수 있다. 즉 그의 질문은 명확하지만, 이 질문에 대한 원칙적이고 논리적인 대답은 찾을 수 없다. 그렇다면 그의 질문도 잘못된 것이라 말할 수 있지 않을까. 우리는 여기에서 제논의 역설을 엿볼 수 있다. 이와 관련된 가장 유명한 일화는 거북이와 아킬레우스의 대화이다. 달리기 경주를 하기로 한 둘은, 아킬레우스가 거북이보다 열 배 빨리 달릴 수 있다는 가정 하에 거북이가 1킬로미터 앞서 출발하기로 했다. 아킬레우스가 1킬로미터를 달려가면 거북이는 0.1킬로미터를 가고, 이를 따라잡기 위해 아킬레우스가 0.1킬로미터를 가면 그동안 거북이는 0.01킬로미터를 나아간다. 따라서 아킬레우스가 거북이를 따라잡기 위해 달린다 하더라도 그 시간 동안 거북이도 움직이기 마련이기에, 아킬레우스는 영원히 거북이를 따라잡을 수 없다. 이 말을 거북이에게서 들은 아킬레우스는 시작도 해보기 전에 경주를 포기해버렸다. 하지만 둘이 실제로 경주했더라면 아킬레우스는 문제없이 거북이를 이겼을 것이 분명하다. 그러니까 이 제논의 역설에는 무언가 크게 잘못된 점이 있다는 말이다. 자페의 비극에 대한 주장도 이와 다르지 않다. 그의 말을 자세히 뜯어보면, 그는 자신이 믿지도 않는 신에게 분노하고 있는 듯하다. 자페도 주장에 구멍이 있다는 것을 인정했다. 나는 그가 논리와 이성에만 치중하지 않고 동양적 사상에 심취했더라면 오히려 더 낫지 않았을까 하는 생각을 자주 해보았다. 즉, 인간이 먼지처럼 미약하고 무의미한 존재이며, 세상 모든 일에 홀로 책임을 지지 않아도 된다는 사실을 받아들일 수 있다면, 고통이 우리를 짓누른다 하더라도 쉽게 넘길 수 있지 않을까. 언젠가 자페는 동료 철학자에게 이런 말을 한 적이 있다. "적어도 오늘은 날씨가 좋잖아?" 그렇다. 그것으로도 충분하지 않은가?

다음으로 살펴볼 것은 삶의 의미가 42라는 이상하고 추상적인 말이다. 앞에서 나는 상대적 빈곤을 주제로 한 몬티 파이튼의 스케치를 언급했다. 그것과 비슷한 유머를 함축한 노르웨이 철학자들의 대화를 출간한 책도 있다. 삶의 의미를 주제로 한 이 책은 1984년에 《나는 진실을 선택한다》라는 제목으로 출간되었다. 대화의 주인공은 노르웨이 철학자인 헤르만 퇸네센$^{Herman\ Toennessen}$과 페터 베셀 자페이고, 두 사람의 대화를 정리하고 결론을 내리는 역할은 아르네 네스가 맡았다. 솔직히 이 책은 소크라테스가 결론을 내린 플라톤의 《대화》와 비교했을 때 전혀 독특한 점을 찾아볼 수가 없다. 이 책에서는 퇸네센의 이론이 중점적으로 다루어지며, 자페와 네스는 각각 반대 주장을 펼치거나 결론을 내리는 감수자 역할을 하고 있다.

헤르만 퇸네센은 악동적 기질이 다분한 철학가이다. 노르웨이 내에서는 자페나 네스보다 이름이 덜 알려져 있지만, 그건 그가 캐나다에서 무려 40년 동안 살았기 때문이기도 하고, 책을 내고 이름을 얻는 일에는 거의 무관심한 사람이기 때문이기도 하다. 그는 매우 재치 있고 재능 있는 박식한 철학가였으며, 자연과학과 존재철학에도 능통한 사람이다. 그리고 노르웨이적 정서로 본다면 조금 거만하고 무례해 보여서, 전형적인 베르겐(노르웨이 서남부에 위치한 도시―옮긴이) 사람이라고 치부되는 경향도 없지 않다. 그의 문체는 밝고 활기차나 그 내용은 절망적으로 비관적인 것이 대부분이며 심지어는 〈행복은 돼지를 위한 것〉이라는 제목의 에세이를 발표하기도 했다. 그는 캐나다 앨버타에서 철학교수로 재직 중이며 입센의 희곡〈야생 오리〉를 번역하고 무대에서 직접 렐링 박사의 역할을 맡기도 했다(렐링은 정직한 냉소가적 기질을 지니고 있으며, 극에서는 한마디 욕설로 작품을 마무리하는 역할을 한다).

삶의 의미에 대한 튄네센의 메시지는 자페의 메시지보다 훨씬 더 '42' 대답에 가깝다. 《나는 진실을 선택한다》라는 책에서, 그는 삶은 무의미하지 않다는 자신의 주장을 뒷받침하기 위해 아메바에서 시작하는 전체적 진화 과정, 현대적 유전과학과 종교학 비판 등 갖가지 요소들을 끌어들이기도 했다. 튄네센은 삶이 맹목적이고 살인적이며 '생존 복권' 처럼 야만적 성격을 지니고 있다고 말하며, 이 책에서 우드하우스P. G. Wodehouse의 말을 인용해 "삶의 전반에 걸친 행복을 보장받기 위한 단 한 가지 방법은 초등학교에 입학하기 전에 말발굽에 머리를 차이는 것이다"라고 말하기도 했다. 자페는 인간을 사형 선고를 받은 존재라 표현했고, 튄네센은 인간을 죽어가는 존재라 표현했다. 여기서 우리는 두 사람의 주장에 약간의 다른 점이 있다는 것을 발견할 수 있다. 하지만 이들은 책의 말미에서 모든 인간은 자비를 맛볼 기회조차 박탈당한 사형수라고 정의하는 데 동의했다.

이런 식으로 대화를 나누어가던 중, 자페는 적어도 자기는 진실을 선택했다고 말하며 한숨을 쉰다. 이때 네스가 전문 철학자답게 논리적이며 이성적인 태도로 끼어들어 질문 자체가 잘못되었다고 일침을 놓는다. 네스는 **삶이 의미를 가지고 있는 게 아니라**면서, 의미라는 것은 어떤 일을 이루고자 하는 목표 그 자체, 또는 그것을 이루는 과정에서 경험하게 되는 작고 사소한 개별적 요소라고 말했다. 네스의 견해에 따르자면, 전반적인 삶 자체가 의미를 지니고 있는 게 아니라, 삶 속에서 경험할 수 있는 개별적 요소들이 의미를 지니고 있다는 것이다.

솔직히 네스의 견해보다는 퇴네센이나 자페의 견해를 읽는 것이 더 재미있긴 하다. 말미에서 볼 수 있는 네스의 결론적 견해는 이성적이긴 하지만 재미없고 지루하다. 자페는 자신의 저서에서 인간이 비극적 영웅심 때문에 항상 자신보다 더 큰 존재를 갈망한다고 썼다. 프로그램화 과정의 실수로 부르든, 아니면 자기가 원하는 것이 무엇인지도 모르면서 그것을 추구하려 하는 과대 무장이라 부르든 간에(여기서 "나는 내가 뭘 원하는지 모른다. 하지만 나는 그것을 손에 넣을 수 있는 방법은 잘 알고 있다"라고 말한 조니 로튼Johnny Rotten을 떠올려볼 수 있다), 인간의 욕구와 갈망은 포유동물 가운데서도 인간의 특징을 나타내는 중요한 요소라고 볼 수 있다. 조건 없는 사랑, 말러의 심포니, 랭스의 대성당, 불필요하게 긴 해석과 잉여적이고 현학적인 인문학을 무시하지 못하는 인간의 특징은 그 가치를 이해하려는 욕구 때문이다. 그리고 이 욕구는 우리의 뇌 속에 항상 긁어주어야 하는 부스럼같이 자리하고 있는 게 사실이다.

능력에 걸맞지 않게 과소평가를 받았던 이전 세기의 작가로는 커트 보니것을 들 수 있다. 자페와 툰네센은 보니것 소설의 비관주의적 세계관을 자주 인용했는데, 관련 내용을 요약해서 여기에 소개해 볼까 한다.

갈라파고스에서 진화의 과정을 경험한 후 살아남은 소수의 생존자는, 결과적으로 생존에 더도 말고 덜도 말고 딱 필요할 정도의 지능을 소유하게 되었다. 다시 말하자면 이들은 핵무기나 냉동 피자를 만들 정도의 지능에는 미치지 못하지만 누군가 방귀를 뀌면 웃음을 터뜨릴 수 있을 정도의 지능은 가지고 있었다. 쓸데없이 크기만 했던 인간의 뇌는 무자비한 진화의 과정을 통해 딱 적당한 크기, 적당한 역할만 할 수 있도록 변해버린 것이다. 그러니까 결론은, '42' 대답은 동메달감으로 아주 적절하다는 말이다.

두 번째 대답을 다시 상기하자면 "삶의 의미에는 세 가지가 있는데, 그 하나는 신을 믿는 것이고, 다른 하나는 자식을 낳아 대를 잇는 것이고, 나머지 하나는 잊어버렸다"라는 것이다. 동메달을 차지한 대답이 현실과는 거리가 먼 추상적인 대답이라 한다면, 이것은 너무나 현실적인 대답이라 할 수 있다. 이 대답은 매우 인간적이다. 인간적이다 못해 세 번째를 잊어버렸다고 인정하기까지 했다. 어쩌면 이 대답을 들고 나온 사람이 잊어버렸던 세 번째 사항은 돼지 사냥일지도 모른다.

삶의 의미는, 손에 넣을 수 없는 것을 획득하기 위해 노력하는 과정에서 경험할 수 있다. 인간은 그 과정에서 획득 가능한 구체적인 것들을 우연히 발견하기도 한다. 존 스튜어트 밀은 행복이 아닌 다른 중요한 무엇을 얻으려 노력하는 과정 중에서만 행복을 얻을 수 있다고 했다. 칙센트미하이와 닐스 아르네 에겐도 이를 이해하고 동의했던 사람들이다.

여기서 말하는, 도달할 수 없는 중요한 무엇에는 경제적 관점에서 본 우주의 완벽한 이해도 포함될 것이다. 서로 다른 여러 가지 목표에 의미를 부여하는 것은 바로 그것이 속한 문화권에서 할 일이다.

대부분의 철학자와 연구가는 솔직함과 정직성이 사기와 속임수를 바탕으로 한 희망보다 더 중요하다고 말하고 있다. 예를 들어, 아프리카 감비아의 에이즈 환자들은 단 사흘 만에 여러 가지 약초를 사용해 에이즈를 완치해 줄 수 있다고 주장하는 그 나라의 대통령, 야히아 자메^{Yahya Jammeh}(그는 천식과 다른 병도 약초를 사용해 고칠 수 있다고 주장했다)에게 큰 신뢰를 보였다. 물론 대통령의 에이즈 치료법은 통하지 않았지만, 수

많은 환자가 희망을 잃지 않고 계속 그에게 의지했다고 한다. 이성적으로 보자면 환자들에게 거짓 희망을 주기보다는 오히려 진실을 알려주어 자신의 병을 현실적으로 받아들일 수 있도록 도와주는 게 나았을 것이다(죽음을 받아들이고 준비하게 하지는 입장에서 말이다).

감비아 대통령의 행위를 두고 의학계에서는 이런저런 말이 많았던 게 사실이다. 스스로를 과학의 수호자라 자처하는 이들이니 당연한 일이다. 그럼 대통령의 치료법이 효과가 없다는 것을 알면서도 왜 수많은 에이즈 환자가 그를 찾았던 것일까? 환자 중에는 고등 교육을 받은 사람들도 적지 않았고, 치료법이 허위라는 것을 아는 사람들도 많았다. 그런데도 이들이 대통령을 찾았던 것은 그들의 가슴 깊은 한구석에 다시 건강해지고 싶은 실오라기 같은 희망이 있었기 때문이 아닐까. 기독교 신자들이 신을 믿는 마음도 이와 비슷할 것이다. 바로 여기에 무신론자들이 경험하지 못한 중요한 점이 있다. 그것은 믿는다는 것, 신뢰한다는 것이 지식보다 훨씬 크고 중요한 그 무엇을 의미한다는 것이다. 정확히 알지 못하는 것은 그냥 그럴 것이라 믿을 수밖에 없는 노릇이기도 하니까.

거짓말쟁이와 사기꾼들이 평균적이고 일반적인 사람이라 단정하기엔 무리가 있다. 그러나 우리는 원칙적으로 정확하게 알 수 없는 것들에 관한 한 그러려니 믿을 수밖에 없다. **어쩌면 바로 이런 믿음이 희망과 직접적인 관계가 있는 건 아닐까?**

이런 형태의 희망이 인간의 삶을 유지하는 고리라고 한다면, 우리는 존 스튜어트 밀의 청년기를 더 잘 이해할 수 있을지도 모른다. 그는 벤담이 제안했던 이성적이고 과학적인 방식으로 행복을 추구하다가 결국 불행을 맛본 사람이었다. 젊은 밀은 내면의 공허감을 이겨내지 못했고, 무기력함을 떨쳐내려 낭만주의 시문학에 빠져들었다. 그러던 중 그는 행복이 이와는 전혀 무관한 프로젝트를 진행하는 도중에 우연히 맛볼 수 있는 것이라는 사실을 깨달았다. **즉 행복이란 것은 다른 어떤 일을 하던 중에 얻을 수 있는, 전혀 예상치도 못했던 긍정적 부작용 같은 것이다.**

삶이 완벽할 수 없기에

삶의 행복은 삶의 의미와는 다른 차원의 것이다. 비록 이들이 서로 뗄 수 없는 관계에 있다 할지라도 말이다. 1985년 〈가테아비사 Gateavisa〉(노르웨이의 일간지-옮긴이) 지에서는 헤르만 튄네센의 비관적 철학에 대한 기사를 싣기 위해 그와 인터뷰를 시도했다. 튄네센을 처음 만난 기자는 예상과는 달리 너무도 밝고 활기찬 철학가의 "잘 지내고 있다"라는 말에 놀라지 않을 수 없었다. 삶의 의미는 계획하고 노력한다고 해서 얻을 수 있는 것이 아니다. 어쩌면 정말 삶에는 의미가 존재하는 게 아니라 삶 자체가 바로 의미라는 주장이 진실에 가까운 건 아닐까. 그렇다면 우리는 만족스러운 삶에 대한 연구에 있어서도 결론에 가까이 다가가고 있다고 감히 말할 수 있을 것이다. 따라서 지금까지 살펴본 여러 사항 중 확신할 수 있는 것들만 우선 모아서 요약해보기로 하자.

일단, 소위 행복 연구가들이 개인의 삶을 중심으로 한 만족감과 행복을 이야기할 때 자주 사용하는 '긍정 심리학'부터 살펴보자.

긍정 심리학은 필요 이상으로 걱정을 많이 하고 자주 짜증을 내는 사람들에게 생각을 바꾸어보라고 제안한다. 이런 형태의 자아탐구는 큰 효력이 있다. 우리는 타고난 성격 자체를 바꿀 수는 없지만, 주위 사람의 눈을 통해 객관적으로 스스로를 살펴보고 이전과는 다른 관점으로 세상을 바라볼 수 있다. 긍정 심리학은 안정되고 만족스러운 직장 생활, 가정 생활을 하는 데 큰 도움을 주며, 나아가 우리가 더 자주 웃을 수 있도록 도와주기도 한다. 그러나 긍정 심리학만으로는 실제 빈곤으로 인한 무기력함, 무제한적인 소비에 따른 무감각함, 환경 문제와 국제적 불평등 문제, 내란, 부정부패, 불신 등으로 야기되는 사회적 불안감 등을 해결할 수는 없다. 긍정심리학은 소규모 무대에서만 사용할 수 있다. 드리블에 아무리 뛰어난 선수라 하더라도 게임의 전체적 흐름을 이해하지 못하고 정확한 패스에도 소질이 없다면 무슨 소용이 있을까.

물컵을 보면서 반쯤 비어 있다고 생각하기보다는 반쯤 차 있다고 생각하는 것, 문제에 골몰하는 것보다는 해결 가능성에 더 집중하는 태도 등, 긍정적인 태도는 여러 면에서 도움이 된다. **하지만 문제를 직시하지 않게 되면, 자기 자신이나 심지어는 타인의 행복에도 도움을 줄 수 없다.** 입센에서 라스 노렌Lars Norén에 이르기까지, 수많은 희곡과 연극, 영화

등에 등장하는 가족 드라마는 자신의 문제나 트라우마를 숨기려고만 하는 데에서 갈등이 발생한다는 것을 보여준다. 긍정 심리학은 햇살 가득한 캘리포니아 또는 활기찬 뉴욕 시내에서 이용할 수 있는 것이다. 즉 이 방식은 매우 개인적인 것으로, 걱정이라곤 찾아볼 수 없는 낙관적이고 적당히 야심만만한 목표를 지니고 살아가는 사람들에게 주로 적용할 수 있는 것이다.

긍정 심리학은 매우 그럴듯하고 틀림없이 신선하지만, 결코 완벽하지는 않다. 우리 삶에서 가끔은 갈등이 필수적일 때도 있다. 이 경우 삶의 크고 작은 비극적 요소들을 긍정적인 관점으로만 본다든가 완전히 무시하는 것은 진정한 해결 방법이 될 수 없다. 긍정 심리학에서 간과하고 있는 점은 문제 전체를 객관적으로만 보는 것이다. 병들고 가난한 자들보다 건강하고 부유한 자들이 긍정적이기 얼마나 더 쉬운가. 200여 년의 역사를 지닌 사회 연구, 그리고 그보다 더 오랜 역사를 지닌 사회 비판론을 통해, 우리는 노동과 복지 사이에는 직접적 관련이 없다는 것을 잘 알고 있다. 엄청난 유산을 물려받거나 쉽게 돈을 벌 수 있는 자리를 우연히 차지하는 등, 어떤 이들에게는 타고난 사회적 신분으로 인해 교육과 부에 이르는 길이 다른 이들에 비해 훨씬 쉽고 짧다. 반면, 어떤 이들은 카카오 농장이나 직물공장, 또는 청소부로 일을 하며 허리가 부러지도록 노력을 해도 최저 임금밖에 받지 못한다. 대부분의 사람들은 이런 환경을 보며 사회가 불평등하다고 말할 것이다. 하지만 이런 환경을 개선하기 위해서 자기들이 할 수 있는 일은 아무것도 없다고 발뺌한다.

한 사회 속에 만족도가 어떤 식으로 분포되어 있는지 이해하기 위해서는 계급 서열의 분석이 매우 중요하다. 누가 결정권을 지니고 있는지, 누가 가장 밑바닥의 일을 해야 하는지, 누가 그물을 짜고 누가 사냥을 해야 하는지, 또는 누가 누구에게 칭찬과 상을 줄 자격이 있는지 등, 이러한 관계의 연구는 대인관계의 연구를 거쳐야 이해할 수 있지만, 사회구조와도 깊은 관련이 있다는 건 확실하다. 그것은 오로지 돈이나 권력과 관계있는 건 아니기 때문이다. 사회학자인 피에르 부르디외는 사회 자원을 여러 형태로 나누어 해석했다. 예를 들어, 적어도 프랑스에서는 돈이나 권력이 없는 사람일지라도 깊은 지식을 갖추고 예술적 재능을 지니고 있다면 사회적으로 큰 존경을 받는 것이 가능하다.

이웃이나 친구, 또는 신문이나 텔레비전에서 본 사람들과 스스로를 비교하는 것은 인간의 본성이다. 하지만 리처드 윌킨슨의 "우리를 죽이는 건 바로 차이점"이라는 말이 진실로 의미를 지니고 있다면, 우리는 서로 등수나 자리매김하는 일반적 방식으로 비교하는 대신 대안적 방법을 찾아내야 할 것이다. **더 큰 차원의 다원주의는 다수 인간의 삶을 개선할 수 있다.** 더 많은 사람이 자신이 하는 일에서 의미를 찾을 수 있게 될 테니 말이다. 그런데 우리는 여기에서 바로 현대 사회의 자유적이고 진보적인 이상이 바로 성공한 삶, 만족스러운 삶의 의미를 편협하게 좁히는 데 큰 몫을 해왔다는 역설을 발견하게 된다. 인간의 비교 행위는 오직 경쟁의식에서만 비롯하는 건 아니다. 어떤 특정인을 닮고 싶어 하는 욕망도 비교 행위의 원인이 될 수 있다. 인간의 경쟁 본능이 결속력과 동지애를 촉진할 수 있는 공동체적 본능보다 더 강하다는 말은 어디를 찾아봐도 없다.

여기서 공동체 의식도 한번 살펴볼 필요가 있다. 무언가 도전적인 일을 할 권리가 있고, 성취한 일을 바탕으로 인정을 받는다 하더라도, 사랑과 우정, 동정과 안정을 향한 기본적 욕구를 과소평가할 수는 없다. 한 사회 내에는 여러 면에서 개인의 능력을 발휘할 수 있는 바탕이 마련되어야 한다. 운동, 낚시, 종이접기, 금융 등. 그리고 각자의 재능에 대해 주변 사람들로부터 인정을 받을 수 있어야 한다. 하지만 오늘날의 사회에는 이런 바탕이 마련되어 있다 하더라도 고통을 나누기 위해 어깨를 빌릴 만큼 가까운 사람들을 찾아보기 어려운 것이 사실이다. 평등한 사회, 나 자신을 대하듯 상대방을 대하는 사회, 힘든 일을 겪을 때 기댈 수 있다는 사람을 찾을 수 있는 사회, 즉 서로를 이해하고 존중해줄 수 있는 사회는 매우 중요하다. 약한 면을 보일 수 있다는 것은 강한 면을 보여주는 것만큼이나 중요하다. 엘튼 존의 노랫말 중에 "미안하다는 말보다 더 하기 힘든 말은 없어요"라는 구절도 있지 않은가.

계급 차가 가능한 한 적은 사회, 그리고 가능한 한 많은 이들이 서로 다른 방법으로 인정을 받을 수 있는 사회, 개인적 능력을 최대한 발휘할 수 있는 사회, 사랑이 넘치고 안정감이 있는 사회. 바로 이런 것들이 삶의 행복을 가져올 수 있는 공식이다. 또한 개인들은 각자의 목표를 세우되 과장된 야망이나 이룰 수 없는 목표를 세우는 일을 피하고, 가능하면 타인들과 협동하여 이룰 수 있는 목표를 세우는 것이 좋다. 사소한 기쁨을 잊지 않고 즐기되, 직접 겪는 불평등은 물론 타인이 겪는 불평등에 대해서도 항상 비판적 자세를 가져야 한다. 또한 더 늦기 전에 자신에게 의미 있는 중요한 사람들에게 정성을 다하는 것도 잊지 말아야 한다. 하루하루의 삶에 최선을 다하되, 가끔 경험할 수 있는 기쁨과 만족의 순간도 최대한 즐길 수 있어야 한다. 가능하다면 반이 비어 있는 물컵보다 반이 차 있는 물컵을 보는 눈으로 세상을 바라보고, 가렵지 않은 곳은 일부러 긁지 않도록 하며, 던지지 않은 질문에 대한 답을 억지로 찾으려 할 필요는 없다는 것도 기억해야 할 것이다.

열정과 쾌락을 두려워하지 말되, 갑자기 때가 늦었다는 생각이 들지 않도록 필요 이상으로 참고 인내할 필요도 없다. 그리고 바다나 강처럼 물이 있는 곳을 자주 찾아보는 것도 좋을 것이다. 수영장이나 바닷가 등 물이 있는 곳만큼은 슬픈 표정을 짓고 있는 사람들을 찾아보기가 힘드니까.

그리고 충분히 수면하라. 현대인들은 전기가 들어오기 이전 시대의 사람들보다 두세 시간 더 적게 수면하고, 한 세대 전의 사람들과 비교했을 때는 한 시간 정도 더 적게 수면한다. 그리고 가능한 한 자주 큰 소리로 웃는 것도 좋다. 현대의 프랑스인들이 웃는 시간은 하루 평균 5분 정도라고 한다. 그런데 50년 전에는 지금보다 네 배나 더 많이 웃었다. 인도에서는 종교적 모임이 있을 때마다 모두 큰 소리로 웃는다. 웃으면 웃을수록 오래 산다는 말도 있지 않은가.

이 모든 것들은 너무도 진부하게 들리지만, 정작 실천하기엔 결코 쉽지 않다. 요점은 바로 균형을 찾는 것이다. 그리고 우리가 어디에서 무슨 일을 하며 사는가에 따라 달라지기도 한다.

어쨌든 이 책에서 내가 하고 싶은 말은 단 하나뿐이다. 아니, 어쩌면 두 개가 될지도 모르겠다.

11
고장 난 행복을
고치기 위한 계획

이제 얼마 가지 않아, 현재의 물질 풍요 사회는 자취를 감출 것이고, 우리는 그것을 역사가 남긴 가장 기분 좋은 막다른 길로 받아들일 것이다. 그러나 그곳에 도착하기 전에, 우리와 전체 사회는 그동안 잊고 있던 마지막 대답부터 찾아야 할 것이다. 그것이 돼지 사냥이든 무엇이든 간에.

복지와 성장의 다음 단계

지금까지 나는 행복, 개별적 차이, 다원주의, 한계효용, 야심찬 목표의 중요성, 타인의 인정이 주는 의미, 신뢰, 평등 등, 좋은 삶을 살기 위한 여러 가지 요건들에 대해 열거해 왔다. 하지만 조용히 모습을 감추고 있다가 가끔씩 수면 위로 올라오는 주제로 국제 중산층이 직면하고 있는 문제들을 우리는 모른 척할 수 없다. **지금 이 세상은 한 국가나 한 개인이 홀로 풀어낼 수 없는 빈곤 문제와 환경문제로 속을 끓이고 있다.**

우리는 하나의 세상에서 살고 있는 하나의 인류로, 같은 배를 타고 있다. 그럼에도, 유라시아 대륙의 북서쪽 끝, 지금 내가 앉아 글을 쓰고 있는 이 나라에서는 많은 사람들이 삶이 지루하며 무미건조하다고 불평하고 있다. 그건 바로 우리에게 함께 힘을 뭉쳐 이뤄내야 할 거대한 집합적 목표가 없기 때문이다. 무언가 잘못되었다는 생각이 들지 않는가? 어쩌면 이 문제를 살펴보다 보면 내가 앞서 언급했던 돼지를 잡을 수 있을지도 모른다. 북유럽 국가들 및 이와 비슷한 국가들, 즉 네덜란드와 뉴질랜드 등은 사회구조와 물질적 풍요면에서 역사상 그 어느 나라도 이루지 못하고 경험하지 못했던 건강하고 풍요한 사회를 이루어 냈다. 우리는 진정으로 파라다이스에 살고 있다 해도 과언이 아니다. 하지만 지상의 파라다이스는 영원히 지속되지 않는다. 사실, 이미 바깥쪽에서 밀려들어 오는 여러 가지 문제들과 내부적 패러독스 때문에 파라다이스의 벽이 조금씩 허물어지고 있다 해도 과언이 아닐 것이다. 석유 생산국인 노르웨이는, 급격한 기후 변화와 함께 북극 축소, 사막화 확대와 수면 상승 원인의 주범 중 하나로 등장했다. 환경 애호적인 노르웨이와, 매연과 공해를 만들어내는 혐오스러운 노르웨이라는 두 얼굴 속에서, 이 간극을 줄이기 위한 해결책은 뱀의 혀를 지닌 정치가들도 찾아내지 못하고 있는 게 현실이다. 세계 여기저기의 빈곤 문제는 혼란과 좌절을 가져오고, 심지어는 노르웨이에까지 조금이긴 하지만 영향을 미치고 있다.

인류는 하나인데도, 이 유럽 대륙의 북쪽 끝에 살고 있는 국제 중산층들은 있는 자의 미소를 띠며, 집 앞에 찾아와 도움을 청하는 이들의 코앞에 대고 대문만 쾅 닫아버리면 된다고 생각하고 있다. 지구 반대편에 살고 있는 이들은 노르웨이 같은 부유한 나라들이 인권 성장과 (실질적으로 개발에 큰 도움을 주지도 못하는)경제 지원 프로젝트를 들고 나오는 이상, 이들이 등 뒤로는 강 하수에 온갖 오물로 가득한 거품을 만들어내고 있다는 사실에는 관심을 두지 않을 것이다. 국제 중산층에 속한 이들은 이미 사회적, 도덕적으로 어떤 형태의 삶이 바람직한지 대부분 잘 알고 있기에 이들을 대상으로 반대 의견을 펼치는 건 결코 쉽지 않다. 더욱이 반대 의견을 내세우는 이들의 수도 점점 줄어드는 추세다.

그럼에도 불구하고, 우리는 여기서 민주주의와 관련된 문제에서 벗어나지 못하고 있다. 어떤 이들은 국민이 계몽되기만 한다면, 매연과 공해를 줄이자고 주장하는 정치가들이 몰표를 얻을 수 있을 것이라 말한다. **그런데 나는 지금껏, 삶의 질을 조금 희생하는 한이 있더라도 환경문제를 해결하자고 주장하는 정치가들을 본 적이 없다.** 지난 200년 동안 있어 왔던 크고 작은 민주적 움직임은 모두 삶의 질 향상과 물질적 풍요와 자동화, 선택의 자유 등을 목표로 했다. 후세를 위해 현재 우리 삶의 질을 낮추는 한이 있더라도 환경문제를 개선하자는 움직임은 단 한 번도 없었다. '삶의 수준 하락'은 '더 나은 삶'이라는 표어와 비교해 당연히 매력적으로 다가오지 않는다. 환경 운동의 도덕성이 딜레마에 부딪히는 것도 바로 이 때문이다.

마르크스와 엥겔스는 《공산당 선언》에서 노동계급은 자신들의 사슬밖에 잃어버릴 것이 없다고 말했다. 오늘날에는 노동계급이 대부분 국제 중산층에 속해 있기에, 그 사슬 외에도 잃어버릴 것이 훨씬 더 많아졌다는 데에 문제가 있다. 상승하는 계급과 하락하는 계급에 대한 개념을 바탕으로 살펴본다면, 오늘날에는 서유럽 외부에서만 상승 계급을 찾아볼 수 있다. 이 책을 쓰기 시작할 때부터 염두에 둔 사항이 몇 가지 있다. 처음에는 일반적이고 통념적인 정치적 관점 내에서, 삶의 수준 하락이 삶의 만족도 상승을 가져올 수도 있다고 생각했다. 올바른 방법만 사용한다면 말이다. 하지만 그 '올바른 방법'이 무엇인지는 전혀 감을 잡을 수가 없었던 게 사실이다.

이젠 그것이 무엇인지 조금씩 감이 잡히기 시작한다. 그러니 하나씩 요약을 해보자. 지난 10년 동안 '행복'을 주제로 출간된 책뿐만 아니라 2000년, 3000년 전부터 지금까지 이어져 내려온 고전 철학, 종교, 문학적 반향을 바탕으로, **이 세상의 행복 추구를 살펴본 결과, 나는 다음과 같은 몇 가지 사항을 추려냈다.**

* 우리는 인간이 평등과 결속력(공동체적 본능)을 추구하며, 동시에 무리 중에서 탁월하게 두드러져 인정받기를(경쟁 본능) 갈망하는 존재라고 알고 있다. 좋은 사회에서는 이 두 가지 본능적 욕구가 무리 없이 공존할

수 있지만, 완벽한 공존은 불가능하다. 그 어느 사회에서도 원하기만 한다면 불평거리는 얼마든지 찾아볼 수 있다.

* 복지와 자아실현 기회에서 개인 간 차이가 크면 클수록, 불행을 느끼고 불만을 피력하는 구성원들도 늘어난다. (이론적으로) 기회의 차이가 적을수록 그 사회는 더 좋은 사회라 할 수 있다.

* 우리가 느끼는 만족감은 천성적인 여유로움과 관계가 있으나, 개인이 속한 문화권과 그 속에서 경험하는 긍정적 또는 부정적 경험이 만족감에 큰 영향을 미친다는 것도 우리는 잘 알고 있다. 인간은 긍정적 사고를 할 수 있으나, 이 긍정적 사고가 경쟁 사회의 최하계급에 속하는 이들에게는 그리 큰 영향을 미치지 않는다.

* 인간은, 있는 그대로의 자기 자신은 물론 자기가 하고 있는 일에 대해, 타인으로부터 인정과 존중을 받기를 원한다. 스피드 보트를 모는 일, 자식을 훌륭하게 잘 키우는 일, 유머 감각, 선행 등, 타인에게서 인정받을

수 있는 일은 수없이 많다. 비록 인간의 내면에는 포유동물적 본능이 자리하고 있긴 하지만, 일반적으로 타인에게 어떤 인상이나 영향을 미치는가는 개인이 속한 문화권이 결정하기 마련이다. 몇 세대 전에는 노예를 많이 거느리면 거느릴수록 더 큰 인정과 존중을 받기도 했지만, 오늘날에는 이런 모습을 거의 볼 수 없다. 즉, 가치라는 것은 시간이 흐름에 따라 변한다. 어쩌면 가까운 미래에 환경과 생태 보존 운동이 가장 큰 가치로 대두할지도 모르는 일이다.

* 우리는 거대하고 집합적인 프로젝트가 인간의 공동체적 본능과 경쟁 본능을 동시에 만족시킬 수 있다는 것을 알고 있다. 이런 형태의 프로젝트는 타인과의 협력 기회를 얻는 동시에 개인의 재능과 능력을 최대한 발휘할 수 있는 기반이 되기 때문이다.

몇 가지 사항을 추가할 수도 있으나, 그것들은 너무나 뻔한 것이라 제외했다. 어쨌든, 우리는 이쯤에서 자동차 운전, 비행기 여행, 일반적인 에너지 소비 등과 삶의 행복이 반드시 관련된 것은 아니라는 결론을 내릴 수 있다. 그러나 어느 날 갑자기 환경근본주의자가 쿠데타를 일으켜 권력을 잡았다고 쳤을 때, 하루아침에 석탄과 석유 연료 사용이 금지된다고 한다면, 대부분의 사람은 깊은 불행과 좌절감, 심지어는 분노와 증오마저도 표출할 것이 틀림없다. 독재정치는 결코 인기 있는 정치 형태라고는 할 수 없다. 설령 독재 권력의 지배자가 무지한 국민을 대신해 국가 발전에 앞장서는 경우가 있더라도, 대부분의 사람은 자신의 뜻과 상관없이 지배당하는 걸 좋아하지 않는다. 사회의 변화가 필요할 때라면 지식과 재능을 갖춘 도덕적 권위자가 그 대안이 될 수도 있을 것이다.

그런데 과연 누가 도덕적 권위를 행할 권리를 가지고 있단 말인가? 좋은 삶을 영위하는 방법은 수도 없이 많다. 우리는 이 수많은 방법 중에서 어떤 것에는 반감을 가지고 있으며, 또 어떤 것은 이해하지 못한다. 결론적으로, 우리는 타인의 기회를 박탈하고 억압하는 삶의 방식에만 부정적으로 반응하게 된다. 어쩌면 바로 이 때문에 중매결혼이나 부모가 결정한 결혼이 부부 당사자의 인간적 권리를 박탈하는지를 두고 그리도 심각하게 매달리는 인권운동가가 많은 건 아닐까. 여기에 대해 내 개인적 의견을 묻는 사람이 있다면 나는 문화나 개인에 따라 다르다는 대답을 돌려주고 싶다.

이제 하층 빈곤 계급의 고통이 상층 부유 계급이 느끼는 고통보다 더 크다는 것을 알고 있는 이상, 소수 상류층이 다

수 하류층과 전혀 상관없다고 주장하기는 힘들다. 이건 국제적 균등화와도 거리가 먼 이야기다. 또한 현대인들의 무제한적 에너지 소비 때문에 다음 세대에 자랄 우리의 후손들이 겪어야 할 고통을 생각한다면, 행복하고 만족스러운 삶을 현실화할 수 있는 대안적 방법을 찾는 일이 필수라는 생각도 든다.

이 세상에 저절로 일어나는 일은 없다. 가장 쉽고 일반적인 형태는 '평소처럼'이 아니었던가. 이미 30년 전에 우리는 절벽 가장자리에 서 있는 줄도 모르고 "진보의 큰 걸음을 앞으로 내디딜 준비가 되어 있다"라고 농담처럼 말하곤 했다. 비관주의자들은 이미 우리가 그 첫발을 내디뎠다고 주장한다. 그래서 머지않아 우리는 홍수와 가뭄, 대규모 이동, 페스트와 대규모 사망, 재앙적인 기후 변화 등에 직면하게 될 것이 분명하다. 마음 같아선 미래의 재앙을 예견하는 이들을 지구 종말이 온다고 주장했던 이전 시대의 예언자들과 다를 바가 없다고 말하고 싶지만, 그렇다고 해서 미래가 밝고 창창해질 리는 없다.

지구의 기후는 몇 년 전 전문가들이 예상했던 것보다 훨씬 빠른 속도로 변화하고 있다. 비록 지구 온난화와 관련된 주장들이 거대한 프로파간다에 불과하다고 무시한다 하더라도(솔직히 말해서 이건 근거 없는 논리다. 도대체 누가 무슨 이유로 이런 프로파간다를 진행한단 말인가?) 우리 사회의 기본적 가치를 재조명하고 삶의 스타일을 바꾸는 일은 필요하다. 복지와 물질적 풍요의 성장 마지막 단계에선 행복과 만족을 느끼는 곡선이 오히려 하락하는 추세를 보인다. 동시에 이 단계에선 비교 법칙으로 인해 타인의 불행이 더 증대될 수도 있다.

행복을 위한 완벽한 사회 시스템

앞서 말한 몇 가지 요약 사항들을 받아들인다고 할 때, 고전적 사회주의는 답이 될 수 없다. 고전적 사회주의는 개인의 독립성을 최대로 보장해 주지도 않거니와, 개인의 창의력이 무시되는 경우가 많다. 또한 국가는 안전을 염두에 둬서 분명히 통제 정치에 집중한다. 자유 시장경제 역시 답이 될 수는 없다. 개인의 발전과 개발의 자유가 보장되긴 하지만, 공동체적 가치와 안전, 평등을 놓고 본다면 자유 시장경제는 그리 적합하지 않은 것이 사실이다. 개인의 능력과 재능만을 바탕으로 성공하는 것도 가능하지만, 실패할 경우에도 그건 전적으로 당사자만이 책임을 져야 할 뿐이다. 더욱이 이 체제는 환경 보존에 가치를 둔 정치적 시스템과는 거리가 멀다.

그렇다면 소위 '완벽한 사회 시스템'은 무엇인가. 현재, 최적의 대안으로 여겨지는 것은 사회자유주의와 사회민주주의이다. 하지만 이 경우에도 질문 자체가 잘못되었다는 생각을 떨칠 수가 없다. 어쩌면, 각 개인이 소규모 공동체 속에서 어느 정도 만족스럽고 평화로운 삶을 살 수만 있다면, 국가 전체의 시스템이 어떤 것이든, 또는 누가 통치를 하든 상관없다고 할 수 있지 않을까. 어떤 경우엔 나태하고 무덤덤한 독재자 밑에서 사는 것이, 질투심 많고 관료적이고 활동적인 민주주의적 통치자 밑에서 사는 것보다 훨씬 나을 수도 있다. 그렇다면 적어도 온갖 불필요한 신청서나 서류의 양이 줄어들지도 모르니까.

최근 한 친구가 내게 '신경제 재단'에서 발간한 리포트를 건네주었다. 이 기관은 세계의 경제를 환경과 생태, 인권 평등의 관점에서 해석하고 연구하는 기관으로, 리포트의 제목은 〈(안)행복한 지구 지표〉$^{\text{The (un)happy planet index}}$였다. 현대의 경제학자들과 관련 분야의 전문가 중에는 주관적 삶의 만족도와 평균 수명 간의 관계를 주로 연구하는 부류도 있고, 일정한 수준의 만족과 기쁨을 누리기 위해선 어느 정도의 지구 오염을 감수해야 하는지 '환경 및 생태적 영향'을 주로 연구하는 부류도 있다. 후자의 경우, 개인 소득의 증가가 행복과 비례한다는 논리를 전적으로 배제하고 있는 것이 특징이다. 그도 그럴 것이, 최소한의 소득 수준을 넘기게 될 경우, 개인의 행복은 돈이 아니라 비교 행위로 결정되기 때문이다.

평균 수명은 적절한 요소가 될 수 있다. 하지만 오래 살면 살수록 지루함과 무기력함을 느끼게 되는 것이 일반적이다. 최근 어떤 기사에서는 이탈리아 사르데냐^{Sardegna} 주민들의 평균 수명이 특히 높다는 사실을 지적했다. 기자는 주민 중 100세를 넘긴 한 여인을 찾아가 보았다. 외모는 노쇠하지만 정신은 멀쩡한 그녀는, 자기가 오래 산 건 맞으나 삶이 참 지루하고 무기력하게 느껴진다고 고백했다. 그녀는 친구들과 가까운 사람들은 이미 오래전에 세상을 떠났지만, 그들이 자기보다 훨씬 흥미진진하고 즐거운 삶을 살았다고 덧붙였다.

이 기사는 이미 우리가 알고 있던 또 한 가지 사실을 보여주었다. **즉 부자들은 가난한 자들과 비교해 더 오래 살기는 하지만, 환경도 더 많이 오염시킨다는 점이다.** 여기서 관련 사항들을 좀 더 자세히 들여다보는 것도 좋을 것 같다. 예를 들어, 미국인과 독일인이 각각 느끼는 평균적 삶의 만족도는 비슷한데, 환경오염 물질 배출량은 독일인보다 미국인이 두 배 가량 높다.

코스타리카를 비롯한 중남미대륙 국가에서는 남녀의 평균 수명이 비슷하고 환경오염도 상당히 적다. 그리고 삶의 만족도는 항상 전 세계 평균 이상을 맴돈다. 현대 중남미 국가들은 이제 오랜 독재 체제와 억압적 정치에서 벗어나 낙관적 미래를 앞에 두고 있다. 또 온난한 기후 덕분에 난방을 위한 에너지를 크게 소비할 필요도 없다. 남미 특유의 국민성으로 인해 자주 함께 모여 파티를 즐기기도 한다. 이 파티를 두고 뭐라고 할 억압적 종교나 사회적 사상도 존재하지 않는다. 어쩌면 엘살바도르 국민은 70제곱미터의 집, 저녁 무렵 테라스를 채우는 시원한 그늘, 착한 아이들, 토요일 저녁 친구들과 어울려 음악과 춤을 즐길 수 있는 장소만 있다면, 300제곱미터의 빌라, 산중에 자리한 별장을 가지고 있으며 매년 남유럽이나 남미로 휴가 여행을 가는 노르웨이 국민과 비슷한 수준의 만족감과 행복을 느낄 수 있지 않을까?

몇몇 국가들에선 환경오염 문제보다는 국민의 만족도가 평균 수명에 더 큰 영향을 준다. 자메이카 국민의 평균 수명은 적도기니 국민보다 27년이나 길며, 삶의 만족도도 훨씬 높다. 이들 두 나라의 환경오염 정도는 비슷하다.

또 다른 나라들에선 평균 수명도 비슷하고 환경오염 정도도 비슷하지만 삶의 만족도는 큰 차이를 보이기도 한다. 몰도바 주민들은 일반적으로 불행한 삶을 살고 있다고 느끼고, 온두라스 국민은 꽤 행복한 삶을 살고 있다고 느낀다. 이들 두 나라의 평균 수명과 환경오염 정도는 비슷한 수준이다. 우리는 여기서 각 나라의 문화적 가치, 문화 스타일, 네트워크, 공동체 내의 신뢰감, 경험적 발전과 후퇴 등 여러 요소를 고려할 수 있다. 나는 앞서 영국에서 살다가 다시 고향으로 돌아간 '장'의 경우를 소개했다. 그의 고향인 세이셸은 지구촌 행복지수에서 영국보다 한참 앞서 있다.

여기에서 가장 흥미로운 점은 바로 이것이다. 지구촌 행복지수에서 상위를 차지하고 있는 나라들은 유엔개발계획 지표인 UNDP에서 상위도 하위도 아닌 중간쯤에 있다는 사실. UNDP 지표에서 상위를 차지하고 있는 국가들의 환경오염 물질 배출량 지수는 중하위권 국가들보다 훨씬 높지만, 평균 수명은 비슷하다. 삶의 만족도도 중간쯤 위치한 국가들과 비슷하다. 성장 곡선은 환경오염 곡선과 비례하고 있으며, 성장 곡선이 상승한다고 하더라도 구성원의 만족과 행복에는 큰 영향을 미치지 못하고 있다.

G8 국가들은 이제야 환경 관련 요인들을 비교 자료에 포함하기 시작했다. 이 새로운 지표에서, 노르웨이와 스웨덴은 각각 115위, 119위를 차지했으며, 덴마크는 99위를 차지했다. 이 지표에서 1위를 차지한 나라는 멜라네시아의 섬나라 바누아투이고, 그 뒤로는 컬럼비아와 코스타리카, 도미니카 공화국이 따르고 있다(코카인이고 뭐고, 컬럼비아 국민의 평균 수명은 72세이며 삶의 만족도 또한 상당히 높은 것으로 나타났다). 무슬림 국가 중 가장 높은 자리를 차지한 나라는 튀니지로 21위였다. 유럽 국가 중 가장 높은 등수를 기록한 나라는 몰타로 40위, 환경문제에 예민한 정책을 펴고 있는 오스트리아는 61위를 기록했다. 참고로 60위는 가나, 62위는 인도였다. 서구의 언론 매체에서는 중국이 지구 환경오염의 주범이라 말

하지만, 이 자료에서는 중국인의 개인 평균 환경오염 유발 비율이 미국인에 비해 불과 6분의 1밖에 되지 않는다고 밝혔다. 또한 중국인들의 평균 수명은 70세가 넘고 각자의 삶에 꽤 만족하고 있는 것으로 드러났다. 지구촌 행복지수에서 중국은 31위를 차지했다.

이 지표의 도움을 빌려 여기서 내가 말하고 싶은 것은, 만족한 삶을 살기 위해 지구를 오염시킬 필요는 없다는 점이다. 이제 우리는 문자 그대로 발 디딜 틈도 없이 꽉 차버린 지구에서 살아가고 있다. 그러니 변화는 불가피하다. 이대로 가다가는 시내 한복판에서 자동차를 모는 것이 비도덕적으로 여겨질지도 모른다. 비행기도 꼭 필요할 때만 타다가 머지않은 미래에는 그마저도 하지 않게 될지도 모른다.

공상과학 소설 같은가? 절대 그렇지 않다. 흡연자들은 최근 흡연에 대한 사회적 가치가 어떻게 변해왔는지 직접 체험하고 있다. 이젠 담배 한 개비 피우기 위해 한겨울에도 밖에 나가 오들오들 떨며 피워야 한다. 무책임한 환경오염에 대한 사회적 관점도 머지않은 미래에 흡연자들을 보는 관점과 비슷하게 변할 것이다. 노르웨이인의 삶의 만족도는 바누아투 국민과 비슷하다. 하지만 노르웨이인들이 환경오염을 유발하는 정도는 바누아투인보다 여섯 배나 높다. 따라서 노르웨이인들은 바누아투 국민과 비슷한 결과를 내려면 그들보다 훨씬 큰 노력과 희생을 감수해야 한다. 그들은 우리와는 다른 일을 하며 시간을 보내고, 그 일들은 그들에게 꽤 중요하고 가치 있는 일임이 분명하다.

티베트와 인도 사이에 자리한 네팔 동쪽에는 작은 산악 국가인 부탄이 자리하고 있다. 부탄의 국왕 지그메 싱기에 왕추크Jigme Singye Wangchuck는 1976년, 서구 문물을 받아들이기 위한 개방을 훗날로 미루겠다고 발표했다. 그의 뒤를 이어 국왕 자리에 오른 아들, 지그메 케사르 남기엘 왕추크Jigme Khesar Namgyel Wangchuck는 아버지의 정책을 그대로 따랐으나, 민주주의의 원칙에 입각해 나라를 개방하고 서구 문물을 받아들이기로 결정했다. 그러나 이 나라는 여전히 대규모 관광단을 받아들이지 않는다. 맥도날드와 같은 서구 문물이 들어오긴 했지만 상업화된 느낌은 전혀 들지 않는 것도 사실이다.

물론 부탄의 이러한 정책이 국민 삶의 만족을 보장해 준다고는 할 수 없다. 폴 포트의 캄보디아와 스탈린의 소비에트도 완전한 맥도날드화를 이루진 않았다. 서구 국가들이 '국내총생산' 지수를 활용하는 데 비해, 부탄은 '국내 총행복' 지수를 활용해 국가 정책을 계획한다. 이 나라에서는 폴 포트와는 달리 글을 읽을 수 있는 자들을 사형에 처하지 않았다. 우주 개발, 스포츠 등 온갖 잡다한 것들을 두고 미국인과 경쟁하는 데 집중했던 스탈린과 달리 경쟁에 목을 매지도 않았다.

　최근 부탄의 수도인 팀푸에 건립된 부탄 연구 센터에서는 국가 행복 발전을 주로 연구하고 있다. 이들은 삶의 수준, 국민 건강, 교육 및 국가 정치 체제 등을 기본적 연구 자료로 삼으며, 동시에 문화적 활력, 환경적 다양성, 시간의 소비와 균형, 심리적 만족도 등도 연구에 활용한다. 부탄은 세계 최초로(바누아투는 또 다른 예다) 서구 사회의 실패를 타산지석으로 삼은 나라라고 할 수 있다. 부탄 국민은 국제 중산층에 속하는 사람들보다 평균 수명이 10년 정도 짧다. 따라서 이들에겐 예방주사 실시 계획이 더 많이 필요할지 모른다. 하지만 우리가 기억해야 할 점은, 부탄 국민의 평균 수명이 64세라는 점이다. 1928년에 루이스 더블린Louis Dublin은 인간이 도달할 수 있는 최대 수명이 64세라고 했다.

　우리 사회에도 변화 가능한 요소들은 많이 찾아볼 수 있다. 현대인들은 '소비를 줄이는 것'이 필수적이라 주장하며, 동시에 내면적으로 자아실현이 가능한 세상을 꿈꾸고 있다. 우리는 살아가면서 작은 기쁨과 희열의 순간을 자주 경험한다. 어떤 이들은 새 구두를 살 때 행복을 느끼고, 또 어떤 이들은 재즈 음악을 들을 때 크나큰 만족감을 느낀다. 현대사회는 더없이 살기 좋은 사회다. 요점은 바로 우리가 살고 있는 이 지구를 해치지 않고서도 이 현대적 삶을 지속하는 게 가능하다는 것이다. 어쩌면 우리 사회는 머지않은 미래에 새 구두를 사는 대신 헌 구두를 수선해서 다시 신는 사회로 변할지도 모른다. 새 구두를 사더라도 지구 반 바퀴를 돌아 상점에 진열된 구두보다는 이웃 나라나 자기 나라에서 제조된 구두를 선호하게 될지도 모른다. 모두들 이런 사고방식을 지니게 된다면, 아무도 사회의 주된 흐름에서 제외되었다는 느낌을 받지 않을 것이다.

얼마든지 가능한 일

부유층들이 앞장선다면 다른 이들도 그 뒤를 따를 것이다. 빈곤으로 느끼는 고통은 부로 인해 얻는 쾌락보다 더 크고 강하다. 더는 사회의 가장 밑바닥에서 고통을 겪지 않아도 된다는 생각을 해보라. 그 느낌은 이 세상의 그 무엇과도 바꿀 수 없으리라. 그렇다면 정말 아침에는 양을 치고, 오후에는 낚시하고, 저녁에는 아내와 함께 손을 잡고 텔레비전 시청을 할 수 있는 날이 올 수도 있지 않을까(이웃을 비판하고 불평을 늘어놓는 것보다 그게 더 좋다면 말이다).

그러한 사회를 이룩하기 위해 꼭 혁명이 필요한 건 아니다. 다수의 이성적 사고와 관점은 시대에 따라 변하기 마련이다. 문제는 왜 지금껏 아무런 변화도 일어나지 않았느냐 하는 점이다. 그 대답은 '평소처럼'의 태도와 사고방식 때문이 아닐까. 지금까지 권력의 크기를 막론하고 일단 권력을 쥔 지도자들은 모두 성장 모델에만 노력을 기울여왔다. 따라서 이러한 주된 흐름의 방향을 바꾸기 위해선 자연히 엄청난 노력이 요구될 것이다. 그렇다 하더라도 우리는 이제 이 방향을 바꾸어야만 한다. 나도 이 변화의 흐름에 동참하고자 하는 한 개인이다. 고통이 뒤따르긴 하겠지만, 털이 북슬북슬한 정강이에 붙여두었던 반창고를 한번에 떼어내는 것보다는 아프지 않을 것이다.

지난 시대의 성장 모델은 현대의 국제 중산층이 자리를 잡는 데 크게 이바지했지만 이젠 유통 기한이 다 된 느낌이다. 이 성장 모델은 부만 창조했던 게 아니라 빈곤도 창출해냈다. 환경을 파괴하고, 다음 세대들의 삶의 기회를 제한하는 원인도 제공한다. **삶의 수준을 눈에 띄게 높였던 이 성장 모델은 사람들을 더 행복하게 만들어주는 데에는 실패했다.** 아니 어떤 면에서 보자면 오히려 더 불행하게 만들었다 해도 과언이 아니다. 경제 성장을 바탕으로 했던 사회정책은 이제 현상 유지선에 이르렀다.

이 상황에서 가장 먼저 할 수 있는 일은 우선 환경 우호 정책을 지지하고 지원하는 국제적 법안을 제정하는 것이다. 최근 환경 보존을 염두에 두고 정책에 조금씩 변화를 시도해온 국가는 적지 않다. 이제 우리는 경제 성장과 생산 증대가 아닌, 환경과 삶의 만족도에 대한 새로운 언어로 국가적 정책을 이야기해야 한다. 곧 다가올 미래에는 정치적 창의력이 필요하다. 어쩌면 부탄으로 한번 답사 여행을 떠나보는 것도 도움이 될지 모른다.

평균 소득이 비교적 낮은 국가에서는 이미 소유한 물건들을 잘 간수하는 것이 더 이득이 될 날이 올 것이다. 서비스 임금은 하락하고 물건값은 상대적으로 비싸진다면 가구 수선인, 재봉사 등도 다시 속속 생겨날지 모른다. 스캐너가 고장나면 그걸 버리고 새로 사는 대신 수선을 해서 다시 쓰는 게 더 경제적인 날도 올 것이다. 그런 사회에서는 자동차 행렬보다 전차나 기차 노선이 더 늘어날 것이다. 회의도 줄어들 것이고 마이크로소프트 아웃룩 프로그램을 사용하는 사람들도 줄어들 것이다. 환경오염을 유발하는 엄청난 예산의 건축 프로젝트도 줄어들 것이며, 프로 체육계의 스폰서 지원율도 줄어들 것이다. 반면 소규모 기업, 가족 기업의 수는 점점 늘어날 것이다. 저녁 시간에 가족끼리 모여 음악을 듣거나 함께 게임하는 시간도 늘어날 것이다. 즉 한마디로 말해서 미래 사회엔 더 많은 자유 시간을 얻고, 더 적은 쓰레기 방출이 가능할지도 모른다.

정말 기분 좋은 생각이 아닌가. 출장이다 미팅이다 컨퍼런스다해서 쉴 새 없이 비행기를 타고 여기저기 돌아다녀야 하는 프롤레타리아 계급은 비행기 타는 시간이 줄어들지도 모른다. 어쩌면 1년에 최대 세 번으로 비행기 여행을 제한하는 법이 제정될지도 모른다. 그렇다면 개인에겐 비행기를 타는 시간만큼의 자유 시간이 부여될 것이 아닌가. 이젠 예전과는 달리 비행기 여행이 그리 멋있게 보이지 않는 것도 사실이다. 또 비행기를 타려면 입출국 수속 등 얼마나 피곤한 일이 많은가. 하지만 대부분의 사람들은 이런 부가적 법석과 피곤함을 아주 당연한 것으로 받아들이고 있다. 이런 것들이 필수적이든 아니든, 미래의 사회는 전체로서의 인류가 어떤 결정을 내리는가에 따라 얼마든지 달라질 수 있다.

전 세계의 정치가들은 환경 친화 정책에 도덕적으로 찬성하고 있다. 이제 남은 것은 정말 환경 친화 정책을 실행하겠다고 발표할 수 있는 정치가들의 용기뿐이다. 그렇게만 된다면 우리는 당장 내년부터라도 성장 곡선의 방향을 바꿀 수 있다. 즉 부유층들이 본보기를 보이며 솔선수범을 한다면 나머지 사람들도 자연히 따라오게 될 것이다. 이것은 정치계의 좌파적 또는 우파적 정책과는 관련이 없다. 그 어느 정당에서도 앞장을 설 수 있는 정책이니까. 보수파, 진보파, 사회민주주의파, 또는 무정부주의자들까지도 우리 사회의 구조 조정을 위해 팔을 걷어붙일 수 있다.

인류가 빅 배드 울프 패러독스에서 벗어나기 위해선, 거대하고 집단적인 프로젝트가 필요하다. 이런 프로젝트는 우리에게 무언가 도전적인 일을 할 수 있는 기회를 제공할 뿐 아니라, 주변인으로부터 능력에 따라 인정을 받을 수 있는 기회도 제공한다. 프로젝트를 통해 공동체 의식, 결속력을 경험할 수도 있으며, 세상 속에서 도덕적으로 올바른 일을 함께 해나갈 수 있는 의미 있는 기회도 얻을 수 있다. 이런 프로젝트는 개인의 일상은 물론, 국가적 차원에서도 세상의 필요와 요구 조건에 응할 수 있는 기회를 제공한다. 지금 현재를 본다면, 우리는 이 목표에서 너무나 멀리 떨어져 있는 것처럼 보이는 게 사실이다. 하지만 우리는 지금 역사적 교차로에 서 있다는 걸 잊지 말아야 한다. 이런 형태의 프로젝트가 구체적인 모습을 갖추기 위해서는 다수의 참여가 불가결하다. 이 외에도 중요한 요소들을 들자면 환경친화적 의식, 충분한 시간, 평등과 정의, 개인적 도전의식, 그리고 개인의 자유와 책임을 균형적으로 유지할 수 있는 태도가 필요하다.

　기차 노선을 늘리고 비행기 여행을 줄이자고 주장할 때는 더 이상 심각하고 무거운 목소리로 말하지 않아도 된다. 환경 보존의 중요성을 인식하는 국제 중산층이 늘어남에 따라, 죄의식을 갖게 하거나 사회학자나 정치가들이 자주 하는 것처럼 두려움과 걱정을 유발할 필요도 없다. 오히려 적절한 동기 의식과 야심으로 목소리를 높인다면 사람들은 쉽게 이해하고 동참할 것이다. 환경 친화 정책은 연금 수혜자, 실직자들에게도 환영받을 것이다. '개인의 능력과 필요에 따른 정책'은 더 이상 진부하게 들리지 않을 것이다.

물론, 환경 친화 정책을 실질적으로 실행하기까지는 베르겐 철도를 건설하는 것보다 훨씬 어려울 것이며, 두 세대 전의 나치 세력처럼 엄청난 결속력이 요구될 것이다. 또한 전 국민을 신도로 만들어보려는 종교 단체의 야심만큼이나 큰 야망과 목적의식도 필요할 것이다. **그러나 이것은 얼마든지 가능한 일이다.** 이제 얼마 가지 않아, 현재의 물질 풍요 사회는 자취를 감출 것이고, 우리는 그것을 역사가 남긴 가장 기분 좋은 막다른 길로 받아들일 것이다. 그러나 그곳에 도착하기 전에, 우리와 전체 사회는 그동안 잊고 있던 마지막 대답부터 찾아야 할 것이다. 그것이 돼지 사냥이든 무엇이든 간에.

만약 우리가 천국에 산다면 행복할 수 있을까?

초판 1쇄 발행 2025년 3월 5일
초판 2쇄 발행 2025년 4월 25일

지은이 | 토마스 힐란드 에릭센
옮긴이 | 손화수
펴낸이 | 김선욱

디자인 | 이연수
마케팅 | 김하늘
홍보 | 임유나

펴낸곳 | ㈜레디투다이브 출판등록 | 2024년 10월 18일 제 2024-000132호
ISBN 979-11-989991-4-6 (03190)

· 책값은 뒤표지에 있습니다.
· 파본은 구입하신 서점에서 교환해드립니다.
· 이 책은 저작권법에 의하여 보호를 받는 저작물이므로 무단 전재와 복제를 금합니다.

㈜레디투다이브는 독자 여러분의 책에 관한 아이디어와 원고 투고를 기다리고 있습니다. 책 출간을 원하시는 분은 이메일 master@readytodive.kr로 간단한 개요와 취지, 연락처 등을 보내주세요.